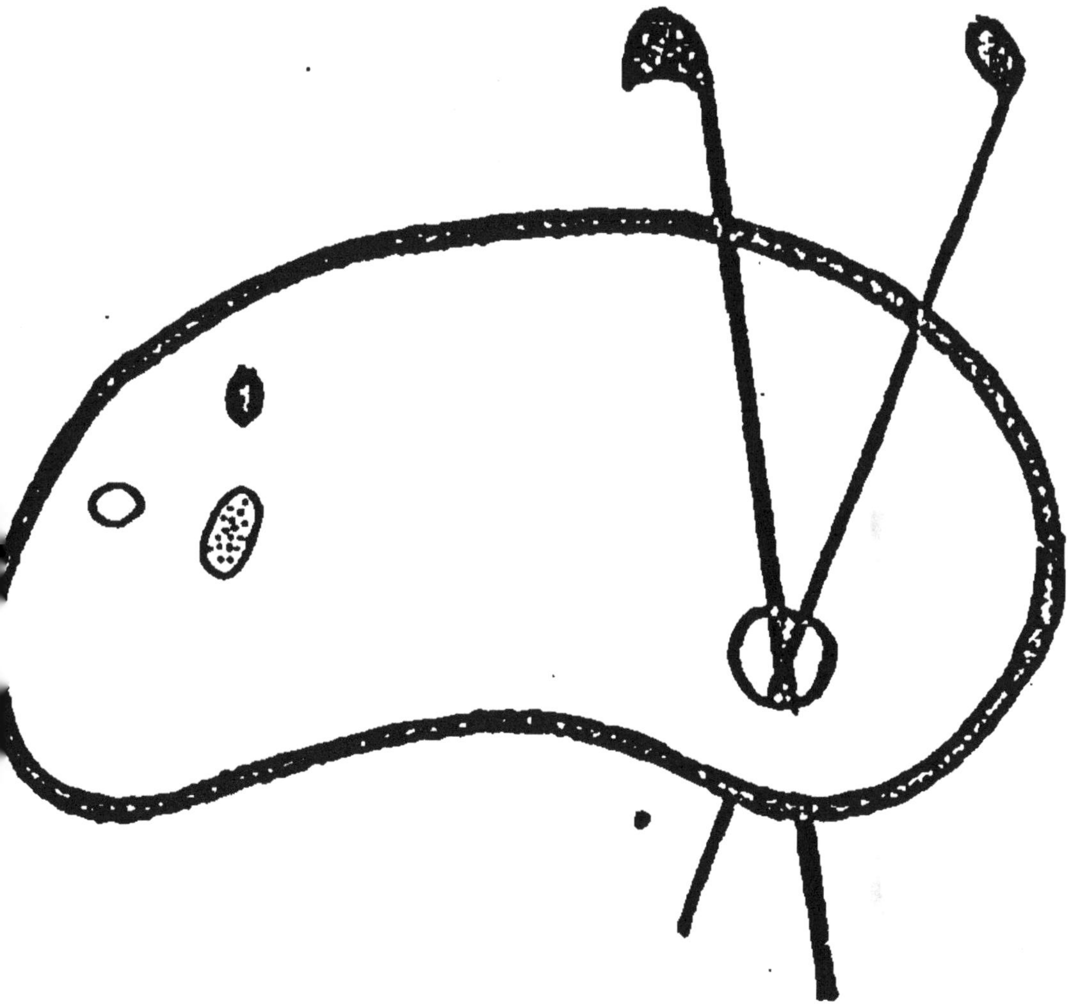

COUVERTURE SUPERIEURE ET INFERIEURE
EN COULEUR

POL DE GUY

PARIS EN 1867

GUIDE
A L'EXPOSITION UNIVERSELLE

AVEC

UN ALBUM DE 23 GRAVURES

PARIS
E. ROME, LIBRAIRE-ÉDITEUR
20, RUE MAZARINE, 20

En vente à la LIBRAIRIE DES COMMUNES
20, RUE MAZARINE, A PARIS.

Le Moniteur des Français, par E. BOURSIN, jurisconsulte, et L. GOSSELIN, avocat à la Cour Impériale de Paris. (Ouvrage de droit.) Vol. in-12 de 866 pages. Prix relié.. 6 »

Le Droit pour tous, par POL DE GUY, jurisconsulte. Volume relié de 350 pages. Prix................. 4 »

Le Dictionnaire Français, par Sanger PRENEUF. 1 volume relié de 414 pages. Prix................. 2 50

Le Livre des Femmes au XIXe siècle, par E. BOURSIN. 1 volume de 415 pages. Prix.......... 3 »

La Guerre d'Amérique, par Jonathan DICKSON. Volume de 210 pages. Prix.................. 1 25

L'Indicateur du Commerce, de la Propriété et de l'Industrie, par J. B. DUGÈNE, terminé par un grand Tableau synoptique. 1857.......... 1 50

Histoire de la Révolution Polonaise, par Stanislas ARAMENSAL. Fort volume. Prix........... 3 50

Histoire des Jésuites, par P. ZACCONE. Un beau volume. Prix.. 2 25

Histoire de Gil Blas, par Le Sage. Prix........ 5 50

Le Médecin de la Maison, par le Dr GILLON. Volume de 235 pages. Prix..................... 1 50

Histoire de la famille Bonaparte, par LEYNADIER. Splendide volume. Prix......................... 5 »

Le Calculateur pour tous, par S.-T. REGNIER.. 1 25

Le Manuel d'agriculture pratique, par Émile CARDON. Prix..................................... 2 50

Le Martyr de Sainte-Hélène, par Adolphe HUARD. 1 volume. Prix..................................... 2 50

La France sous Napoléon III, par Ernest DUVAL. 1 50

Paris en 1867, par POL DE GUY. Volume de 336 pages, suivi d'un riche album de 23 gravures...... 2 50

Le Dictionnaire d'anecdotes.................. 2 »

SOUS PRESSE

Histoire du Commerce et de l'Industrie chez les anciens et les modernes, par E. BOURSIN. Volume de plus de 500 pages. Prix.. 6 »

Typ. ROUGE frères, DUNON et FRESNÉ, rue du Four-St-Germain, 43.

PARIS EN 1867

Paris, typ. Rouge frères, Dunon et Fresné, r. du Four-St-Germ., 43.

POL DE GUY

PARIS EN 1867

GUIDE

A L'EXPOSITION UNIVERSELLE

AVEC

UN ALBUM DE 23 GRAVURES

PARIS

E. ROME, LIBRAIRE-ÉDITEUR

20, RUE MAZARINE, 20

1866

EXPOSITION UNIVERSELLE

Le Palais de l'Exposition

Le Palais de l'Exposition universelle de 1867 s'élève au milieu du Champ-de-Mars; il occupe un espace de 146.588 mètres, plus de 14 hectares de terrain !

Le terrain de la dernière Exposition, à Londres, n'occupait qu'une surface de 120.000 mètres : c'est donc une augmentation de 26.000 mètres en faveur de l'Exposition de 1867, à Paris.

A l'extérieur, le Palais représente un immense cirque d'un kilomètre et demi de tour; ce cirque est soutenu par des colonnades qui forment galeries tout alentour.

Sa façade principale est tournée vers les hauteurs du Trocadéro et regarde le pont d'Iéna; c'est de ce côté que s'ouvre la porte d'honneur.

Le visiteur s'engage en entrant dans un vestibule de 25 mètres de largeur, lequel conduit à un jardin anglais occupant le centre du Palais : ce vestibule traverse le jardin et forme une galerie couverte allant d'une extrémité du Parc à l'autre, et destinée, en cas de mauvais temps, à mettre les visiteurs à l'abri.

Ce jardin central dont nous venons de parler est entouré d'un immense portique sous lequel tous les premiers produits de l'industrie humaine sont exposés : outils et instruments primitifs, silex travaillé, ossements sculptés, etc., etc.

L'Exposition est divisée en dix groupes : chaque groupe de produits a une galerie circulaire spéciale correspondant au numéro du groupe, de telle sorte qu'on trouvera aussi facilement l'exposition d'un produit qu'on trouve le numéro d'une rue.

Afin que les exposants aient tous une place également favorable et également visitée, les galeries sont toutes disposées autour d'un centre commun et rayonnent du centre à la circonférence : de plus, leurs angles sont supprimés et forment ellipse ; de cette façon les visiteurs ne pourront, comme dans les Expositions précédentes, délaisser l'extrémité des galeries.

Au-dessus de ces galeries s'élève une seconde galerie couverte qui sert de promenade.

Là sont des établissements publics de tout genre et de tout pays : cafés de toutes les nations, brasseries, tavernes hollandaises, belges, anglaises, *posadas* espagnoles, cuisines, laboratoires, pâtisseries, confiseries, etc. On trouvera dans ces établissements modèles des échantillons de tous les mets et de toutes les boissons de l'univers.

Le Parc

Le bâtiment du Palais de l'Exposition est entouré d'un Parc dessiné dans le genre anglais et qui, comme les pelouses des Champs-Elysées, est coupé par des massifs de verdure et de fleurs. Une grande allée circulaire s'ouvre au milieu de ce Parc et le divise en deux parties égales.

Dans la première partie, celle entourant le Palais de l'Exposition, les jeux, les théâtres et les divertissements de toutes sortes sont venus s'établir en grand nombre : *Grand Théâtre international*, spectacle de funambules, salles de concerts, salles de conférences, casinos, marionnettes françaises et italiennes, spectacles *Guignol*, pantomimes, ombres chinoises, lanternes magiques, prestidigitations, cirques équestres avec des danseurs de corde, clowns anglais et acrobates; enfin mille exhibitions curieuses et amusantes donnent à cette partie du Parc une animation dont on peut se faire une idée.

La plus grande curiosité de l'Exposition, dit un chroniqueur, ce sera peut-être la seconde moitié du Parc du Champ-de-Mars, rendez-vous pittoresque de toutes les habitations humaines : publiques, privées, princières, agricoles, industrielles.

La Chine exposera une tour de porcelaine, un bazar, un café et un débit de boissons;

Le Japon, une maison de bambous, des kiosques et le pavillon de chasse du prince Stazouiz;

La Perse, des kiosques variés et une fabrique d'opium;

L'Egypte, le pavillon du vice-roi et divers types de maisons;

La Régence de Tunis, la tente du bey et un caravansérail;

Le Maroc, la tente du vice-roi et celle de ses gardes;

L'Italie, des maisons napolitaines et une maison du pays de Tarcou;

Les Etats pontificaux, le produit des fouilles du mont Aventin.

Là se feront vis-à-vis les spécimens les plus curieux d'habitations de tout pays et de toute espèce : huttes de terre et de branchage, cabanes norvégiennes, américaines et africaines, chaumières de Russie et de l'Estramadure, fermes allemandes, chalets suisses, étables souterraines de Roumanie.

On trouvera des modèles d'habitations ouvrières, des établissements perfectionnés de boulangerie, carrosserie, imprimerie, verrerie, taillerie de diamant, des fabriques de vêtements, agricoles, des serres, un palais de cristal, un diorama botanique, une magnanerie, des aquariums d'eau de mer et d'eau douce, des pavillons de photographie, de photosculpture, des théâtres.... Il y aura même une très-belle piste à double voie destiné à l'essai des chevaux et des voitures.

De cette partie du Parc, deux allées conduisent le visiteur sur les bords de la Seine. Deux ponts jetés sur le quai et au-dessus de ces allées laissent libre la circulation. On pourra débarquer directement dans l'enceinte de l'Exposition, soit que l'on arrive par les bateaux à vapeur ou par le chemin de fer.

A l'heure où nous écrivons, d'immenses préparatifs se font dans Paris pour recevoir les milliers de visiteurs qui viendront assister à cette grande fête universelle que donne la France à tous les peuples civilisés.

L'Exposition ouvrira le 1ᵉʳ avril 1867.

Elle fermera le 31 octobre de la même année.

EXTRAIT DU RÈGLEMENT GÉNÉRAL

DÉLIBÉRÉ LE 7 JUILLET 1865, APPROUVÉ PAR DÉCRET IMPÉRIAL DU 12 JUILLET

PREMIÈRE SECTION

DISPOSITIONS GÉNÉRALES ET SYSTÈME DE CLASSIFICATION

Article premier. — L'Exposition universelle, instituée à Paris pour l'année 1867, recevra les œuvres d'art et les produits de l'agriculture et de l'industrie de toutes les naions.

Elle aura lieu au Champs-de-Mars, dans un édifice temporaire. Autour du Palais de l'Exposition sera disposé un Parc destiné à recevoir les animaux et les plantes à l'état vivant, ainsi que les établissements et les objets qu'il n'est pas possible d'installer dans l'édifice principal.

L'Exposition ouvrira le 1ᵉʳ avril 1867 et fermera le 31 octobre de la même année.

Art. 2. — L'Exposition universelle de 1867 est placée sous la direction de la Commission impériale instituée par le décret du 1ᵉʳ février 1865.

Le commissaire général, nommé par le même décret, est

chargé de procéder à l'exécution des mesures adoptées par la Commission impériale.

Art. 11. — Dans chaque section consacrée aux exposants d'une même nation, les objets seront répartis en 10 groupes et en 95 classes, savoir :

1er Groupe. — *Œuvres d'art.*
2e Groupe. — *Matériel et application des arts littéraires.*
3e Groupe. — *Meubles et autres objets destinés à l'habitation.*
4e Groupe. — *Vêtements (tissus compris) et autres objets portés par la personne.*
5e Groupe. — *Produits (bruts et ouvrés) des industries extractives.*
6e Groupe. — *Instruments et procédés des arts usuels.*
7e Groupe. — *Aliments (frais ou conservés) à divers degrés de préparation.*
8e Groupe. — *Produits vivants et spécimens d'établissements de l'agriculture.*
9e Groupe. — *Produits vivants et spécimens d'établissements d'horticulture.*
10e Groupe. — *Objets spécialement exposés en vue d'améliorer la condition physique et morale des populations.*

Art. 12. — Aucune œuvre d'art, aucun produit exposé dans le Palais ou dans le Parc ne peut être dessiné, copié ni reproduit sous une forme quelconque sans une autorisation de l'exposant qui en est l'auteur. La Commission impériale se réserve le droit d'autoriser les vues d'ensemble.

Art. 13. — Aucune œuvre d'art, aucun produit exposé ne peut être retiré avant la clôture de l'Exposition sans une autorisation spéciale de la Compagnie impériale.

Art. 14. — Les exposants français ou étrangers n'ont à payer aucun loyer pour la place qu'ils occupent à l'Exposition, mais tous les frais d'installation et de décoration dans e Palais ou dans le Parc sont à leur charge.

Art. 16. — La Commission impériale correspond avec les préfets et autres autorités de l'Empire français, par l'intermédiaire du président et du commissaire général.

Art. 17. — Toute communication relative à l'Exposition doit être adressée à *M. le conseiller d'État, commissaire général de l'Exposition universelle de 1867, à Paris.*

L'affranchissement n'est pas nécessaire dans le ressort du service postal français.

DEUXIÈME SECTION
DISPOSITIONS SPÉCIALES AUX ŒUVRES D'ART

Art. 18. — Sont admissibles à l'Exposition les œuvres des artistes français et étrangers exécutées depuis le 1er janvier 1855.

Art. 19. — Sont exclus :

1° Les copies, même celles qui reproduisent un ouvrage dans un genre différent de celui de l'original;

2° Les tableaux à l'huile, miniatures, aquarelles, pastels, dessins et cartons de vitraux et de fresques, lorsqu'ils ne sont pas encadrés;

3° Les sculptures en terre non cuite.

Art. 20. — La Commission impériale statue, avec le concours d'un Jury spécial, sur l'admission des œuvres des artistes français.

La composition et la nomination de ce Jury, ainsi que les formalités qu'auront à remplir les Français pour demander l'admission d'une œuvre d'art à l'Exposition, seront fixées par un règlement ultérieur; ce règlement fera connaître le mode d'expédition et de réception des œuvres d'art.

Art. 21. — La Commission impériale notifiera aux intéressés, avant le 1er janvier 1867, la décision qu'elle aura prise sur les demandes d'admission concernant les œuvres d'art.

TROISIÈME SECTION
DISPOSITIONS SPÉCIALES AUX PRODUITS DE L'AGRICULTURE ET DE L'INDUSTRIE

TITRE PREMIER
Admission et classement des produits

Art. 23. — Sont admissibles à l'Exposition tous les produits de l'agriculture et de l'industrie, sauf les exceptions et les réserves mentionnées à l'article suivant :

Art. 24. — Sont exclues les matières détonantes, fulminantes et toute autre matière jugée dangereuse.

Ne sont reçus que dans des vases solides appropriés et de dimension restreinte, les esprits ou alcools, les huiles et les essences, les matières corrosives et généralement les corps qui peuvent altérer les autres produits exposés, ou incommoder le public.

Les capsules, les pièces d'artifice, les allumettes chimiques et autres objets analogues ne peuvent être reçus qu'à l'état d'imitation, et sans aucune addition de matière inflammable.

Art. 25. — Les exposants de produits incommodes ou insalubres doivent se conformer en tout temps aux mesures de sûreté qui leur sont prescrites.

La Commission impériale se réserve le droit de faire retirer les produits de toute provenance qui, par leur nature ou leur masse, lui paraîtraient nuisibles ou incompatibles avec le but et les convenances de l'Exposition.

TITRE II
Envoi, réception et installation des produits au Palais et dans le Parc

Art. 39. — L'emballage et le transport des produits envoyés à l'Exposition et des produits qui y ont figuré sont à la charge des exposants, tant pour l'aller que pour le retour.

Art. 40. — Les colis d'origine française renfermant des

produits destinés à l'Exposition doivent porter comme marque les lettres E. U., entourées d'un cercle; ils portent, en outre, le numéro d'ordre de l'exposant et l'adresse à l'Exposition telle qu'elle est indiquée sur le bulletin de l'exposant.

La lettre de voiture accompagnant le colis répétera, avec le nom de l'exposant, ce numéro d'ordre et cette adresse.

L'expéditeur devra fixer sur les deux faces du colis l'étiquette qui lui aura été envoyée en double, à cet effet, par la Commission impériale.

Art. 41. — Pour ce qui concerne l'expédition et la réception des produits, la Commission impériale s'abstient de toute immixtion entre les entrepreneurs de transports et les exposants.

Les exposants doivent en conséquence pourvoir, soit par eux-mêmes, soit par leurs agents, à l'expédition et à la réception des colis, et à la reconnaissance de leur contenu.

Si le destinataire ou son agent n'est pas présent pour recevoir les colis à leur arrivée dans l'enceinte de l'Exposition, l'entrepreneur de transports est tenu de les emporter immédiatement.

Art. 42. — Les colis d'origine étrangère devront tous porter l'indication bien visible de leur provenance. La Commission se concertera avec les commissaires étrangers pour que l'expédition de ces colis se fasse conformément aux règles indiquées à l'article 40 pour les colis d'origine française; toutefois, sur ce point, les commissaires étrangers adopteront le régime qu'ils jugeront le plus convenable.

Art. 43. — Les produits, tant français qu'étrangers, seront admis dans l'enceinte de l'Exposition, à partir du 15 janvier 1867 jusques et y compris le 10 mars suivant.

Ces dates pourront être, par des dispositions spéciales, devancées pour des objets dont l'installation est difficile, ou différées pour des objets de grande valeur.

Art. 44. — L'enceinte de l'Exposition est constituée en entrepôt réel de douane.

Les produits étrangers destinés à l'Exposition seront admis à ce titre, jusqu'au 5 mars 1867, par les ports et villes frontières désignés ci-après :

Dunkerque, — Lille, — Valenciennes, — Feigniez, — Jeumont, — Vireux, — Givet, — Longwi, — Thionville, — Forbach, — Wissembourg, — Strasbourg, — Saint-Louis, — Pontarlier, — Bellegarde, — Saint-Michel, — Nice, — Marseille, — Cette, — le Perthuis, — Hendaye, — Bayonne, — Bordeaux, — Nantes, — Saint-Nazaire, — Granville, — le Havre, — Dieppe, — Rouen, — Boulogne, — Calais.

Art. 45. — La Commission impériale déterminera, par des instructions spéciales, l'époque à laquelle les matériaux destinés aux constructions formant objet d'exposition, les machines et appareils démontés, les objets lourds ou encombrants, ceux qui exigent des massifs ou des fondations particulières, devront être amenés dans l'enceinte de l'Exposition.

Ces travaux de construction et d'installation seront exécutés, par les exposants et à leurs frais, conformément aux plans présentés par eux à l'approbation de la Commission impériale.

Art. 46. — La Commission impériale fournit gratuitement l'eau, le gaz, la vapeur et la force motrice pour les machines qui ont donné lieu à la déclaration mentionnée à l'article 36. Cette force est, en général, transmise par un arbre de couche dont la Commission fera connaître le nombre de tours par minute.

Les exposants ont à fournir la poulie sur l'arbre de couche, les poulies conductrices, l'arbre de transmission intermédiaire destiné à régler la vitesse propre de l'appareil, ainsi que les courroies nécessaires à chacune de ces transmissions.

Les machines à vapeur qui devraient être alimentées par leurs propres chaudières, ne pouvant être exposées dans le palais, seront l'objet d'instructions spéciales.

Art. 47. — Tous les autres frais, tels que : manutention dans l'Exposition, réception et ouverture des colis, enlèvement et conservation des caisses et emballages, construction des tables, estrades, vitrines ou casiers, installation des produits dans le Palais et dans le Parc, décoration des emplacements, réexpédition des produits, sont à la charge des exposants, tant Français qu'étrangers.

Art. 48. — Les arrangements et l'ornementation des installations de la section française, dans le Palais et dans le Parc, ne peuvent être exécutés que conformément au plan général et sous la surveillance des agents de la Commission impériale.

La Commission impériale indiquera aux exposants qui en feront la demande des entrepreneurs pour l'expédition de leurs travaux et pour la manutention de leurs colis; mais les exposants resteront libres d'employer des entrepreneurs et des ouvriers de leur choix.

Art. 49. — Les installations diverses pourront être mises en place dans le Palais au fur et à mesure de l'achèvement des constructions; elles devront être commencées au plus tard le 1er décembre 1866 et être prêtes à recevoir les produits avant le 15 janvier 1867.

Art. 50. — Les espaces réservés en dehors des installations de produits étant strictement calculés pour les besoins de la circulation, il est interdit d'y laisser stationner les colis ou les caisses vides.

En conséquence, les colis devront être déballés au fur et à mesure de leur réception. La Commission impériale procédera d'office, pour le compte des exposants et à leurs risques et périls, au déballage des colis abandonnés par eux sur les voies de circulation.

Du 11 au 28 mars 1867, les produits déjà déballés et placés dans les installations devront y être arrangés et étalés pour l'Exposition. Les 29 et 30 mars sont réservés pour un nettoyage général. La révision de toute l'Exposition aura lieu le 31 mars.

La Commission impériale prendra toutes les mesures nécessaires pour que l'Exposition soit complète au 28 mars, dans toutes ses parties. En conséquence, elle disposera de tout emplacement qui, au 14 janvier 1867, ne serait pas occupé par une installation toute prête, ou de toute installation qui, au 10 mars, n'aurait pas reçu des produits en quantité suffisante.

Art. 51. — Aussitôt après le déballage, les caisses ayant servi au transport des produits de toute provenance doivent être emportées par les exposants ou leurs agents. Faute par eux d'y pourvoir immédiatement, la Commission impériale fait enlever les caisses et emballages, sans prendre aucune responsabilité pour leur conservation.

Art. 52. — Des instructions spéciales seront publiées ultérieurement pour l'organisation et l'installation des produits et des objets d'exposition qui doivent prendre place dans le Parc.

TITRE III

Administration et police

Art. 53. — Les produits sont exposés sous le nom du producteur. Ils peuvent, avec l'agrément de ce dernier, porter en outre le nom du négociant qui en est le dépositaire habituel.

La Commission impériale se concerte au besoin avec des négociants pour faire figurer sous leur nom, à l'Exposition, des produits qui ne seraient pas présentés par les producteurs.

Art. 54. — Les exposants sont invités à inscrire, à la suite de leur nom ou de leur raison sociale, les noms des personnes qui ont contribué d'une manière spéciale au mérite des produits exposés, soit à titre d'inventeur, soit par le dessin des modèles, soit par les procédés d'exécution, soit par l'habileté exceptionnelle du travail manuel.

Art. 55. — Le prix de vente au comptant et le lieu de vente peuvent être indiqués sur les objets exposés. Cette indication est exigée pour tous les objets compris dans la classe 91. Dans toutes les classes, les prix, s'ils sont indiqués, sont obligatoires pour l'exposant, vis-à-vis de l'acheteur, sous peine d'exclusion du concours.

Les objets vendus ne peuvent être enlevés avant la fin de l'Exposition, à moins d'une autorisation spéciale de la Commission impériale.

Art. 56. — La Commission impériale prendra les mesures nécessaires pour garantir de toute avarie les produits exposés; mais elle ne sera, en aucune façon, responsable des incendies, accidents, dégâts ou dommages dont ils auraient à souffrir, quelles qu'en soient la cause ou l'importance. Elle laisse aux exposants le soin d'assurer leurs produits, directement et à leurs frais, s'ils jugent à propos de recourir à cette garantie.

Elle fera surveiller, par le personnel nécessaire, les produits exposés, mais elle ne sera pas responsable des vols et détournements qui pourraient être commis.

Art. 57. — Un règlement spécial, affiché dans le Palais et dans le Parc, déterminera l'ordre du service intérieur. Il fera connaître les agents chargés de venir en aide aux exposants et de veiller à la sécurité de l'Exposition.

Art. 58. — Une carte d'entrée gratuite à l'Exposition est délivrée à chaque exposant. Cette carte est personnelle. E est retirée, s'il est constaté qu'elle a été prêtée ou cédée à une autre personne, le tout sans préjudice des poursuites de droit.

Pour assurer cette partie du service, la carte d'entrée est signée par le titulaire. Celui-ci est tenu d'entrer par des portes déterminées, et il peut être requis d'établir son identité en apposant sa signature sur une feuille de contrôle.

Art. 59. — Les exposants ont la faculté de faire garder leurs produits par des agents de leur choix, qui devront être agréés par la Commission impériale.

Des cartes d'entrée gratuites et personnelles sont délivrées à ces agents, sous les conditions énoncées dans l'article précédent.

Un agent d'exposants ne peut avoir plus d'une carte d'entrée, quel que soit le nombre des exposants qu'il représente.

Art. 60. — Les exposants ou leurs agents s'abstiendront de provoquer les visiteurs à faire des achats; ils se borneront à répondre aux questions, à délivrer des adresses, prospectus et prix courants qui leur seront demandés.

Art. 61. — La Commission impériale fixera ultérieurement le tarif des prix d'entrée que les visiteurs auront à payer pour être admis dans l'enceinte de l'Exposition.

Art. 62. — Il sera institué un Jury international des récompenses, partagé en neuf groupes correspondant aux neuf groupes des produits de l'agriculture et de l'industrie dénommés dans le système de classification (art. 11 et Pièce B).

Un règlement ultérieur déterminera le nombre, la nature et les divers degrés de récompenses, ainsi que la constitution et les attributions du Jury chargé de les répartir.

Art. 63. — Il sera procédé à des études et à des expériences, sous la direction des membres du Jury des récompenses et d'une Commission scientifique, agricole et industrielle, nommée par la Commission impériale. Des publications feront connaître les résultats d'intérêt général signalés par ces travaux.

ART. 64. — Des conférences et des démonstrations pourront être faites dans les diverses parties de l'Exposition. Des cours et des lectures pourront être, en outre, organisés dans une salle construite à cet effet. Ces divers enseignements ne pourront être donnés qu'en vertu d'autorisations personnelles délivrées par la Commission impériale.

TITRE IV
Clôture de l'Exposition et enlèvement des produits

ART. 65. — Aussitôt après la clôture de l'Exposition, les exposants doivent procéder à l'emballage et à l'enlèvement de leurs produits et de leurs installations.

Cette opération devra être terminée avant le 30 novembre 1867.

Passé ce terme, les produits, les colis et les installations qui n'auraient pas été retirés par les exposants ou leurs agents, seront enlevés d'office et consignés dans un magasin public, aux frais et risques des exposants. Les objets qui, au 30 juin 1868, n'auraient pas été retirés de ce magasin seront vendus publiquement; le produit net de la vente sera appliqué à une œuvre de bienfaisance.

Fait et délibéré par la Commission impériale, le 7 juillet 1865.

SYSTÈME DE CLASSIFICATION

Nous avons vu que tous les produits exposés avaient été divisés en dix groupes; voici maintenant les subdivisions de chaque groupe, classées par la Commission impériale, dans les pièces annexées par elle à son règlement général.

PREMIER GROUPE. — ŒUVRES D'ART.

Classe 1re. — *Peintures à l'huile.* (Palais, galerie I.)
Classe 2. — *Peintures diverses et Dessins.* (Palais, gal. I.)
Classe 3. — *Sculptures et Gravures sur médailles.* (Palais, galerie I.)
Classe 4. — *Dessins et Modèles d'architecture.* (Palais, galerie I.)
Classe 5. — *Gravures et Lithographies.* (Palais, galerie I.)

2e GROUPE. — MATÉRIEL ET APPLICATION DES ARTS LIBÉRAUX.

Classe 6. — *Produits d'imprimerie et de librairie.* (Palais, galerie II.)
Classe 7. — *Objets de papeterie; Reliures; Matériel des arts, de la peinture et du dessin.* (Palais, galerie II.)
Classe 8. — *Application du dessin et de la plastique aux arts usuels.* (Palais, galerie II.)
Classe 9. — *Épreuves et Appareils de photographie.* (Palais, galerie II.)
Classe 10. — *Instruments de musique.* (Palais, galerie II.)
Classe 11. — *Appareils et Instruments de l'art médical.* (Palais, galerie II.)
Classe 12. — *Instruments de précision et Matériel de l'enseignement des sciences.* (Palais, galerie II.)

Classe 13. — *Cartes et Appareils de géographie et de cosmographie.* (Palais, galerie II.)

3ᵉ GROUPE. — MEUBLES ET AUTRES OBJETS DESTINÉS A L'HABITATION.

Classe 14. — *Meubles de luxe.* (Palais, galerie III.)
Classe 15. — *Ouvrages de tapissiers et de décorateurs.* Palais, galerie III.)
Classe 16. — *Cristaux, Verrerie de luxe et Vitraux.* (Palais, galerie III.)
Classe 17. — *Porcelaines, Faïences et autres poteries de luxe.* (Palais, galerie III.)
Classe 18. — *Tapis, Tapisseries et autres Tissus d'ameublement.* (Palais, galerie III.)
Classe 19. — *Papiers peints.* (Palais, galerie III.)
Classe 20. — *Coutellerie.* (Palais, galerie III.)
Classe 21. — *Orfèvrerie.* (Palais, galerie III.)
Classe 22. — *Bronzes d'art, Fontes d'art diverses et Ouvrages en métaux repoussés.* (Palais, galerie III.)
Classe 23. — *Horlogerie.* (Palais, galerie III.)
Classe 24. — *Appareils et Procédés de chauffage et d'éclairage.* (Palais, galerie III.)
Classe 25. — *Parfumerie.* (Palais, galerie III.)
Classe 26. — *Objets de Maroquinerie, de Tabletterie et de Vannerie.* (Palais, galerie III.)

4ᵉ GROUPE. — VÊTEMENTS, TISSUS COMPRIS, ET AUTRES OBJETS PORTÉS PAR LA PERSONNE.

Classe 27. — *Fils et Tissus de coton.* (Palais, galerie IV.)
Classe 28. — *Fils et Tissus de lin, de chanvre.* (Palais, galerie IV.)
Classe 29. — *Fils et Tissus de laine peignée.* (Palais, gal. IV.)
Classe 30. — *Fils et Tissus de laine cardée.* (Pal., gal. IV.)
Classe 31. — *Soies et Tissus de soie.* (Palais, galerie IV.)

CLASSE 32. — *Châles.* (Palais, galerie IV.)
CLASSE 33. — *Dentelles, Tulles, Broderies et Passementeries.* (Palais, galerie IV.)
CLASSE 34. — *Articles de Bonneterie et de Lingerie ; Objets accessoires du vêtement.* (Palais, galerie IV.)
CLASSE 35. — *Habillements des deux sexes.* (Pal., gal. IV.)
CLASSE 36. — *Joaillerie et Bijouterie.* (Palais, galerie IV.)
CLASSE 37. — *Armes portatives.* (Palais, galerie IV.)
CLASSE 38. — *Objets de voyage et de campement.* (Palais, galerie IV.)
CLASSE 39. — *Bimbeloterie.* (Palais, galerie IV.)

5º GROUPE. — PRODUITS (BRUTS ET OUVRÉS) DES INDUSTRIES EXTRACTIVES.

CLASSE 40. — *Produits de l'exploitation des Mines et de la Métallurgie.* (Palais, galerie V.)
CLASSE 41. — *Produits des exploitations et des Industries forestières.* (Palais, galerie V.)
CLASSE 42. — *Produits de la chasse, de la pêche et des cueillettes.* (Palais, galerie V.)
CLASSE 43. — *Produits agricoles (non alimentaires), de facile conservation.* (Palais, galerie V.)
CLASSE 44. — *Produits chimiques et pharmaceutiques.* (Palais, galerie V.)
CLASSE 45. — *Spécimens des procédés chimiques de blanchiment, de teinture, d'impression et d'apprêts.* (Palais, galerie V.)
CLASSE 46. — *Cuirs et Peaux.* (Palais, galerie V.)

6º GROUPE. — INSTRUMENTS ET PROCÉDÉS DES ARTS USUELS.

CLASSE 47. — *Matériel et Procédés de l'exploitation des mines et de la métallurgie.* (Palais, galerie VI ; Parc.)
CLASSE 48. — *Matériel et Procédés des exploitations rurales et forestières.* (Palais, galerie VI.)

Classe 49. — *Engins et Instruments de la chasse, de la pêche et des cueillettes.* (Palais, galerie VI ; Parc.)

Classe 50. — *Matériel et Procédés des usines agricoles et des industries alimentaires.* (Palais, galerie VI.)

Classe 51. — *Matériel des arts chimiques, de la pharmacie, de la tannerie.* (Palais, galerie VI ; Parc.)

Classe 52. — *Moteurs, Générateurs et Appareils mécaniques, spécialement adaptés aux besoins de l'Exposition.* (Palais, galerie VI ; Parc.)

Classe 53. — *Machines et Appareils de la mécanique générale.* (Palais, galerie VI.)

Classe 54. — *Machines, Outils.* (Palais, galerie VI.)

Classe 55. — *Matériel et Procédés du filage et de la corderie.* (Palais, galerie VI.)

Classe 56. — *Matériel et Procédés du tissage.* (Pal., gal. VI.)

Classe 57. — *Matériel et Procédés de la couture et de la confection des vêtements.* (Palais, galerie VI.)

Classe 58. — *Matériel et Procédés de la confection des objets de mobilier et d'habitation.* (Palais, galerie VI.)

Classe 59. — *Matériel et Procédés de la papeterie, des teintures et des impressions.* (Palais, galerie VI.)

Classe 60. — *Machines, Instruments usités dans divers travaux.* (Palais, galerie VI.)

Classe 61. — *Carrosserie et Charronnage.* (Palais, gal. VI.)

Classe 62. — *Bourrelerie et Sellerie.* (Palais, galerie VI.)

Classe 63. — *Matériel des chemins de fer.* (Palais, gal. VI.)

Classe 64. — *Matériel et Procédés de la télégraphie.* (Palais, galerie VI.)

Classe 65. — *Matériel et procédés du génie civil, des travaux publics et de l'architecture.* (Palais, galerie VI.)

Classe 66. — *Matériel de la navigation et du sauvetage.* (Palais, galerie VI ; Parc.)

7ᵉ GROUPE. — ALIMENTS (FRAIS OU CONSERVÉS) A DIVERS
DEGRÉS DE PRÉPARATION.

CLASSE 67. — *Céréales et autres Produits farineux, Comestibles, avec leurs dérivés.* (Palais, galerie VII.)

CLASSE 68. — *Produits de la boulangerie et de la pâtisserie.* (Palais, galerie VII.)

CLASSE 69. — *Corps gras alimentaires ; Laitage et OEufs.* (Palais, galerie VII.)

CLASSE 70. — *Viandes et Poissons.* (Palais, galerie VII.)

CLASSE 71. — *Légumes et Fruits.* (Palais, galerie VII.)

CLASSE 72. — *Condiments et stimulants; Sucres et Produits de la confiserie.* (Palais, galerie VII.)

CLASSE 73. — *Boissons fermentées.* (Palais, galerie VII.)

8ᵉ GROUPE. — PRODUITS VIVANTS ET SPÉCIMENS
D'ÉTABLISSEMENTS D'AGRICULTURE.

CLASSE 74. — *Spécimens d'Exploitations rurales et d'Usines agricoles.* (Parc.)

CLASSE 75. — *Chevaux, Anes, Mulets, etc.* (Parc.)

CLASSE 76. — *Bœufs, Buffles, etc.* (Parc.)

CLASSE 77. — *Moutons, Chèvres.* (Parc.)

CLASSE 78. — *Porcs, Lapins, etc.* (Parc.)

CLASSE 79. — *Oiseaux de basse-cour.* (Parc.)

CLASSE 80. — *Chiens de chasse et Chiens de garde.* (Parc.)

CLASSE 81. — *Insectes utiles.* (Parc.)

CLASSE 82. — *Poissons, Crustacés et Mollusques.* (Parc.)

9ᵉ GROUPE. — PRODUITS VIVANTS ET SPÉCIMENS
D'ÉTABLISSEMENTS DE L'HORTICULTURE.

CLASSE 83. — *Serres et Matériel de l'horticulture.* (Parc.)

CLASSE 84. — *Fleurs et Plantes d'ornement.* (Parc.)

CLASSE 85. — *Plantes potagères.* (Parc.)

CLASSE 86. — *Arbres fruitiers.* (Parc.)

Classe 87. — *Graines et Plantes d'essences forestières.* (Parc.)

Classe 88. — *Plantes de serres.* (Parc.)

10° GROUPE. — OBJETS EN VUE D'AMÉLIORER LA CONDITION PHYSIQUE ET MORALE DE LA POPULATION.

Classe 89. — *Matériel et Méthode de l'enseignement des enfants.* (Palais, galerie II ; Parc.)

Classe 90. — *Bibliothèques et Matériel de l'enseignement donné aux adultes dans la famille, l'atelier, la commune ou la corporation.* (Palais, galerie II.)

Classe 91. — *Meubles, Vêtements et Aliments de toute origine, distingués par les qualités utiles unies au bon marché.* (Palais, galeries III, IV et VII.)

Classe 92. — *Spécimens des Costumes populaires des diverses contrées.* (Palais, galerie IV.)

Classe 93. — *Spécimens d'habitations, caractérisées par le bon marché uni aux conditions d'hygiène et de bien-être.* (Parc.)

Classe 94. — *Produits de toutes sortes, fabriqués par des ouvriers chefs de métiers.* (Palais et parc.)

Classe 95. — *Instruments et Procédés de travail spéciaux aux ouvriers chefs de métiers.* (Palais, gal. VI ; Parc.)

PARIS

HISTOIRE DE PARIS

Origine de Paris

Au seizième siècle, quand on chercha à trouver les origines de cette ville puissante, on ne crut pas devoir lui assigner une naissance vulgaire. Amis du merveilleux, quelques écrivains prétendirent que Francus, fils d'Hector, quittant Troie après la prise de cette ville, rentra dans les Gaules à la tête d'une colonie troyenne et fonda Troyes en Champagne par souvenir pour sa patrie et alla ensuite créer un autre établissement auquel il donna le nom harmonieux de Pâris, le ravisseur d'Hélène. D'autres voulurent lui trouver une origine plus respectable encore et ne trouvèrent pas d'autres fondateurs que Samothès, fils de Japhet et petit-fils de Noé.

Mais le temps des épopées est passé, la grave his-

1. Tous les documents qui vont suivre sont puisés dans l'*Histoire de Paris*, de M. Dulaure. L'auteur a essayé, tout en lui conservant une grande partie de son intérêt, de résumer, en quelques pages, l'œuvre si belle, si claire, si complète, du savant et consciencieux écrivain.

toire ne se contente plus de laisser errer au gré de son caprice la folle du logis. Il lui faut des faits et des renseignements exacts. Quand elle va jusqu'à l'hypothèse, encore faut-il que cette hypothèse repose sur quelque base solide.

Or, avant César, aucun écrivain ne parle de Paris. Mais quelques documents font croire qu'une petite peuplade (comme il en existait tant dans les Gaules), appelée Parisii, chassée peut-être par des voisins plus puissants, vint chercher un refuge dans le pays des Sénonais et obtint de ce peuple puissant un petit établissement qui ne paraît pas avoir eu plus de dix à douze lieues carrées.

Le terrain que leur avaient concédé les Sénonais était situé sur leurs frontières, ce qui a fait croire à quelques historiens que le nom de Parisii venait de la racine *Par* ou *Bar*, qui, dans les langues celtiques, signifiait frontières. La même racine, du reste, nous a fourni le mot *barrière*.

Ces commencements, comme on le voit, sont un peu plus modestes que l'origine assignée par ceux qui faisaient remonter jusqu'au déluge la fondation de Paris.

Quand César arriva dans les Gaules, il n'y avait pas un siècle que ce peuple s'était établi chez les Sénonais, puisque les vieillards se rappelaient encore les circonstances de ce fait. Les Parisii avaient pour voisins, au nord, les Silvanectes, dont la capitale était Senlis; à l'est, les Meldi; au sud, les Sénonais et au sud et à l'ouest les Carnutes.

La Seine traversait tout ce territoire et formait

cinq îles. Les Parisii choisirent l'une d'elles, la plus étendue, pour leur place de guerre, et lui donnèrent le nom de Lutèce, de *lutum*, boue, parce qu'à cette époque le sol, fort bas, était humide, peut-être de temps en temps submergé par la Seine. C'est cette partie de Paris qui porte aujourd'hui le nom de *Cité*.

Les nouveaux habitants de cette île ne construisirent pas de ville. Les Gaulois pensaient que les villes étaient inutiles, et au jour d'une attaque, on pouvait plus facilement combattre, et, s'il le fallait, on allait s'établir ailleurs. Quelques cabanes leur suffisaient pour protéger leurs corps robustes contre les intempéries des saisons, et si l'ennemi approchait, ils se retiraient dans leurs forteresses, emmenant leurs femmes, leurs enfants, leurs bestiaux et leurs provisions qui constituaient leur seule richesse.

On a prétendu, se basant sur quelques monuments antiques, que le peuple de Paris adorait Isis, la divinité égyptienne ; rien n'est moins prouvé que l'existence de ce culte. On sait parfaitement que les Gaulois n'adoraient aucune figure humaine. Leur culte ne s'adressait qu'à ces pierres connues sous le nom de *pierres levées*, et une rue du quartier du Temple a dû sans nul doute son nom à un monument de ce genre.

Paris sous la domination romaine.

Quand Jules César eut envahi les Gaules et en eut soumis une partie, il convoqua une assemblée pour renforcer sa cavalerie. Les Senones, les Carnutes refusèrent de se rendre à son invitation. César, ayant appris que les Parisii n'avaient pas pris part à cette résistance, se rendit à Lutèce, dont les habitants ne lui montrèrent aucun mécontentement. De là, il marcha contre les Senones, puis contre les Carnutes, qui envoyèrent des députés à Lutèce. Le secours demandé par César fut accordé; mais quelque temps après, il eut à lutter contre une révolte générale des Gaulois et parvint à les vaincre, de concert avec son collègue Labienus, dans les plaines d'Issy. Paris ne fut ni pris, ni attaqué, comme l'ont écrit trop légèrement quelques historiens.

Au siége d'Alise, les Parisii fournirent leur contingent; mais sa faiblesse fait voir quelle était le peu d'importance de la nation parisienne.

Depuis la soumission des Gaules, pendant quatre siècles, l'histoire se tait absolument sur le compte de cette cité. Et surtout il ne faut pas ajouter foi à l'assertion de ceux qui ont écrit que César augmenta le nombre des édifices de Paris, et construisit le Châtelet : rien n'est plus faux.

Les empereurs à Paris.

Constance Chlore habita Paris quelque temps, et, sans nul doute, ce fut à cette époque qu'il construisit le palais des Thermes. Son petit-fils Julien l'habita six ans, et professait pour cette ville une affection toute particulière. Dans son *Misopogon*, il la nomma sa chère Lutèce. On lui a fait honneur de la construction des Thermes, qui pendant longtemps ont porté son nom, mais il est peu probable que ce prince économe ait choisi une époque de gêne pour construire ce palais. Peut-être l'a-t-il augmenté; mais ce qui est hors de doute, c'est qu'il l'avait choisi comme son habitation et qu'il y résida avec son épouse Hélène.

Ce fut même dans ce palais que Julien fut proclamé *Auguste* par des troupes révoltées. Ce palais était vaste, entouré de jardins magnifiques, et un camp était situé non loin de là.

Vers les derniers temps du séjour de Julien à Lutèce, cette ville prit le nom de Paris, et un synode de 361 la désigna ainsi. On croit que ce fut Julien qui l'érigea en municipe et lui donna ce nouveau nom.

De nombreuses antiquités se rapportent à cette période. Leur description complète serait trop longue et passerait les bornes de ce précis; contentons-nous de citer une tête de Cybèle trouvée en dehors de la cité, qui prouve que ce culte avait été introduit par les Romains, et quelques vestiges d'un camp qui paraît avoir existé dans le jardin du Luxembourg.

État moral des Parisiens.

Julien, dans son *Misopogon*, a fait l'éloge du Parisien. Il le compare à l'habitant d'Antioche et fait ressortir sa sobriété, ses mœurs pures et simples. *Quantum mutatus ab illo!*

Julien avait amené à Paris un savant médecin nommé Oribase, auteur de quelques ouvrages fort estimés en son temps. Sa réputation, celle de Julien, attirèrent un grand nombre de lettrés. Il y eut, comme nous l'apprend Oribase lui-même, une sorte d'académie.

Paris sous la domination franque.

Il y avait quarante ans que Julien avait quitté Paris quand les Francs, après avoir passé le Rhin, fondirent sur les Gaules. Childéric, roi de Tournai, vint, dit-on, mettre le siége devant Paris et ne put s'en emparer. Le siége dura dix ans, suivant quelques chroniqueurs; cinq seulement, suivant d'autres. La légende de sainte Geneviève attribue à cette sainte beaucoup d'exploits dans Paris, exploits qui n'existèrent sans doute que dans l'imagination de l'auteur de cette légende. Quoi qu'il en soit, en 492, Clodevech, dont on a adouci le nom tudesque en le transformant en celui de Clovis, se rendit maître de Paris, par la trahison des évêques. En 508, ce prince établit sa résidence dans cette ville, et y mourut en 511. Il fut enterré dans la basilique de Saint-Pierre-et-Saint-Paul, depuis Sainte-Geneviève. Ses quatre fils se partagèrent son royaume, et Paris devint leur propriété commune.

Plus tard, la Gaule étant divisée en Neustrie et Austrasie, Paris fut compris dans la Neustrie, puis en fut isolé sous le nom de duché de Deutalin ou Deuzelin.

Les rois d'Austrasie prirent possession de ce duché

et le conservèrent jusqu'en 633, époque à laquelle Dagobert, ayant partagé son royaume entre ses deux fils, le réunit de nouveau à la Neustrie.

Établissement du christianisme à Paris.

Sous l'empereur Décius, sept évêques reçurent la mission de convertir les peuplades gauloises. L'un d'eux, raconte Grégoire de Tours, Denys ou Dionysius, vint prêcher le christianisme à Paris, vers l'an 250, et reçut le martyre. Mais on a révoqué en doute l'époque à laquelle Denys vint dans les Gaules et même celle où il exista. Tous les chroniqueurs, à l'envi les uns des autres, lui bâtirent des légendes où ils attaquaient violemment les autres autours.

On put posséder jusqu'à quatre corps de ce martyr munis de leur têtes et trois autres têtes. Les uns prétendirent que saint Denis était l'Aréopagite, brûlé à Athènes, puis ressuscité, qui était venu de nouveau évangéliser Paris et souffrir le martyre. D'autres assurèrent qu'il était venu de Rome à Paris, et qu'après la décollation qu'il avait subie avec ses deux compagnons, Rustique et Éleuthère, il avait pris sa tête dans ses mains et parcouru environ une demi-lieue.

Un des corps revendiqués énergiquement comme celui de saint Denis était possédé par la cathédrale de Saint-Emmeran, à Ratisbonne. En 1048, le pape Léon IX s'y rendit et décida solennellement que cette église possédait la véritable relique. Les évêques de France n'acceptèrent pas cette décision, et ayant ouvert le tombeau de l'abbaye de Saint-Denis, jugèrent *à la bonne odeur* que répandait le corps que ce devait être celui du martyr.

Malgré les prédications de Victorinus, de Paulus, de Prudentius, évêques de Paris, de Marcellus, qui donna son nom à un faubourg et qui, disait-on, avait un jour arrêté un bœuf furieux, grâce à son étole, et l'avait promené tranquillement dans les rues, le paganisme existait toujours à Paris et même officiellement dans quelques autres villes.

De cette époque datent un grand nombre de basiliques : la basilique de *Saint-Pierre-et-Saint-Paul* (Sainte-Geneviève), fondée par Clodevech et son épouse Crothechilde, dont on a fait Clotilde ; *Saint-Julien-le-Pauvre, Saint-Severin, Saint-Marcel, Saint-Germain-l'Auxerrois, Saint-Gervais, Saint-Paul, Saint-Martin-des-Champs.*

Les mœurs étaient barbares et féroces. L'assassinat était considéré comme un acte très-ordinaire et des évêques ne craignirent pas de souiller leurs mains de sang ; la débauche ne connaissait pas d'obstacle. Les grands, le haut clergé, suivant l'exemple de la cour, se vautraient dans la fange de tous les vices, et mêlaient sans honte la dévotion aux plus infâmes pratiques.

Paris sous la seconde race.

Quand la main puissante de Charlemagne eut cessé de conduire cet Empire qu'il avait fondé, les Normands, peuple farouche, venu des plaines glacées de la Norvége, barbare mais plein de principes de vie, s'élança sur cette proie, qui leur parut facile. Plusieurs fois ils poussèrent leurs incursions jusqu'à Paris, le dévastèrent, brisant les ponts, incendiant la ville, violant les tombeaux. Nous voyons, le 25 novembre 885, les Normands au nombre de 30,000, commandés par Sigifride, donner un premier assaut. Le siége dura treize mois. La tour en bois que l'évêque Goslin avait fait construire fut l'objet constant de leurs attaques. Cet évêque guerrier mourut pendant le siége. L'abbé de Saint-Germain-des-Prés, Éblu, lui succéda dans le commandement. Enfin, on ne trouva pas de meilleur moyen pour renvoyer les Normands que de leur donner de l'or et d'ajouter aux litanies un nouveau verset : *A furore Normanorum libera nos, Domine.* De magnifiques édifices furent détruits.

En revanche, plusieurs églises furent fondées :

SAINT-GERMAIN-LE-VIEUX, dans la Cité, église dédiée à saint Jean-Baptiste. L'abbé de cette église voulut garder un bras de saint Germain, lorsque l'abbé de Saint-Germain-des-Prés réclama le corps de son patron, qu'il avait déposé pendant le siége dans cette chapelle. Son principal autel était décoré de colonnes corinthiennes de marbre de Dinan.

Les jours de fête, on exposait dans cette église une tapisserie dont l'ancienneté remontait au temps de Charles V. Cette église fut démolie vers 1802.

SAINT-MAGLOIRE, rue Saint-Denis, 106, d'abord simple oratoire consacré à saint Georges, devint sous Hugues-Capet une église considérable. Des religieux bretons avaient déposé plusieurs corps saints dans la Cité, pour les soustraire aux ravages des Gaulois. Quand ils réclamèrent leur dépôt, on garda le corps de saint Magloire et une portion de chacun des autres corps saints. Hugues-Capet conserva ces reliques dans la chapelle de son palais; on en retira quelques parties du corps de saint Magloire qui furent transférées à l'oratoire Saint-Georges, et donnèrent à l'église son nouveau nom.

Les religieux de Saint-Barthélemy vinrent s'y établir en 1138. Ils y restèrent jusqu'en 1572, époque à aquelle Marie de Médicis démolit leur couvent et les força à aller s'établir dans le faubourg Saint-Jacques. On voyait dans cette église le tombeau d'André Blondel, intendant des finances, mort en 1558. C'était un bas-relief représentant le défunt vêtu en guerrier et dans l'attitude du sommeil.

SAINT-BARTHÉLEMY. — D'abord chapelle du Palais, puis église paroissiale, rue de la Barillerie, en face du Palais de justice. Fondée en 890. Servit de dépôt à de nombreuses reliques lors de l'invasion des Gaulois. Hugues-Capet ayant gardé le corps de saint Magloire, elle prit le nom de ce saint et le garda jusqu'au moment où les restes furent transportés à l'oratoire Saint-Georges; ce fut alors qu'elle reprit son nom. Elle fut réparée en 1772; mais en 1787 la voûte s'écroula. On construisit sur l'emplacement de cette église le *théâtre de la Cité*, puis la *Salle des Veillées*. La rue même n'existe plus aujourd'hui.

SAINTE-OPPORTUNE. — Située sur la place de ce nom, porta d'abord le nom de Notre-Dame-des-Bois. Enrichie de reliques de sainte Opportune, extorquées par les mêmes moyens que celles de saint Magloire. Elle fut reconstruite par Louis le Bègue. Le chœur fut démoli en 1154. La nef subsista jusqu'à la fin du dix-huitième siècle. Elle a été totalement démolie en 1797.

SAINT-LANDRY. — Dans la Cité, rue Saint-Landry. Cette église était petite et presque aussi large que longue. Elle possédait des reliques de saint Landry, ou Landericus, évêque de Paris. On y voyait le tombeau de Boucherat et celui de Girardon.

Les fonts baptismaux étaient fort remarquables : ils consistaient en une cuvette de porphyre enrichie d'ornements en bronze doré. Cette église fut supprimée pendant la Révolution et devint une propriété particulière.

SAINT-PIERRE-DES-ARCIS, rue de la Vieille-Draperie, fut, paraît-il, fondée en 926 par Thendon, vicomte de Paris. On ignore l'origine de ce nom des Arcis. Cette église contenait le monument sépulcral de Guillaume de Mai, mort en 1480, représenté en costume de capitaine du quinzième siècle. Cette église fut démolie en 1800.

SAINT-MARTIN, église collégiale, à l'entrée de la rue Saint-Martin, était d'abord une petite chapelle dédiée à saint Pierre. Grâce aux libéralités du comte Adalard, elle prit quelque extension, et fut entièrement reconstruite aux frais d'Eudes Fauconnier.

Plusieurs églises changèrent de nom à cette époque. Saint-Pierre-et-Saint-Paul prit le nom de Sainte-Geneviève. Celle de Sainte-Croix-et-Saint-Vincent prit le nom de Saint-Germain ; Saint-Martial s'appela

Saint-Éloi; Saint-Barthélemy fut nommé Saint-Magloire.

Écoles de Paris.

Charlemagne, frappé de la profonde ignorance qui régnait dans son empire, tandis qu'en Italie on avait conservé quelques restes de l'antique civilisation, résolut de faire cesser cette infériorité. Mais le clergé, à part quelques rares exceptions, était presque aussi ignorant que le peuple. Il fallut donc que Charlemagne fît venir des savants étrangers pour propager la science. Il prescrivit aux abbés d'établir dans leurs monastères des écoles particulières ou publiques.

Dans les écoles, on enseignait la lecture, l'écriture, l'arithmétique, le comput ecclésiastique, le chant du latin. Il fonda même une école dans son propre palais et voulut s'instruire lui-même; mais sa main, plus habile à manier sa pesante épée qu'à tenir un instrument léger, brisait les plumes.

On a fait honneur à cet empereur de la fondation de l'Université, c'est une erreur. Elle ne commença à exister que sous Philippe-Auguste et ne prit le nom d'Université que sous Louis IX.

État physique de Paris.

La crainte de l'invasion normande engagea les rois de la seconde race à fortifier l'île de la Cité. En 885 Eudes, comte de Paris, fit construire une tour en bois à l'extrémité occidentale de la Cité. Les deux ponts en bois qui faisaient communiquer Paris avec la terre ferme furent défendus aussi par deux tours. Les faubourgs ne reçurent aucune fortification.

La Cité était partagée en deux parties par un chemin qui, partant du petit pont, aboutissait au grand pont, aujourd'hui le *pont au Change*. La partie occidentale était sous la domination du comte et la partie orientale relevait de l'évêque.

Au nord et au sud de la Cité s'étendaient deux faubourgs, et au delà étaient les bourgs *Saint-Marcel*, *Sainte-Geneviève*, *Saint-Germain-des-Prés*, etc. Il paraît que les habitations étaient en bois.

Sous les incapables successeurs de Charlemagne, Paris cessa d'être la résidence des rois et devint une des villes les plus faibles.

De nombreuses famines désolèrent la France entière sous la domination des Carlovingiens. La disette engendra des maladies, tells que le feu sacré, le mal des ardents, affections jusque-là complétement inconnues. En 945, cette affreuse maladie désola la ville, et ses habitants se réfugièrent dans l'église de Paris, n'espérant plus de secours que de Dieu. Hugues les nourrissait à ses dépens, et plusieurs furent, dit-on, guéris. La crédulité publique attribua à l'église Notre-Dame la vertu de guérir ce mal, et les infortunés y accoururent.

Commerce.

Le commerce, qui avait pris quelque accroissement sous Charlemagne, ne tarda pas à recevoir la funeste influence de ses successeurs. Les invasions normandes ne contribuèrent pas peu à l'affaiblir; les négociants, les navigateurs sur la Seine, rançonnés par les pirates normands, furent bientôt obligés de prendre la fuite, et il ne resta guère à Paris que des juifs, dont le trafic fut plus nuisible qu'utile au commerce. Il existait à Paris un endroit où l'on frappait monnaie.

Il n'y avait point de spectacles publics, mais on voit quels étaient les spectacles à cette époque par un capitulaire de Charlemagne, de 789, qui défend aux fils de prêtres d'assister aux spectacles publics à cause de leur indécence.

État moral de Paris sous la seconde race.

Les mêmes crimes, les mêmes désordres que sous la première race se renouvelèrent dans cette période. A part quelques règnes qui parurent faire un pas vers la civilisation, on vit les puissants se souiller impunément des crimes les plus honteux.

Charlemagne imposa par le sabre le christianisme aux Saxons. En 830, Louis le Débonnaire fut obligé de se réfugier à Compiègne et de s'humilier devant ses sujets révoltés. Ce malheureux souverain, emprisonné par ses propres fils, qui s'étaient emparés du pouvoir, fut enfin replacé sur le trône après la fuite de Lothaire.

Un de ses fils, Louis, osa encore de nouveau porter les armes contre son père, qui en mourut de chagrin.

Monté sur le trône, Lothaire eut à réprimer une révolte de son fils Hugues, et le fit enfermer dans un monastère. On lui coupa la chevelure et on lui arracha les yeux.

Sous la seconde race, on vit des évêques, transformés en hommes d'armes, se mettre à la tête des armées et agrandir ainsi leur puissance. On défendit aux évêques, sous peine de destitution, de chasser avec des chiens et des oiseaux de proie et d'avoir *plusieurs épouses*, de fréquenter les tavernes, de s'enivrer et de forcer les autres à s'enivrer avec eux.

Toutes ces ordonnances n'empêchèrent pas le mal, mais produisirent seulement l'hypocrisie. Les évêques faisaient circuler des lettres comme tombées du ciel, dans lesquelles Dieu enjoignait aux hommes de donner la dîme de leurs biens à l'évêque, sous peine des fléaux les plus terribles. Charlemagne fit jeter ces lettres au feu comme étant fausses.

Paris avait les mêmes vices que toute la France. Albon accuse les Parisiens d'aimer trop le luxe, de se livrer à la débauche et d'être trop orgueilleux. Il leur reproche de ne pas épargner, dans l'excès de leur luxure, les religieuses elles-mêmes.

Un moine de Saint-Gall nous a donné une description du costume que l'on portait à cette époque.

La chaussure, dorée en dehors, est soutenue par de longues courroies. L'étoffe qui couvre les jambes et les cuisses est entourée de bandelettes entrelacées. Le buste était couvert d'une camisole ou veste. A la ceinture s'attachait une épée, et on portait comme surtout un manteau double de couleur blanche ou bleue et de forme carrée. Ce manteau descendait jusqu'aux pieds devant et derrière, et aux genoux sur les côtés.

Tel est le tableau que nous font les historiens contemporains de l'état de la France et de Paris à cette époque.

Paris sous Hugues Capet et ses successeurs.

En 987, Hugues Capet, fils de Hugues le Grand, comte de Paris, abbé de Saint-Martin, de Saint-Denis, etc., crut la circonstance favorable pour enlever à l'incapable famille de Charlemagne le trône de France, objet de ses convoitises. Il résida à Paris et y mourut le 24 octobre 996. On l'enterra à Saint-Denis. Hugues Capet fit peu d'embellissements, empêché qu'il le fut presque constamment par des guerres contre les seigneurs.

A ce prince, qui justifiait son ambition par des talents et dont les vices furent plutôt ceux de son époque que de son caractère, succéda un roi faible et pusillanime qui se livra tout entier aux pratiques religieuses, et excella à chanter au lutrin. Beau talent pour le roi d'un grand peuple! Un jour, raconte un de ses contemporains, il assiégeait une forteresse; comme elle tardait à se rendre, il courut à Saint-Denis pour prier le Seigneur de lui livrer cette forteresse. Au moment où il psalmodiait ces mots : *Agnus Domini, dona nobis pacem*, la forteresse s'écroula spontanément.

Il conquit l'amitié des évêques par les libéralités dont il les combla et les dons qu'il fit aux églises.

Il enrichit Paris de monuments civils et religieux. Il construisit ou répara le palais de la Cité ; et, un jour de Pâques, il fit dresser des tables pour le peuple. Un aveugle s'approchant, il lui jeta de l'eau au visage, et l'aveugle recouvra la vue.

LA CHAPELLE SAINT-NICOLAS, AU PALAIS, église assez peu remarquable, rebâtie en 1160 et démolie dans la suite.

SAINT-GERMAIN-DES-PRÉS, église reconstruite sur l'emplacement d'un monastère détruit par les Gaulois.

SAINT-GERMAIN-L'AUXERROIS, église démolie aussi par les Normands, fut reconstruite par lui.

Ce fut sous le règne de Henri Ier que fut bâtie l'église SAINTE-MARINE, dans la Cité, église où l'on mariait ceux qui y étaient condamnés par l'official.

Le même roi rebâtit SAINT-MARTIN-DES-CHAMPS et y transféra les moines de Cluny.

Louis le Gros fonda l'ÉCOLE ÉPISCOPALE dans le cloître de Notre-Dame. Ce fut sous son règne que professa le malheureux Abeilard. Le nombre de ses élèves fut si grand que nulle salle ne pouvait les contenir, aussi enseignait-il en plein champ. Bientôt le nombre des étudiants devint immense, et Paris mérita le nom hébreu, qui lui fut donné par un savant du temps : *Cariat-Lepher*, ou ville des lettres.

La montagne Sainte-Geneviève devint le rendez-vous des étudiants qui recevaient les leçons d'Abbéric, de Joscelin. Guillaume de Champeaux, premier maître d'Abeilard, bientôt distancé par son disciple, se retira dans le monastère de Saint-Victor et continua ses leçons. Cette école devint célèbre et attira de toutes parts des jeunes gens avides d'apprendre l'art de discuter, ou dialectique, et de se préparer à occuper les hautes places ecclésiastiques.

C'est en 1119 qu'on entend pour la première fois parler de SAINT-JACQUES-LA-BOUCHERIE, belle église qui dut ses accroissements successifs aux libéralités de quelques-uns de ses paroissiens, entre autres, de Nicolas Flamel et de sa femme Pernelle, qui firent construire à leurs frais le petit portail de la rue des Ecrivains, sous le règne du roi Charles VI.

Cette église avait droit d'asile, et le jour de Noël on y représentait la Gésine Notre-Dame ou Enfantement de Jésus. Les confessionnaux, là comme ailleurs, étaient livrés à la spéculation des prêtres, et les confesseurs qui voulaient exercer leur ministère dans cette église devaient payer un droit assez fort, droit qu'ils se faisaient largement rembourser par leurs pénitents. On cite même une jeune fille qui se prostitua afin de pouvoir payer son confesseur, à Pâques. Cette église fut démolie pendant la Révolution, et il n'en reste plus que la tour, qui peut rivaliser avec les tours Notre-Dame.

A cette époque furent fondées aussi les églises *Saint-Pierre-aux-Bœufs*, dans la Cité ; *Saint-Martin*, faubourg Saint-Marcel ; *Sainte-Croix* et *Saint-Éloi*, dans la Cité ; *Saint-Nicolas-des-Champs*, rue Saint-Martin ; *Saint-Denis-du-Pas*, au chevet de Notre-Dame, réunie à l'Hôtel-Dieu, *la Chapelle Saint-Bon*.

On croit que ce fut Louis le Gros qui fit bâtir le grand et le petit Châtelet.

Louis VII, dit le Jeune, fonda, rue Sainte-Geneviève, le premier collége, destiné à instruire, nourrir et loger un grand nombre d'élèves.

La LÉPROSERIE SAINT-LAZARE ou SAINT-LADRE servait de retraite à un grand nombre de malades affectés de cette triste infirmité, résultat de la malpropreté générale et qui en faisait pour tous un objet de dégoût et d'horreur. En 1632, on la donna à saint Vincent de Paul, qui en fit le chef-lieu de la Congrégation des Missions.

On ne sait de quelle époque date l'origine de l'ordre des Templiers, dont la maison occupait l'emplacement du Marché du Temple, mais certainement ils y demeuraient avant 1182.

Une institution analogue, *Saint-Jean-de-Latran*, en face du Collége de France, prit plus tard le nom de *Clos-Bruneau*.

Institutions de Louis le Gros.

Ce prince accorda plusieurs priviléges aux habitants de Paris; il les érigea en sergents, et leur permit de saisir eux-mêmes les biens de leurs débiteurs.

S'il ne fut pas le protecteur des lettres et des arts, il toléra cependant les écoles, qui furent nombreuses, à Paris, sous son gouvernement.

L'état moral ne s'améliora guère pendant cette période. Les seigneurs dévastaient le territoire. Les moines se livraient dans leurs monastères aux plus infâmes pratiques. La fête des Fous se célébrait avec grande pompe. On élisait un évêque des fous, avec des cérémonies bouffonnes, et on le conduisait à l'église, où il donnait sa bénédiction à son peuple. Cette fête de l'installation n'était que le prélude de la véritable fête, qui avait lieu le 1ᵉʳ janvier.

Ce jour-là, pendant que l'évêque des fous, bizarrement accoutré, célébrait la messe, des sous-diacres venaient s'enivrer sur l'autel, jouer aux dés, se dépouillaient de leurs vêtements et simulaient les actes les plus infâmes. Puis, mêlés à des séculiers, ils organisaient une représentation indécente. La moitié des acteurs prenait des habits de religieuses, le reste des vêtements de moines : ils se livraient alors au combat, où les religieuses succombaient et les moines se livraient aux actes les plus indécents. Plusieurs conciles eurent beau défendre cette fête, elle n'en subsista pas moins longtemps encore et ne disparut qu'avec le progrès des lumières.

L'ignorance épaisse qui régnait à cette époque fit progresser la foi aux formules magiques et aux pratiques de l'enchantement. On inventait, on jetait des poudres malfaisantes qui devaient perdre celui qui en était atteint.

Les grands, surtout, donnaient au peuple les exemples les plus propres à le dépraver.

Paris sous Philippe-Auguste.

Ce prince fit beaucoup pour l'embellissement de Paris. Sous son règne, Maurice de Sully, qui s'était nommé lui-même évêque, reconstruisit entièrement Notre-Dame. Toutes les dépendances de cette église furent considérées comme sacrées, excepté la rue

Glatigny ou Val-d'Amour, rue habitée depuis un temps immémorial par des courtisanes. L'évêque de Paris avait sous sa juridiction le For-l'Evêque, où l'on enfermait les comédiens réfractaires.

La reconstruction de Sainte-Geneviève fut achevée en 1180.

La châsse de la patronne de Paris fut, pour la seconde fois, fabriquée par un orfévre nommé Bonard. On sait quelle vénération les Parisiens professaient pour les reliques de la sainte : lors des grandes calamités publiques, la châsse de sainte Geneviève était tirée solennellement de son église et promenée dans les rues de Paris.

Un oratoire élevé dans le cimetière des Innocents prit à cette époque le nom d'église. Sa construction date du règne de Philippe-Auguste. A côté de cette église on trouve, deux cents ans plus tard, une chambre étroite où des femmes et des filles dévotes s'emprisonnaient volontairement pour le reste de leur vie. On les nommait recluses. Elles en firent murer la porte et ne recevaient l'air et les aliments que par une petite fenêtre qui donnait sur l'église. La plus ancienne recluse fut Jeanne de la Védrière, qui s'y enferma le 11 octobre 1442.

Le CIMETIÈRE DES INNOCENTS fut longtemps ouvert aux passants et même aux animaux. — Sous le règne de Philippe-Auguste, il fut entouré de murailles. Dans la suite on construisit tout autour une galerie voûtée, appelée les *Charniers*.

L'église SAINT-THOMAS DU LOUVRE fut bâtie en 1187 par Pierre de Dreux.

Sainte-Madeleine, située rue de la Juiverie, dans la Cité, fut bâtie également à cette époque. Dans cette église fut instituée la *Grande Confrérie des bourgeois de Paris.*

Saint-Etienne-du-Mont, Saint-André-des-Arts; Saint-Côme-et-Saint-Damiens, située au coin de la rue de la Harpe et de celle de l'Ecole-de-Médecine.

L'église paroissiale de Saint-Honoré, dans la rue du même nom, s'éleva sur un terrain donné par un boulanger nommé Renold. Saint-Nicolas-des-Champs, Saint-Gervais, Saint-Pierre, dans la rue des Saints-Pères; Saint-Jean-en-Grève, église paroissiale, derrière l'hôtel de ville, furent fondées également sous Philippe-Auguste.

Le Couvent des Mathurins, dont les moines furent surnommés les *frères aux ânes*, à cause de leurs montures, s'établit dans la rue des Mathurins vers l'année 1205.

Le Couvent des Jacobins, Dominicains ou Frères mineurs, fut fondé par saint Dominique, peu de temps après le massacre des Albigeois.

L'Abbaye Saint-Antoine-des-Champs, aujourd'hui l'hôpital Saint-Antoine, dut sa fondation à Foulques de Neuilly, le plus célèbre prédicateur de son temps.

L'Hôpital de la Trinité, l'Hôpital de Sainte-Catherine, administrés par les Frères hospitaliers.

Les écoles de Paris, qui furent plus tard réunies sous le nom d'Université, étaient en décadence sous le règne de Philippe-Auguste; les écoliers et savants furent surnommés *Anes de Balaam* ou *Bœufs d'Abraham*. Le zèle pour l'étude se refroidit, et un écrivain du temps nous parle ainsi des écoliers :

« Ils sont plus adonnés à la gloutonnerie, dit-il, qu'ils ne le sont à l'étude ; ils préfèrent *quêter de l'argent* plutôt que de chercher l'instruction dans les livres ; ils aiment mieux contempler les beautés des jeunes filles que les beautés de Cicéron... — Toute science est avilie, l'instruction languit, on n'ouvre plus les livres. »

La culture des lettres cependant, pour être négligée, ne fut pas abandonnée ; deux colléges se fondèrent : celui de CONSTANTINOPLE ou Collége grec, situé cul-de-sac d'Amboise.

Le COLLÉGE DES BONS-ENFANTS, près du Palais-Royal, appelé d'abord l'*Hôpital des pauvres écoliers*, titre bien mérité d'ailleurs, car les écoliers étaient obligés, comme la plupart des religieux de Paris, de demander l'aumône.

Les HALLES doivent leur fondation à Philippe-Auguste. Il fit établir des étaux couverts afin que les marchands y pussent abriter leurs marchandises dans les temps pluvieux : c'est dans une partie du territoire du Champeaux qu'elles furent bâties.

Les NOUVELLES BOUCHERIES furent créées par les Templiers dans l'enclos de leur abbaye, ce qui mit en grand émoi les bouchers de Paris. Après de longs débats, la boucherie des Templiers fut restreinte à deux étaux, larges chacun de douze pieds.

Pour la première fois, quelques principales rues de Paris furent pavées, et les aqueducs de Saint-Gervais, de Belleville, les fontaines de Saint-Lazare, des Filles-Dieu, des Halles et la fontaine des Innocents procurèrent aux habitants les bienfaits de leurs eaux.

Paris fut entouré d'un mur d'enceinte, dit troisième enceinte de Paris, dont les habitants furent forcés de payer les frais, ainsi que ceux de la *Tour du Louvre*, bâtie également à cette époque.

Le commerce, sous Philippe-Auguste, commence à sortir de l'enfance; les transactions deviennent plus multipliées, et la corporation des marchands de Paris achète du roi le droit de vendre dans les rues et aussi les *criages dans Paris*, moyennant une rente annuelle de trois cent vingt livres.

La justice était rendue par le prévôt de la ville ; cette justice était expéditive et arbitraire : c'était la loi du plus fort. On plaidait à coups d'épée ou à coups de bâton, ou bien on avait recours aux épreuves de l'eau froide ou de l'eau chaude, et les jugements qui en résultaient s'appelaient *jugements de Dieu*.

Pendant cette période, deux famines affreuses vinrent désoler la capitale ; le prix des grains était exorbitant. A Paris, le setier de froment se vendit jusqu'à seize sous; l'orge, dix sous; le méteil, treize à quatorze sous, et le setier de sel à quarante sous, prix énorme, eu égard à la rareté de la matière métallique.

Tableau moral.

Avec Philippe-Auguste commencent les conquêtes de la puissance royale sur la féodalité. Ses démêlés avec le pape sont célèbres : il chassa plusieurs évêques de leurs siéges, bannit leurs chanoines, confisqua leurs revenus, mit en fuite les curés et s'empara de leurs biens.

Les mœurs de la cour et celles du clergé étaient très-relâchées. Quant aux seigneurs, leurs brigandages et leurs basses habitudes ne firent qu'augmenter. Les écoliers eux-mêmes se livraient à des excès intolérables, et troublaient la sécurité des habitants. Les querelles de l'Université et du clergé demeureront toujours célèbres.

Le luxe était excessif, mais un luxe extérieur : les grands seigneurs sortaient avec des habits couverts d'or et de pierreries ; les chevaux étaient harnachés avec la plus grande richesse, ce qui n'empêchait pas que l'intérieur des palais ne différait pas de celui des chaumières. C'est ce que prouve cette lettre de Philippe-Auguste : « Pour le salut de notre âme et de celles de nos pères, et dans des vues de piété, nous accordons pour l'usage des pauvres demeurant à la maison de Dieu de Paris, située devant la grande église de Notre-Dame, *toute la paille* de notre chambre et de notre maison de Paris, toutes les fois que nous quitterons cette ville pour aller coucher ailleurs. »

Lorsque le roi rentrait à Paris, il avait le *droit de prise* et faisait enlever de vive force dans les maisons les meubles qui lui étaient nécessaires.

La prostitution n'emportait pas marque d'infamie : les prostituées couraient les églises, suivaient la cour et formaient une corporation qui possédait ses règlements.

Paris sous Louis IX.

Paris, sous le règne du saint roi, vit s'élever beaucoup d'églises et de communautés religieuses; mais, loin de contribuer à l'édification publique, ces pieuses fondations contribuèrent plutôt au scandale. Le roi Louis IX lança plusieurs ordonnances cruelles contre les juifs. Ce fut un fanatique de messes et de reliques.

Voici les établissements religieux qu'il créa pendant son règne :

SAINTE-CATHERINE-DU-VAL-DES-ÉCOLIERS, église située rue Saint-Antoine, et que *à la prière des sergents d'armes, Monsieur saint Louys fonda, et y mist la première pierre. Ce fust pour la joie de victoire qui fust au pont de Bouvines l'an* 1214.

SAINT-NICOLAS-DU-CHARDONNET, église paroissiale, située rue Saint-Victor, au coin de celle des Bernardins.

JACOBINS DE LA RUE SAINT-JACQUES, moines protégés spécialement par le roi saint Louis, et auxquels celui-ci accorda l'illustre prérogative de le confesser et de le fouetter. Leur communauté fut très-puissante et très-riche, mais leur réputation était détestable. « Personne pourtant n'osait dire hautement la vérité sur leur compte, dans la crainte d'être assommé, tant ils se montraient haineux et vindicatifs. »

CORDELIERS OU FRÈRES MINEURS DE SAINT-FRANÇOIS, situés rue des Cordeliers, dite aujourd'hui rue de l'École-de-Médecine. On les appelait ainsi parce que, à l'exemple de leur patron, ils portaient une corde en guise de ceinture. Comme les mœurs des Jacobins, celles des Cordeliers furent relâchées et corrompues.

Filles-Dieu, monastère de filles, situé sur l'emplacement qu'occupent aujourd'hui le cul-de-sac des Filles-Dieu et la rue Basse-Porte-Saint-Denis, sur l'emplacement où sont bâties la rue et le passage du Caire. Le but de cette fondation *était de retirer des pécheresses qui, pendant toute leur vie, avaient abusé de leur corps et à la fin étaient en mendicité.*

Invalides de la prostitution, ces monastères eurent dans la suite une histoire assez longue et assez intéressante, mais que nous ne pouvons aborder à cause de l'exiguïté de notre cadre.

Saint-Leu-et-Saint-Gilles, église paroissiale, située rue Saint-Denis, entre les n°⁸ 182 et 184.

La Sainte-Chapelle du Palais. Bâtie par ordre de saint Louis pour y déposer toutes les reliques qu'il acheta à Baudoin, empereur de Constantinople. Voici quelles étaient ces reliques : *la sainte Couronne,* — *un grand morceau de bois* qu'il disait avoir fait partie de la vraie croix; *un morceau de fer* qu'on disait être le fer de la lance dont avait été percé le côté de Jésus-Christ sur la croix; *une partie de l'éponge* qui servit à lui donner du vinaigre; *le roseau* dont on lui fit un sceptre; *une partie de son manteau de pourpre; une autre portion de la vraie croix;* — *du sang de Notre Seigneur Jésus-Christ;* — *les drapeaux dont notre Sauveur fut enveloppé en son enfance;* — *la chaîne et le lien de fer en manière d'anneau dont Notre Seigneur fut lié;* — *la sainte Touaille ou Nappe, en un tableau;* — *du lait de la Vierge;* — *une partie du suaire dont il fut enseveli; — la verge avec laquelle Moïse frappa le rocher, — les chefs des saints Blaise, Clément et Simon.*

Toutes ces reliques coûtèrent énormément au saint roi, et Baudoin en retira un grand profit. La *Sainte-Chapelle*, qui les reçut dans des châsses entourées d'or et de pierres précieuses coûtant bien cent mille livres tournois, fut bâtie sur l'emplacement de l'ancienne chapelle de Saint-Nicolas, fondée par le roi Robert.

Collége de la Sorbonne. Comme nous l'avons vu, les écoliers étaient obligés de mendier pour vivre : Robert Sorbon, chapelain du roi, pensa à fonder une maison qu'il destina à un certain nombre d'ecclésiastiques séculiers qui, vivant en commun et tranquilles sur leur existence, devaient être entièrement occupés d'études et d'enseignement. Cent écoliers furent admis. Ce collége s'appela d'abord *la Pauvre-Maison*, puis *collége de la Sorbonne*.

Collége et Hôtel Saint-Denis, situé dans l'espace compris entre les rues Contrescarpe, Saint-André-des-Arts, et une partie des rues Dauphine et des Grands-Augustins. Rabelais dit que Pantagruel était logé à l'hôtel Saint-Denis et qu'il se promenait avec Panurge dans les jardins de cet hôtel.

Sainte-Marie-l'Égyptienne. Chapelle située au coin des rues Montmartre et de la Jussienne. La communauté des drapiers de Paris y tint longtemps ses réunions. On y remarqua jusqu'en 1660, époque où le curé de Saint-Germain-l'Auxerrois le fit disparaître, un tableau peint sur l'un des vitraux représentant sainte Marie-Madeleine dans un bateau, troussée jusqu'aux genoux, devant le batelier.

Au-dessous de cette peinture on lisait ces mots : *Comment la sainte offrit son corps au batelier pour son passage.* Dans la vie de cette sainte, on lui fait ainsi confesser cette action : « N'ayant pas de quoi payer mon passage, il me vint une idée, d'exposer ma personne à l'impureté de ceux qui voudraient payer pour moi. En effet... j'entrai dans le navire, provoquant les passagers à la dissolution par des actions peu honnêtes, etc. »

Les FRÈRES SACHETS, dont le couvent, fondé par saint Louis en 1261, s'élevait sur l'emplacement du marché de la Vallée. Ces frères allaient tous les matins quêter leur pain de par les rues de la ville. Ils furent remplacés par les Augustins.

Les SŒURS SACHETTES. Sœurs du même ordre dont le couvent était situé dans le cimetière Saint André-des-Arcs.

GRANDS-AUGUSTINS. Monastère sur le quai dit des Grands-Augustins. — Les frères de ce nouvel ordre succédèrent aux frères Sachets. Leur couvent servit en 1657 aux séances du parlement. L'année suivante ils soutinrent un siége régulier contre les archers de la ville; le roi Henri IV s'empara d'une partie de leur enclos pour ouvrir la rue Dauphine, et il répondit à leurs réclamations « que les loyers des maisons qu'ils bâtiraient sur cette nouvelle rue vaudraient mieux que le produit de leurs choux. » En 1811, on construisit sur l'emplacement occupé par leur église la halle dite *halle à la volaille.*

Couvent des Réguliers, depuis nommé l'Ave Maria, fondé par saint Louis, vers l'an 1264.

Les Carmes du Grand Couvent, à l'extrémité orientale de la rue des Noyers. Au quatorzième siècle, les Carmes étaient à Paris les religieux en faveur. Leur église renfermait un grand nombre de tombeaux. Leurs mœurs étaient loin d'être sévères. On raconte que pendant le carême de 1658, la police pénétra dans le couvent et trouva les moines devant une table chargée de vingt-deux perdrix, de pâtés, de jambons et de force bouteilles de vin. L'ordre des Carmes fut supprimé en 1790. La halle de la place Maubert s'éleva sur l'emplacement de leur monastère. Nous y reviendrons dans la seconde partie de cet ouvrage.

Les Chartreux, situés rue d'Enfer, n° 46, établis depuis cent quatre-vingts ans avant saint Louis, furent protégés par lui. Il leur donna en 1258 le château de Vauvert, qui s'élevait hors des murs de Paris, vers l'entrée de la grande avenue de l'Observatoire. Ce château, entouré de hautes murailles, fut longtemps un objet d'effroi pour les Parisiens. Des revenants y apparaissaient ; on y entendait chaque nuit un sabbat infernal. Les Chartreux, qui, dit-on, connaissaient la vraie cause de la terreur populaire, acceptèrent le don royal et s'y établirent. Les Chartreux furent supprimés en 1790, et le jardin du Luxembourg occupe aujourd'hui une grande partie des dépendances qui leur appartenaient.

Sainte-Croix-de-la-Bretonnerie, communauté fondée par saint Louis, près du carrefour du Temple.

Son église fut bâtie par le célèbre Pierre de Montreuil. Cette communauté fut supprimée en 1778.

Blancs-Manteaux, couvent de moines situé dans la rue qui porte leur nom. On les appela ainsi à cause de la couleur de leurs manteaux. Saint Louis les protégea et leur acheta d'immenses terrains; les Guillemins ou Guillomites leur succédèrent. La Révolution supprima leur monastère.

Hospice des Quinze-Vingts, fondé par saint Louis pour les aveugles : « Je ne sais trop pourquoi, dit Rutebeuf, poëte du treizième siècle, dans sa pièce *des Ordres de Paris,* le roi a réuni dans une maison trois cents aveugles qui s'en vont par troupes dans les rues de Paris, et qui, pendant que le jour dure, ne cessent de *braire*. Ils se heurtent les uns contre les autres et se font fortes contusions, car personne ne les conduit. Si le feu prend à leur maison, il ne faut pas en douter, la communauté sera entièrement brûlée, et le roi obligé de la reconstruire sous de nouveaux frais. »

L'hospice des Quinze-Vingts, situé primitivement dans la rue Saint-Honoré, fut transféré en 1779 au faubourg Saint-Antoine, rue de Charenton, dans l'hôtel des ci-devant *Mousquetaires noirs*.

Hôtel-Dieu, dont la fondation est attribuée à saint Landri, évêque de Paris, qui vivait au septième siècle. Saint Louis prit cet hôpital sous sa protection spéciale : il lui accorda le droit de prendre des denrées sur tous les marchés de Paris et d'en fixer le prix. Ce prétendu droit s'étendait également au roi, aux princes, aux officiers de la couronne et à l'évêque de Paris. Nous trouverons à son lieu et place des détails plus nombreux sur l'Hôtel-Dieu de Paris.

Les églises de *Saint-Eustache* et de *Saint-Sauveur* furent également bâties sous le règne du saint roi : les collèges des *Prémontrés*, de *Cluny*, de *Calvi*, des *Dix-Huit* et le collège du *Trésorier* ou des *Trésoriers* furent fondés. — Saint Louis mourut devant Tunis le 24 juin 1270.

Philippe III lui succéda : ce prince se laissa gouverner par Pierre Labrosse, barbier et chirurgien de son père ; mais bientôt les seigneurs, jaloux de l'autorité qu'il possédait auprès du roi, l'accusèrent d'empoisonnement et le firent condamner, malgré le roi. Il fut pendu, le 30 juin 1298, au gibet de Montfaucon, qu'il avait fait rebâtir quelques années auparavant.

Philippe III fonda quelques utiles institutions :

La Boucherie de Saint-Germain-des-Prés, établie par Gérard, abbé de Saint-Germain, à charge de redevance par les bouchers envers l'abbaye.

La Confrérie des Chirurgiens ou *Confrérie de Saint-Côme et de Saint-Damien*. Tous les lundis de chaque mois, les confrères étaient tenus de visiter les malades pauvres et de leur donner des soins gratuits. En 1437, cette confrérie fut agrégée à l'Université. Jean Pracontal, premier barbier du roi, était directeur des *chirurgiens de robe courte*.

Le Collége d'Harcourt, situé ancienne rue de la Harpe, n° 94, aujourd'hui collége Saint-Louis. Il fut fondé en 1280 par Raoul d'Harcourt, docteur en droit et chanoine de l'Eglise de Paris, pour les pauvres écoliers des diocèses de Coutances, de Bayeux, d'Evreux et de Rouen.

Le règne de Philippe le Bel porta un coup violent à la féodalité par sa fermeté à faire exécuter les lois. Il est célèbre par sa résistance aux volontés des bulles, et cependant on le voit, d'accord avec Clément V, faire brûler les Templiers sur la place Dauphine, en 1314...

Les Croisades avaient produit l'ordre des Templiers, association bizarre de moines et de soldats, dont les premiers membres s'établirent dans l'hôpital du Temple, à Jérusalem. Ils soignèrent d'abord les pauvres malades; mais leur ordre devint puissant : ils se décorèrent du titre de chevaliers, et lorsqu'ils vinrent s'établir à Paris, ils possédaient déjà d'immenses richesses. L'enclos du Temple était vaste, et le prieur y jouissait d'une juridiction indépendante. Philippe le Bel, voulant s'emparer de leurs richesses et abattre leur ambition et leur puissance, les fit accuser de blasphème, de profanation, de sodomie. — Les Templiers furent condamnés; le 11 mars 1314, Jacques Molay, grand maître de l'ordre, et Guy, commandeur de Normandie, furent brûlés vifs à Paris. — Le roi s'empara de leur mobilier et de leurs trésors : leurs immeubles furent vendus à l'ordre des *Hospitaliers de Saint-Jean-de-Jérusalem*, nommé depuis *ordre de Malte*.

On doit à Philippe IV plusieurs colléges :

COLLÉGE DES CHALETS, fondé par les exécuteurs testamentaires de Jean Chalet, cardinal et légat, dans la rue de Saint-Symphorien-des-Vignes, rue qui, depuis, a pris le nom des Chalets. En 1768, ce collége fut réuni à l'Université. Il est aujourd'hui complétement détruit, et son emplacement dépend du collége Louis-le-Grand.

Collége du Cardinal-Lemoine, situé rue Saint-Victor, fondé par le cardinal Jean Lemoine, légat du saint-siége, dans le clos du Chardonnet.

Turnèbe, Buchanam et Muret ont professé dans ce collége.

Collége de Navarre, situé rue de la Montagne-Sainte-Geneviève, et fondé par Jeanne de Navarre, épouse de Philippe le Bel.

Collége de Bayeux, situé ancienne rue de la Harpe, n° 93, (fondé par Guillaume Bonnet, évêque de Bayeux (1308 ou 1309), pour cinq malheureux écoliers de Caen et de Coutances.

Colléges de Laon et de Presles, situés rue de la Montagne - Sainte - Geneviève. Fondateurs : Guy, chanoine de Laon, et Raoul de Presles, clerc du roi. Ces colléges furent réunis en 1763 au collége Louis-le-Grand.

Sous le règne de Philippe le Bel, de nombreux colléges sont fondés, mais le fanatisme pour l'édification des églises se ralentit : les historiens ne font mention que de la *Chapelle des Haudriettes*, construite rue des Haudriettes, n° 1, par le panetier du roi, Etienne Haudri. Un hôpital fut adjoint à la chapelle ; il était destiné à recevoir les femmes pauvres et les enfants ; mais, au commencement du dix-septième siècle, les religieuses dites *Hospitalières* s'en emparèrent, et l'hôpital devint couvent. Il fut réuni en 1622 à celui de l'*Assomption*.

Paris sous Louis X, dit le Hutin.

Le 29 novembre 1314, Louis X succéda à Philippe le Bel, son père. Ce prince était, dit un historien du temps : « *volentif* (violent), *mais n'était pas bien entendentif en ce qu'au royaume il fallait.* » « Il fit, dit Dulaure, plus de mal que de bien, et ne parut occupé qu'à réprimer les désordres de sa cour. Marguerite de Bourgogne, son épouse, Blanche et Jeanne de Bourgogne, ses belles-sœurs, s'abandonnèrent à des galanteries désordonnées que Louis X punit avec une rigueur extrême. L'abbaye de Maubuisson était le théâtre de leurs débauches; deux frères, Philippe et Gauthier d'Aulnay, y figuraient comme les principaux acteurs ; ils en devinrent les déplorables victimes, tous les deux furent mutilés, écorchés vifs, puis décapités et suspendus sous les bras à une potence. On condamna au gibet l'huissier qui s'était prêté à ces galanteries. Un religieux jacobin qui favorisait les débauches de ces princesses et leur fournissait des remèdes contre la grossesse, périt dans les supplices. Plusieurs autres personnes furent appliquées à la torture : la reine Marguerite, enfermée au château Gaillard avec sa belle-sœur Blanche, y fut étranglée en 1315 ; Jeanne fut détenue prisonnière au château de Dourdan. »

La seule institution de ce règne est le *collége Montaigne*, situé rue des Sept-Voies, 26. Ce collége fut toujours mal adminitré, et les pausrves écoliers y étaient traités d'une façon indigne. Du temps de Rabelais, le collége était encore dans un état déplorable : « Si j'étais roi de Paris, écrivait l'auteur de *Pantagruel*, le diable m'emporte si je ne mettrais le feu dedans et ferais brusler et principal et régens qui endurent l'humanité devant leurs yeux être exercée. »

En 1683, une réforme complète y fut faite, et le collége se maintient en plein exercice jusqu'en 1792.

Paris sous Philippe V, dit le Long.

Philippe le Long, ainsi nommé à cause de sa haute stature, ne régna que peu d'années. Ce fut un roi faible et indolent : il était le mari de cette Jeanne de Bourgogne enfermée dans le château de Dourdan comme convaincue d'adultère. A son avénement au trône, il reprit sa femme, qui fut couronnée avec lui.

Pendant son règne, les institutions suivantes furent établies :

Le COLLÉGE DE NARBONNE, situé ancienne rue de la Harpe, n° 89, fondé en 1316 par Bernard de Farges, évêque de Narbonne. Pierre Roger, dans la suite devenu pape sous le nom de Clément VI, étudia dans ce collége.

Le COLLÉGE DUPLESSIS, situé rue Saint-Jacques, n° 115, fut fondé en 1322 par Geoffroy Duplessis, notaire du pape et secrétaire de Philippe le Long. Réuni à la Sorbonne en 1647, sa chapelle fut rebâtie en 1661, et ses bâtiments servent aujourd'hui de succursale à l'École de droit.

Paris sous Charles IV, dit le Bel.

Charles IV, dit le Bel, succéda le 3 janvier 1322 à son frère Philippe le Long. Il essaya de réprimer les brigandages des nobles; et Jourdain de Lisle, seigneur de Casaubon, neveu du pape Jean XXII, fut pendu par ordre du parlement.

Sous son règne, SAINT-JEAN-EN-GRÈVE, église située derrière l'hôtel de ville, fut rebâtie sur un plan plus vaste. Cette église renfermait plusieurs tombeaux. En partie démolie en 1790, elle a été depuis réunie aux bâtiments de l'hôtel de ville.

SAINT-JACQUES-DE-L'HÔPITAL, situé au coin de la rue Saint-Denis et de celle Mauconseil, fut reconstruit aux frais de la charité publique, et Jeanne d'Évreux en posa la première pierre : cette reine lui fit présent d'un *doigt de l'apôtre saint Jacques*. L'hôpital contenait plus de quarante lits. « Chaque jour, soixante ou quatre-vingts pauvres s'y rendaient et y passaient la nuit, et le lendemain, avant de partir, recevaient le quart d'un pain d'un denier et le tiers d'une chopine de vin. Le bâtiment de l'église subsistait encore en 1820.

Le COLLÉGE DES CORNOUAILLES, situé rue du Plâtre-Saint-Jacques, n° 20, fondé par Nicolas Breton, pour cinq pauvres écoliers du collége des Cornouailles

Paris sous Philippe VI.

Philippe VI, premier roi de la branche collatérale de Valois, fut un prince sans jugement et sans caractère : il ordonna sans motif l'exécution d'Olivier, sire de Clisson, et d'un grand nombre de chevaliers, et accrut par ses cruautés le nombre et la haine de ses ennemis. Il ne dota Paris d'aucune institution utile, et cependant on rapporte à son règne la fondation de grands nombres de colléges et de deux églises, mais ces établissements eurent lieu sans sa participation.

Le COLLÉGE DE MARMOUTIER, le COLLÉGE D'ARRAS réuni en 1763 au collége Louis-le-Grand.

Le COLLÉGE DE BOURGOGNE, situé rue des Cordeliers ou de l'Ecole-de-Médecine, sur l'emplacement qu'occupe aujourd'hui cette École. Chaque écolier y eut d'abord pour sa nourriture et son entretien trois sols par semaine, puis cinq sols, et enfin, en 1688, trois livres dix sols.

Le COLLÉGE DES LOMBARDS, situé rue des Carmes, pour les écoliers italiens.

Les COLLÉGES DES ÉCOSSAIS, rue des Fossés-Saint-Victor; le COLLÉGE DE TOURS, fondé par Étienne de Bourgueil; le COLLÉGE DE LISIEUX, situé rue Jean-de-Bauveais, fondé par Guy de Harcourt, évêque de Lisieux; le COLLÉGE D'AUTUN, ceux de HUBAN ou de l'*Ave Maria*, de MIGNON, de CHANAC, de CAMBRAI et d'AUBUSSON.

Saint-Sépulcre, église située rue Saint-Denis, fondée en 1329 par une confrérie de personnes qui avaient fait vœu de visiter la Terre sainte, possédait un portail très-estimé. En 1775, les Confrères de l'Aloyau cherchèrent, après la disparition des confrères du Saint-Sépulcre, à faire revivre les anciennes prérogatives de la confrérie, mais ils n'y purent parvenir. En 1814, la première confrérie se releva, mais pour disparaître bientôt.

Saint-Julien-des-Ménétriers, église située rue Saint-Martin, n° 196. Elle fut fondée en 1321 par deux jongleurs, Jacques Grure et Hugues ou Huet le Lorrain. Les ménétriers ou jongleurs italiens, en passant par la ville de Paris, étaient hébergés dans cet hôpital ; du reste, à cette époque, les ménétriers, jongleurs, jongleresses formaient une corporation puissante. Les jongleurs de Paris avaient seuls le droit de jouer aux fêtes et aux noces qui se célébraient dans cette ville ; alors qu'un ménétrier étranger à la corporation s'y présentait, il était condamné à une amende. La corporation était gouvernée par un *roi* et par le prévôt de Saint-Julien.

La Chapelle de Saint-Yves, située rue Saint-Jacques, au coin de celle des Noyers, fut fondée en 1348 par les étudiants bretons qui suivaient leur instruction à Paris.

Paris sous Jean le Bon.

Le roi Jean, surnommé *le Bon*, succéda à son père Philippe VI, le 22 août 1350. Prisonnier des Anglais à la bataille de Poitiers, la France la racheta de ses deniers et Jean revint à Paris, où les troubles, les guerres intestines et les brigandages de toutes sortes effrayaient les habitants. Il en était de même dans toute la France.

Le pape Clément VI concéda au roi plusieurs priviléges : il lui permit, par une bulle, de choisir un confesseur. Cette permission s'étendit à la reine Jeanne, son épouse, et à *tous leurs successeurs, rois et reines.* Le pape autorisait, en outre, ce confesseur à les absoudre de *tous vœux promis et à promettre, de tous serments prêtés et à prêter !...*

Le roi Jean mourut le 8 avril 1364. Pendant son règne furent fondés :

L'Hopital du Saint-Esprit, situé près de la Grève, au nord de l'hôtel de ville.

Le Collége de Boncourt, rue Descartes, n° 21, montagne Sainte-Geneviève, fondé par Pierre Bécoud, seigneur de Fléchinel.

Collége de Tournai, rue Descartes, près du collége de Boncourt, fondé en 1853 par l'évêque de Tournai, puis réuni en dernier lieu au collége de Navarre.

Collége des Allemands, rue du Mûrier, près de la place Maubert.

Collége de Justice, ancienne rue de la Harpe, n° 84, fondé en 1354 par Jean de Justice, chantre de l'église de Bayeux, chanoine de Notre-Dame de Paris, dont nous allons voir l'influence tyrannique sur les *Petites Écoles de Paris.*

Collége de Vendome, rue de l'Éperon.

Petites Écoles de Paris. Dans divers quartiers de Paris, il y avait des maîtres et des maîtresses qui enseignaient les enfants ; ils étaient placés sous la direction du chantre de Notre-Dame, très-jaloux de ses priviléges et du gain que cet enseignement lui rapportait; en effet, chaque année, maîtres et maîtresses lui payaient une redevance.

En 1380, il se tint une assemblée générale : quarante-deux maîtres et vingt-deux maîtresses y furent présents. — Chaque écolier payait une rétribution à son maître, et chaque maître en payait une au chantre de Notre-Dame. Quelques maîtres, pour se soustraire aux droits perçus par le chantre de Notre-Dame, se cachèrent pour tenir leurs écoles. De là le nom d'*écoles buissonnières.* Quelques écoles gratuites, dites *de charité,* établies dans chaque paroisse de Paris vers l'année 1699, firent tomber les anciennes, et le chantre de Notre-Dame perdit ses priviléges.

Tableau moral de Paris depuis Louis X jusqu'à Charles V.

Nous avons passé en revue les institutions et les établissements fondés sous les rois de France depuis Louis IX jusqu'à Charles V; que le lecteur nous permette à présent de jeter un coup d'œil rétrospectif sur l'état civil et moral de Paris pendant la même période.

Le roi, qui se faisait fouetter par ses confesseurs, qui menait une vie presque monacale, et qui voulait que l'on répondit à ceux qui faisaient des objections contre la religion *par un grand coup d'épée enfoncée dans le ventre tant qu'elle pouvait entrer*, — fonda, ainsi que nous l'avons vu, un grand nombre de couvents, églises et monastères. Ses principales ordonnances furent les suivantes :

En 1257, ordonnance contre les guerres privées que les seigneurs se faisaient entre eux.

En 1260, ordonnance qui prohibait les duels en matière judicaire.

Ces ordonnances ne furent pas toujours exécutées, et lui attirèrent les injures des seigneurs laïques et ecclésiastiques, qui le traitèrent d'*imbécile*, de *bigot*, de *béguin*, de *tyran*, de *parjure*, etc.

La colère des seigneurs était grande, car l'ordonnance du roi contre les duels leur enlevait le grand nombre d'amendes données par les vaincus, amendes qui consistaient en soixante sols si le malheureux était roturier, et en soixante livres s'il était noble. L'évêque de Paris, les abbés de Saint-Martin-des-Champs, de Sainte-Geneviève et de Saint-Germain-des-Prés conservèrent leur *champ clos* où les plaidoiries à coups d'épée et de bâton furent encore en vogue pendant plus de deux cents ans.

Saint Louis fit rédiger un code de lois appelé les *Établissements du roi*, type de législation barbare, mais où perce, dans tous les cas, le profond désir de guérir l'ulcère public. Certaines ordonnances, cependant, sont d'un honnête et profond législateur : il abolit le droit de *chevestrage*, qui se percevait sur les bateaux amenés par eau dans Paris et attachés sur la rive par le *chevestre*, mot qui signifie corde. La prévôté de Paris fut réformée : les prévôts furent nommés par le roi et reçurent des appointements ; auparavant cette charge se vendait à l'enchère et appartenait à celui qui était assez riche pour l'acheter. La police, confiée jusqu'ici à un *chevalier du guet*, fut faite par les Parisiens eux-mêmes, qui formèrent une garde pour se défendre des vols, des violences, des incendies, des enlèvements de femmes qui se commettaient en plein jour et impunément : cette nouvelle garde prit le nom de *guet des métiers ou des bourgeois*. Divers règlements relatifs à la vente des marchandises alimentaires, et notamment du poisson, furent promulgués.

Des ordonnances cruelles contre les juifs et les blasphémateurs firent tache au milieu des sages institutions que Louis IX établit. Joinville raconte qu'un orfèvre accusé d'avoir juré fut, par ordre du roi, attaché presque nu à l'échelle, ayant autour du cou *les boyaux et la fressure d'un porc*, en si grande foison, dit-il, qu'elle lui venait jusqu'au nez. J'ai ouï dire, ajoute-t-il, qu'il fit cuire *le nez et les lèvres* à un bourgeois de Paris.

Pendant cette période, la puissance monacale est à son comble : les évêques et les abbés sont des rois dans leurs abbayes et dans leurs monastères ; la justice se rend en leur nom, et celle du roi elle-même vient souvent se briser contre leurs priviléges qu'ils maintiennent avec orgueil.

Le cardinal Jacques Vitry nous a laissé le tableau suivant des mœurs parisiennes à cette époque :

« Dans ce temps de calamités, de périls et de crimes, dit-il, Paris, ainsi que les autres cités, était un cloaque de souillures, et ses habitants marchaient dans les ténèbres. Alors la corruption du clergé de cette ville surpassait celle du peuple. Les ecclésiastiques, par leurs exemples pernicieux, corrompaient un grand nombre d'étrangers qui de toutes parts y affluaient, dévoraient la population et l'entraînaient dans un abîme de maux. Une simple fornication chez les Parisiens n'était point regardée comme une faute. Les filles publiques dans les rues, dans les places, devant leur maison, arrêtaient effrontément les ecclésiastiques ; celui qui entretenait publiquement une ou plusieurs concubines était considéré comme un homme de mœurs exemplaires.

Les grands seigneurs restèrent plongés dans la barbarie la plus grande : on les vit voler les passants sur les grands chemins, et le roi lui-même fut obligé d'assiéger le château de la Roche de Gluy, sur les bords du Rhône, dont le seigneur, appelé Roger, s'occupait à piller les voyageurs. Les seigneurs qui entouraient le roi étaient tout aussi corrompus et se livraient à de si honteuses turpitudes, que Louis IX fut obligé d'en chasser un grand nombre.

Les arts et les lettres, chose étrange, firent quelques progrès, et on écrivit en français et en vers grand nombre de chroniques, d'histoires, de contes, de légendes, de fables et de chansons ; ces productions sont grossières, mais on y remarque une grande liberté à flageller les vices du temps. Cette littérature satirique peut avoir eu, à mon avis, une grande influence sur les mœurs de l'époque suivante.

Les rois qui succédèrent à saint Louis eurent à défendre le pouvoir royal contre les envahissements du clergé, des grands seigneurs et même de l'Université. Il y avait dans l'État des grands corps qui voulaient avoir en leurs mains toute la puissance, et qui ne reculaient devant rien pour défendre leurs infâmes priviléges. Les rois furent parfois obligés de sévir. Ainsi, sous Philippe le Bel, Enguerrand de Marigny, comte de Longueville, fut accusé par le roi, condamné par les pairs, et, sans forme de procès, pendu le 30 avril 1315 au plus haut gibet de Paris. Quelques années auparavant, un clerc ou écolier nommé Pierre le Barbier, convaincu d'assassinat, fut arrêté, pendu et jugé par le prévôt de Paris. Mais l'Université fit grand bruit de cette affaire, qui portait atteinte à ses priviléges, et les écoles furent fermées par ordre du recteur. On voulait la mort du prévôt. — Le roi fut obligé de le dépouiller de sa place, et il demanda solennellement pardon à l'Université. Mais ces exemples de justice inquiète et barbare ne faisaient aucune impression sur ceux qui pouvaient en devenir justiciables; elle irritait les esprits sans les rendre meilleurs. Le luxe des princes devint effréné; et leurs sujets furent obligés de payer leurs honteux plaisirs. Le *droit de prise*, c'est-à-dire le droit accordé au roi de s'emparer des meubles et des denrées du bourgeois, fut maintenu en grande vigueur.

Les dames de la cour étaient passées reines en

matière de galanterie. S'il faut en croire Brantôme et les historiens du temps, Jeanne de Bourgogne, épouse de Philippe le Long, après avoir fait enlever les jeunes gens qui lui plaisaient et qu'elle guettait de la tour de Nesle, les faisait ensuite enfermer dans un sac et jeter dans la Seine. Voici les vers de Villon sur l'écolier Buridan, si célèbre dans les écoles de Paris au quatorzième siècle, et qui échappa on ne sait comment à cette dernière galanterie de la reine :

> Semblablement où est la reine
> Qui commanda que Buridan
> Fut jeté en un sac en Seine...

Cependant, le parlement ne laissa pas toujours impuni les crimes et les violences des grands seigneurs. Cette puissante institution chercha à réprimer leurs excès, et des gentilshommes puissants furent condamnés. En 1320, sous le règne de Philippe le Long, un prévôt de Paris, nommé Henri Tapperel, convaincu de corruption, fut pendu.

Le clergé se montrait intolérable, sa cupidité était grande. Les curés de Paris ne permettaient pas aux nouveaux mariés de consommer le mariage avant la bénédiction du lit nuptial, bénédiction qu'il fallait toujours payer. Une autre redevance appelée le *plat de noces* incombait encore à ceux qui se mariaient. Tous les curés de Paris refusaient d'enterrer un homme qui, avant de mourir, n'avait pas fait par son testament un legs au clergé. Parfois les cadavres restaient longtemps sans être inhumés, et il fallait, pour que la sépulture ne leur fût pas refusée, que les héritiers du mort fissent un testament à sa place : ce que les évêques permettaient.

Quoiqu'à la plupart des cures, dit Dulaure, fussent attachés des revenus en fonds de terre, ceux qui les desservaient ne laissaient pas d'exiger de leurs paroissiens le prix de tous les actes, cérémonies, sacrements prescrits par l'Église, et de beaucoup d'autres qu'elle ne prescrivait pas, tels que le baptême, la communion, la confession, les pénitences, les messes, les fiançailles, les mariages, l'extrême-onction, les enterrements; puis, dans le cours de la vie, on payait encore des offrandes à la messe, les offrandes des premiers fruits, les offrandes des premiers-nés des animaux domestiques, les dîmes, la bénédiction du lit nuptial et celle des nouveaux mariés, le lendemain de leurs noces; la bénédiction des champs, des jardins, des puits, des fontaines, des maisons nouvellement construites, la bénédiction de la besace du voyageur; la bénédiction des raisins, des fèves; la bénédiction des cuves, des agneaux, du fromage, du lait, du miel; la bénédiction des bestiaux en temps de peste, la bénédiction du sel que l'on donne aux troupeaux, la bénédiction des armes, des épées, des poignards, des drapeaux, etc.

Les processions de ce temps étaient nombreuses, et le clergé poussait les fidèles à des pratiques ridicules et obscènes. Dans une procession qui se fit à l'occasion des récoltes et des biens de la terre, les figurants, à l'exception des femmes mariées, y étaient *entièrement nus*. De pareilles nudités étaient encore parfois ordonnées par les tribunaux, qui condamnaient les accusés des deux sexes à suivre les processions, couverts seulement d'une chemise dans laquelle ils étaient obligés de porter des pierres enchaînées.

Nous donnerons maintenant quelques notes rapides sur les habitudes et sur les usages des Parisiens pendant cette période.

Le *couvre-feu*, usage qui prit vigueur à Paris pendant la captivité du roi Jean. A huit heures du soir, en toute saison, la cloche de Notre-Dame donnait le signal. Au son de cette cloche, tous les feux et lumières devaient s'éteindre, et les femmes publiques sortir de leurs repaires et se retirer chez elles.

La *cloche des trépassés*. Lorsque plusieurs personnes étaient décédées, un homme vêtu de noir parcourait les rues en agitant une sonnette et criait : *Priez Dieu pour les trépassés!* Cet usage se maintint à Paris jusqu'au règne de Louis XIV.

Le *ban du roi*. On appelait ainsi un ordre donné aux Parisiens de se préparer à marcher à la guerre. Cet ordre se criait par un héraut sur les carrefours et sur les places publiques.

Les *cris de Paris*. L'usage de crier les denrées date surtout de cette époque ; les crieurs de comestibles, volailles, légumes, fruits, étaient les plus nombreux. On criait le vin, dont le prix s'élevait jusqu'à trente-deux deniers *la pinte;* on criait aussi du vinaigre, du verjus et de l'huile de noix.

Des aliments préparés, des pâtisseries étaient pareillement criés dans les rues; des pâtés chauds, des gâteaux, des galettes, des échaudés, des *flancs*, des *oubiies renforcées*, des gâteaux de fève, des tartes, des *simiaux*. On criait encore des *roinsoles* ou couennes de cochon grillées.

Des marchands et des raccommodeurs parcouraient les rues et offraient leurs services pour recoudre les vêtements déchirés, tels que la *cotte*, la *chape* (manteau des femmes), le *surcot*, le *pelissau*.

Les meuniers passaient le matin dans les rues et demandaient à grands cris si l'on avait du blé à moudre.

Il y avait encore des relieurs de cuves et de hanaps ; les uns vendaient du treillis en fil d'archal, de la chandelle de coton, des mèches de jonc pour les lampes, du vieux fer, du jonc frais, etc., etc.

Nous avons parlé autre part des cris que poussaient les écoliers, les moines, les moinesses et les aveugles des Quinze-Vingts. C'était à fendre les oreilles.

Rues de Paris. Les rues de Paris étaient étroites, puantes et tortueuses. Sous Philippe-Auguste, on ne pava que deux rues qu'on nomma la *Croisée de Paris.* Plus tard, quelques autres furent également pavées, mais l'édilité parisienne, pendant la période qui nous occupe, fit très-peu de progrès.

Ce que c'était que l'envoulment. Lorsqu'on voulait estropier, faire languir ou mourir un individu dont on ne pouvait facilement approcher, on fabriquait une image en limon, le plus souvent en cire, qu'on baptisait, qu'on oignait du saint-chrême ; puis les fabricateurs torturaient cette image et lui enfonçaient un stylet à l'endroit du cœur. On était persuadé que la personne dont cette figure était l'image ressentait tous les coups qu'on portait au *volt*.

Paris sous Charles V.

Au roi Jean succéda son fils Charles. Ce prince, qui trouva la France dans un état déplorable, parvint cependant à pacifier son royaume et à y rétablir l'ordre. Il fut vaillamment secondé par Bertrand Du Guesclin, le plus grand capitaine de son époque. Ami des lettres et des arts, le roi Charles les pratiqua et fonda une bibliothèque au Louvre. Comme saint Louis, il fut le protecteur des couvents et des monastères : il en fonda même quelques-uns. Son administration fut arbitraire, comme celle de ses prédécesseurs ; il fit construire grand nombre de châteaux dont son peuple paya les frais; loin de diminuer les impôts, il les augmenta encore, et par ce moyen amassa de grandes richesses : « Il mit si grande taille sur le commun, dit Simon Phares, que à plusieurs fust force de vendre leurs lits sur quoi ils gesaient, et leurs meubles pour la payer, ce qui fust très-mal fait. »

Charles V mourut, le 16 septembre 1380, au château de Beauté-sur-Marne qu'il avait fait construire.

Les CÉLESTINS, couvent et église à l'entrée des cours de l'Arsenal. Voisins de l'hôtel Saint-Paul où résidait le plus souvent Charles V, les Célestins furent protégés non-seulement par lui, mais encore par les seigneurs de la cour qui fondèrent dans leur église une confrérie dont ils étaient tous membres. Leur église renfermait les tombeaux de Léon de Lusignan, roi d'Arménie, de Jeanne de Bourbon, épouse du roi, de Jeanne de Bourgogne, épouse du duc de Bedfort, régent de France, et du cardinal archevêque de Lyon et de Bordeaux, André d'Épinay. Dans un grand nombre de chapelles qui entouraient l'église s'élevèrent dans la suite les tombeaux et monuments de personnages illustres. Le cloître des Célestins, construit en 1539, était un des plus beaux de ceux de Paris. Les Célestins furent supprimés en 1770; l'église a été démolie, et les bâtiments du couvent ont été convertis en une caserne, dite *caserne des Célestins.*

Hôtel Saint-Paul. Son emplacement s'étendait depuis la rue Saint-Antoine jusqu'au cours de la Seine, et depuis la rue Saint-Paul jusqu'aux fossés de l'Arsenal et de la Bastille. Le Dauphin avait acheté plusieurs hôtels qu'il ne paya pas, quoiqu'il eût imposé deux fois les Parisiens à cet effet, et lorsqu'il monta sur le trône, il déclara l'ensemble des propriétés qui composaient l'hôtel Saint-Paul unis au domaine de la couronne. Il y fit construire l'hôtel des archevêques de Sens, de l'abbé Saint-Maur, l'hôtel de la Reine, les bâtiments dits de *Beautreillis*, des *Lions de la Pissotte*, l'hôtel neuf du *Pont-Périn*. Ces divers bâtiments réunis dans une même enceinte prirent le nom d'*hôtel Saint-Paul.*

Dans l'hôtel du roi étaient : deux salles, une antichambre, une garde-robe, une chambre de parads, la *chambre où gît le roi,* la *chambre des nappes,* la *chambre des estuves.* Il y avait plusieurs galeries dont l'une aboutissait à la chapelle. Chaque hôtel, du reste, avait la sienne, et des orgues y furent établies. Diverses cours ou basses-cours séparaient ces bâtiments : *cour des joutes, cour des cuisines, de la pâtisserie, des sauceries, des celliers, des colombiers, des gelinières, des fours, du garde-manger, de la cave au vin des maisons du roi, de la bouteillerie,* etc.

Toutes les chambres et chapelles renfermaient des poêles appelés alors *chauffe-doux.*

L'hôtel Saint-Paul était malsain, à cause du voisinage des égouts et des fossés de la ville ; les successeurs de Charles V l'abandonnèrent et habitèrent de préférence l'hôtel des Tournelles. François Ier vendit une partie du terrain de l'hôtel Saint-Paul à Jacques de Genouillac, grand maître de l'artillerie. Dans la suite, les rois ses successeurs imitèrent son exemple, et au dix-septième siècle, toutes les parties de l'hôtel étaient vendues. On y ouvrit des rues, et aucun vestige n'en reste aujourd'hui.

Le Louvre, fondé vers l'an 1204, par Philippe Auguste, s'enrichit de plusieurs bâtiments sous Charles V. Au centre de ces bâtiments s'élevait la *grosse Tour du Louvre,* si fameuse dans l'histoire de la féodalité. L'intérieur de cette tour contenait une chapelle, un retrait et plusieurs chambres ; on y montait par un escalier à vis. Les bâtiments qui entouraient cette grosse tour étaient surmontés d'une multitude d'autres tours plus petites et de différentes hauteurs et dimensions : *Tour du Fer-à-Cheval, de l'Étang*, de *l'Horloge*, de *la Fauconnerie*, la *Tour où se met le roi quand on joute*, la *Tour de la Librairie*, la *Tour du Coin*.

Les bâtiments du Louvre furent, sous Charles V, exhaussés de trois étages. Nous renvoyons le lecteur pour plus amples détails à l'article *Palais du Louvre*, que nous avons traité plus longuement dans la suite de cet ouvrage.

Collége de Dormans-de-Beauvais, situé rue Saint-Jean-de-Beauvais, fondé en 1370 par Jean de Dormans, évêque de Beauvais. Reconstruit sous le règne de François Ier, ce collége devenu public fut réuni en 1597 au Collége de Presle, fondé vers le même temps par Raoul de Presle, conseiller et poëte du roi Charles V.

Collége de Maitre Gervais, situé rue du Foin-Saint-Jacques, 14, fondé par le médecin du roi, qui voulut qu'on y enseignât l'astrologie. En 1763, il fut réuni à l'Université.

Collége de Daimville, situé ancienne rue de la Harpe, fondé en 1380 par Michel de Daimville, chapelain du roi. En 1763, il fut également réuni à l'Université.

Pendant le règne de Charles V, les communications entre les deux rives de la Seine devinrent plus fréquentes, aussi songea-t-on à les rendre plus faciles. Le Petit-Pont, renversé plusieurs fois par le cours du fleuve, fut reconstruit en 1394.

Le Pont Saint-Bernard-aux-Barres, partant du quai et de la forteresse des Tournelles, aboutissait à l'île Saint-Louis. Il fut construit lorsque Charles V s'occupait de fortifier Paris. Ce pont en bois fut dans la suite emporté par les eaux, et ne fut jamais reconstruit.

Le Pont Saint-Michel, reconstruit en 1378. Les travaux en furent confiés par Charles V à Hugues Aubriot, capitaine et prévôt de Paris, qui y employa tous les joueurs et vagabonds de la ville.

L'Hotel-de-Ville fut également construit sous Charles V. Ce prince s'occupa enfin de l'enceinte de Paris, dont il fit rehausser les murailles ; il ne changea rien, du reste, aux plans d'Étienne Marcel qui les avaient commencées cinq années auparavant. Du côté du midi, la Bastille fut bâtie. Ce fut primitivement une grosse tour dont Hugues Aubriot posa la première pierre le 22 avril 1369. Des fossés furent creusés autour de la ville, et l'entrée de Paris par la Seine fut défendue par de fortes chaînes en fer supportées sur des bateaux. La construction du Petit-Chatelet date aussi de cette époque. Le Canal de la Bièvre fut réparé, le Petit-Pré-aux-Clercs, cédé à l'Université, et enfin le couvent du Petit-Saint-Antoine fut fondé par le roi lui-même, rue Saint-Antoine, à l'endroit où se trouve le passage du Petit-Saint-Antoine. Ces religieux, dont l'ordre remonte à l'an 1095, étaient spécialement destinés à loger et à soigner les pauvres affligés de cette maladie terrible résultant de la misère du peuple et qu'on nommait, *maladie des ardents*, le *feu sacré*, le *feu Saint-Antoine*, le *feu d'enfer*.

Cette institution avait un but utile et respectable, mais on ne peut faire un pareil éloge des moines qui la composaient. Ils menaient, au treizième siècle, une vie bien scandaleuse. Guiot de Provins en parle ainsi, d'une manière exagérée, sans doute : « Ce sont, dit-il, des trompeurs qui inventent mille fourberies pour tirer de l'argent du public : on les voit, montés sur un cheval qui porte une sonnette au cou, parcourir les villes, les châteaux pour y faire des dupes; tout l'argent qu'ils tirent de la crédulité publique ils l'emploient en gloutonnerie et en débauche... Leur cochon de saint Antoine leur vaudra, cette année, cinq mille marcs d'argent.

Les Antonins furent supprimés en 1790 et les bâtiments de leur communauté furent détruits.

L'Église Saint-Paul, dépendante de l'hôtel Saint-Paul. Trois mignons de la cour de Henri III, Quélus, Maugiron et Livarot, tués en duel le 27 avril 1578, furent inhumés près du grand hôtel de cette église. François Rabelais, mort le 9 avril 1553, y fut aussi enterré. Cette église a été démolie.

Paris sous Charles VI.

Charles VI succéda à son père Charles V. Son règne fut fécond en calamités, en désastres et en scélératesses. Les querelles des Bourguignons et des Armagnacs qui mettaient Paris à feu et à sang, les querelles entre les moines et l'Université, les galanteries et les intrigues de la reine, l'ambition des princes et enfin la démence du roi, tout contribua sous ce règne au malheur de la France.

Parmi tant de troubles, Paris ne s'enrichit que des quelques institutions suivantes :

Chapelle et Hôpital des Orfèvres ou de Saint-Éloi, située rue des Orfèvres.

Confrérie de la Passion de Notre-Seigneur, établie dans les bâtiments de l'Hôpital de la Trinité, rue Saint-Denis, au coin de la rue Greneta. Ce fut dans cette confrérie que fut établi le premier spectacle permanent. Ces confrères ou comédiens représentaient des scènes dont le sujet était la Passion de Notre-Seigneur Jésus-Christ. Charles VI les protégea et leur donna des lettres patentes, avec la permission de se promener dans les rues revêtus de leurs costumes de théâtre.

Collège de Fortet, situé rue des Sept-Voies, fondé en 1394 par Pierre Fortet, natif d'Aurillac, en Auvergne, chanoine de l'église de Paris. Ce collège, reconstruit en 1560, s'accrut des hôtels de Marly et de Nevers. Pendant la Révolution, il devint propriété particulière.

Collège de Reims, dans la même rue, fondé en 1412 par Guy de Roye, archevêque de Reims. Réuni à l'Université, puis propriété particulière.

Collège de Coquerel, encore dans la rue des Sept-Voies, dans la cour de l'hôtel de Bourgogne. Ce fut Nicole Coquerel, chanoine d'Amiens, qui le fonda. Cet établissement disparut avec lui.

Hôpital du Roule. L'évêque de Paris jouissait du privilège de placer quatre frères dans cet hospice. On ne sait rien de plus sur cette utile institution.

La magnifique Église Saint-Gervais fut rebâtie

sous ce règne et en 1420 on en fit la dédicace. Le Pont Saint-Michel et le Pont Notre-Dame, qui avaient été entraînés par la violence des eaux, furent reconstruits. De cette époque date l'organisation de la Compagnie des Arbalétriers de Paris, la Compagnie des Archers et celle des Arquebusiers, compagnies qui existaient depuis longtemps en confréries, mais qui n'avaient pas encore obtenu la permission de se réunir. Charles VI leur donna des lettres patentes par lesquelles il est ordonné « qu'il sera fait un choix de soixante des plus habiles arbalétriers, qu'ils s'habilleront et s'armeront à leurs frais, qu'ils jouiront de plusieurs priviléges, seront exempts de payer le quatrième du vin, les impositions, *aides mises pour la guerre*, les *tailles*, *subsides*, gabelles, *guet* et *arrière-guet*. Le capitaine avait cinq sous par jour et chaque frère ou soldat trois sous, sans compter la dépense de bouche pour l'homme et pour le cheval. Ils étaient payés par la ville, et chargés de maintenir l'ordre dans Paris. Ces compagnies existèrent jusque sous le règne de Louis XIV.

Charles VI mourut en 1421. Le roi d'Angleterre Henri V, qui avait épousé sa fille, fit nommer roi de France l'enfant qu'il eut de cette union, et gouverna Paris avec le titre de régent. Pendant cette occupation étrangère, qui dura jusqu'en 1436, le comte de Richmond, connétable de France, et le comte de Dunois reprirent Paris. Il survint peu de changements dans la ville.

L'Hôtel des Tournelles fut agrandi considérablement, car il servit d'habitation au duc de Bedford, devenu régent du royaume. Charles VII y habita également. Louis XI y fit construire une nouvelle galerie. Le roi Louis XII y mourut, et enfin Henri II y fut tué par Montgommery dans une joute qui eut lieu en 1565. Sur son emplacement fut établi le Marché aux chevaux, puis, plus tard, la Place Royale.

L'ÉGLISE SAINT-GERMAIN-L'AUXERROIS fut en partie reconstruite pendant la régence du roi d'Angleterre. Son portail est remarquable par des formes étrangères inusitées.

HÔPITAL ou HÔTEL DES PAUVRES FEMMES VEUVES, situé rue de Grenelle Saint-Honoré, fondé vers 1425 par Chenard et Catherine Duhomme. Cet hôpital n'existe plus.

COLLÉGE DE LA MARCHE, rue de la Montagne-Sainte-Geneviève. Ce collége acquit dans la suite une grande célébrité. Pendant la Révolution, il devint propriété particulière.

COLLÉGE DE SECY, rue de la Harpe, fondé par Grégoire Langlois, évêque de Secy, « pour huit pauvres escoliers. » Reconstruit en 1730, il fut réuni à l'Université en 1763.

Paris sous Charles VII.

Charles VII, qu'on nommait par dérision le *roi de Bourges*, essaya en 1429 de reprendre Paris. Ce fut Jeanne Darc, dite *la Pucelle*, qui commandait l'armée. Elle attaqua entre la porte Saint-Honoré et la porte Saint-Denis; mais son armée fut repoussée et elle-même fut blessée à la jambe par un trait d'arbalète.

Charles VII ne reprit Paris qu'en l'année 1436, où il fit son entrée solennelle le 12 novembre 1437.

D'une grande faiblesse morale, ami des plaisirs, indolent et paresseux, Charles VII se laissa toujours diriger par ceux qui l'entouraient; on ne connaît pas d'institution sous son règne. Il donna par lettres du 24 mai 1446 l'*Hôtel de Nesles* à François Ier de Bretagne, comte de Bedfort; mais ce duc étant mort sans héritier, l'hôtel revint à la couronne.

L'Hôtel de Nesles occupait l'emplacement du collége Mazarin, de l'hôtel de la Monnaie et autres lieux contigus. Ses bâtiments et jardins étaient à peu près circonscrits par les rues Mazarine, de Nevers et le Quai Conti, autrefois nommé Quai de Nesles. La Tour de Nesles, située au nord de la partie d'entrée de l'hôtel, était ronde, très-élevée et accouplée à une seconde tour, plus haute, moins forte en diamètre et qui contenait l'escalier à vis. Cette tour correspondait à la *Tour qui fait le coin* du Louvre. L'hôtel de Nesles est célèbre par les crimes de Marguerite de Bourgogne. Henri II en 1552 vendit l'hôtel de Nesles, qui fut démoli en 1663 pour faire place au Collége Mazarin.

Paris sous Louis XI.

Le dauphin Louis succéda à son père Charles VII et monta sur le trône le 22 juillet 1461. On peut dire que ce roi fonda la monarchie française. Défenseur du pouvoir royal, il lutta contre les grands vassaux, et n'eut pas crainte de sévir contre eux. « Despoto absolu, il voulut exercer son despotisme sans la participation des princes et des seigneurs. »

Louis XI protégea les arts et les lettres : il accueillit les savants et l'imprimerie. Superstitieux jusqu'au ridicule, il fut souvent cruel, et quoique dévot, il fut un mauvais chrétien. De graves accusations ont pesé sur ce roi : on prétend qu'il attenta à la vie de son père et à celle de son frère. La fin de sa vie est célèbre : ses craintes, ses frayeurs sont passées dans l'histoire ; nos tragédiens et nos dramaturges s'en sont emparés. Il s'emprisonna lui-même dans le château de *Plessis-lez-Tours*, château qu'il fortifia de murailles, de fossés, de grilles de fer, de trappes, de piéges. Il y mourut le 31 août 1483, après avoir fait venir saint François de Paule pour tâcher de prolonger sa vie. Paris, sous son règne, ne s'accrut d'aucun monument, mais l'IMPRIMERIE et la POSTE AUX LETTRES furent des institutions qui seules ont suffi à illustrer son règne.

L'IMPRIMERIE, inventée à Harlem en Hollande par Laurent Coster, perfectionnée par Guttenberg, de Mayence, fit son apparition en France vers la fin du règne de Louis XI. En 1470, des imprimeurs venus d'Alsace établirent leurs presses au collége de la Sorbonne. En 1473, Martin, Michel et Ulrich Gering vinrent s'établir dans la rue Saint-Jacques, au *Soleil d'or*. Marc Reinhardi, imprimeur de Strasbourg, avait, en 1482, une imprimerie établie à Paris.

La POSTE AUX LETTRES fut une institution dont l'Université conçut le projet en établissant les *Messageries*. Louis XI, en 1464, le mit à exécution et fit le premier un règlement sur les postes. Deux cent trente courriers furent établis dans le royaume. Un impôt de trois millions, payé par le peuple, favorisa cette entreprise.

Paris sous Charles VIII.

Charles VIII, âgé de treize ans, succéda à Louis XI le 30 août 1483. D'un caractère chevaleresque, il délaissa l'administration intérieure pour aller faire la guerre en Italie.

Charles VIII mourut le 7 avril 1498. Les établissements de son règne sont peu nombreux : on ne peut citer que :

Les FILLES-PÉNITENTES, couvent situé d'abord sur l'emplacement de l'hôtel d'Orléans, nommé depuis hôtel de Soissons et sur lequel on a construit la Halle aux Blés, puis transféré au monastère de Saint-Magloire, rue Saint-Denis. Ce fut un cordelier nommé Jean Tisserand qui fonda ce couvent, et réussit à convertir deux cents filles perdues qu'il réunit en communauté religieuse. Charles VIII, par lettres patentes du 14 septembre 1496, confirma cet établissement. Il fallait, pour pouvoir entrer dans la communauté, avoir fait preuve de grand libertinage ; les postulantes étaient soumises à une visite très-rigoureuse, et si la fille postulante était reconnue vierge, on la renvoyait comme indigne d'entrer dans le couvent. Ce couvent fut supprimé en 1790.

La FOIRE SAINT-GERMAIN, qui se tenait primitivement sur l'emplacement où existe aujourd'hui le

Marché Saint-Germain-des-Prés. Les revenus de cette foire passèrent peu à peu à la couronne et elle fut supprimée en 1278 et transférée aux Halles. Mais en 1482, les religieux de Saint-Germain-des-Prés demandèrent à Louis XI le droit de la rétablir dans le faubourg Saint-Germain. Louis XI leur en donna la permission, et Charles VIII, au mois de février 1486, fixa définitivement le temps et la tenue de cette foire. Elle n'a cessé de tenir qu'en 1789.

Paris sous Louis XII.

Louis XII succéda à Charles VIII le 7 avril 1498.

Bon et juste, d'un caractère noble et magnanime, ce jeune prince n'eut en vue que la prospérité publique, et cependant les guerres chevaleresques qu'il entreprit en Italie semblent peu conséquentes avec ses heureuses dispositions d'ordre et d'économie. Il mérita le surnom de *Père du peuple.*

« *J'aime mieux*, disait-il, *voir rire mes courtisans de mes épargnes que de voir pleurer mon peuple de mes dépenses.* » Louis XII mourut à Paris, en son hôtel des Tournelles, le 1ᵉʳ janvier 1515.

On doit à Louis XII le PONT NOTRE-DAME (1), entièrement achevé en 1512. Le PETIT-PONT, reconstruit en pierres par Jean Joconde, et enfin le PONT

1. Pour ne pas faire double emploi, nous ne donnons dans cet exposé rapide que l'historique des monuments ou constructions qui n'existent plus aujourd'hui. Le lecteur trouvera dans une autre partie de cet ouvrage, l'historique de tous les autres monuments existant à notre époque.

aux Meuniers, qui aboutissait d'un côté au quai de l'Horloge et de l'autre au quai de la Mégisserie. Ce pont, primitivement, ne servit qu'au service des meuniers, mais le Pont au Change ayant été rompu en 1374, on permit au public, pendant sa reconstruction, de passer sur le *Pont aux Meuniers*. Mais dans la suite, il fut fermé par ordre du Parlement. Dans la nuit du 21 au 22 décembre 1596, il fut entraîné par les eaux.

Bons-Hommes ou Minimes de Chaillot, religieux de Saint-François de Paule, protégés par Anne de Bretagne, qui leur céda son *manoir*, situé sur le penchant du coteau de Chaillot et de Nigeon, et posa la première pierre de l'église qui ne fut terminée qu'en 1578. Ce couvent fut supprimé en 1790.

Louis XII protégea les Confrères de la Passion, les acteurs du Théatre des Basoches du Palais et du Chatelet, malgré le Parlement, qui cherchait à réprimer la licence qui s'introduisait dans leurs *farces* et dans leurs *mystères*.

Le Théatre de la Basoche, protégé par Louis XI, fut fermé par ordre du Parlement, qui n'aimait pas ces comédies où souvent les membres de cette cour de justice étaient tournés en ridicule. Cette fermeture du Théâtre de la Basoche eut lieu lorsque le roi Louis XI eut cessé d'habiter Paris, et il fut défendu aux clercs du Palais et à l'un d'eux, nommé Jean l'Éveillé, se disant *roi de la Basoche*, de jouer, « *sous peine, par les contrevenants, d'être battus de verges par les carrefours de Paris et bannis du royaume*, au Palais ou ailleurs, *farces, moralités* et *satires*.

Sous Charles VIII, les clercs ayant recommencé à jouer, leur théâtre fut supprimé à cause de plusieurs traits satiriques contre le roi Charles VIII et son gouvernement. Louis XII, comme nous l'avons vu, les protégea et leur laissa pleine liberté. Sous le règne de François Ier, le Parlement interdit aux Basochiens et aux écoliers des colléges de jouer farces ou comédies dans lesquelles il serait *mention de princes et de princesses de la cour*. A partir de l'année 1582, on ne trouva plus aucune trace de leur théâtre.

Les Basochiens du Parlement jouaient leurs pièces dans la grande salle du Palais, et la vaste table de marbre qui s'y trouvait leur servait de théâtre. Quant aux clercs du Châtelet, ils en faisaient dresser un devant la porte du bâtiment de ce tribunal.

THÉATRE DES ENFANTS SANS SOUCI, présidé par un acteur qui prenait le nom de *Prince des sots*. Les acteurs de ce théâtre se réunissaient souvent aux Confrères de la Passion.

Sous le règne de Louis XII, le jour du mardi gras de l'an 1511, il fut joué par cette troupe, aux Halles de Paris, une *sotie* ou pièce satirique, dirigée contre le pape Jules II et la cour de Rome ; elle était intitulée : *le Jeu du Prince des sots et Mère sotte*.

Lorsque les *Confrères de la Passion* partirent de l'hôtel de Bourgogne, les acteurs dits les *Enfants sans souci* et leur chef, le *Prince des sots*, les remplacèrent.

État physique et moral de Paris depuis Jean le Bon jusqu'à François Ier.

Nous sommes en plein quinzième siècle, et la barbarie, moins grande cependant que dans le douzième et le treizième siècle, règne encore dans les mœurs. La France, désolée par des guerres affreuses que se faisaient les princes du sang royal, l'est aussi par des troupes nombreuses de brigands appelés auparavant *Brabançons* et alors *Grandes Compagnies*, *Routiers*, *Trente mille Diables*, *Quinze mille Diables*, *Escorcheurs*. A la tête de ces compagnies, on voit souvent des grands seigneurs. Une partie de la société est en guerre sourde contre l'autre partie, chacun cherche à dépouiller autrui, et les rois eux-mêmes pillent leurs sujets. Au milieu de tous ces désordres se mêlent des cérémonies pompeuses, de belles processions et beaucoup de débauches.

L'entrée dans Paris de la reine Isabeau et celle du roi Louis XI sont célèbres dans l'histoire. Les processions et les pèlerinages étaient fréquents à cette époque. Les dames de Paris allaient à Aubervilliers ou Notre-Dame-des-Vertus, à Notre-Dame-de-Boulogne, à Saint-Maur-des-Fossés et ailleurs, mais ces promenades avaient moins pour motif la dévotion que le plaisir. La prostitution était grande, plus grande encore que dans les siècles précédents : les évêques, les moines et les abbés en donnaient souvent l'exemple, et la plupart des couvents avaient mauvaise renommée. Les principes de la religion étaient méconnus et les croyances les plus absurdes continuaient à être en vigueur. On croyait aux magiciens et aux sorciers, qui étaient en grand nombre dans Paris, et leur nombre ne diminua que lorsque les tribunaux cessèrent de croire à leur puissance. Vers le commencement du quinzième siècle on vit les sorciers, pour leurs opérations magiques, dépendre les cadavres attachés au gibet de Montfaucon et se procurer des enfants mort-nés.

Le prédicateur Maillard, sévère censeur des mœurs de cette époque et qui, pendant les années 1494 et 1508, débita un grand nombre de sermons dans l'église de Saint-Jean-en-Grève, dit « que les marchands trompent les acheteurs; ceux qui vendent du vin font des mélanges, les apothicaires mettent leurs drogues dans leurs caves afin que l'humidité leur procure plus de poids; ils vendent du gingembre pour de la cannelle. »

« Je vous demande, messieurs les marchands, s'é-
« crie-t-il, n'avez-vous pas le caractère du diable ?
« Ce caractère est celui de la fraude, qu'on nomme
« en français *barat*, déception. Marchands de vin,
« ne vendez-vous pas pour Orléans ou d'Anjou du
« vin de votre cru ? Marchands de draps, vous
« vendez pour du drap de Rouen celui qui n'est
« que de Beauvais; vous vendez du drap humide
« pour du drap sec; l'acheteur croit avoir deux au-
« nes et n'en a qu'une. Et vous, mesdames les mar-
« chandes, qui achetez à la grande mesure et qui
« vendez à la petite, et qui, lorsque vous pesez,
« donnez un coup de doigt sur un bassin de la ba-

« lance afin qu'il descende. Messieurs les changeurs,
« n'est-ce pas vous qui rognez les écus? »

Les charges de judicature commencèrent à être vendues sous Louis XII : « Il vaudrait mieux, s'écrie
« Maillard en s'adressant aux pères et aux mères,
« vous qui achetez un office de judicature pour vos
« fils, il vaudrait mieux leur faire garder des bœufs
« et des cochons ! »

Il appelle les avocats : des *plumeurs d'oies* qui trompent leurs clients et qui les dépouillent pour se rembourser de leur office.

Les membres du Parlement ne sont pas épargnés :
« Vous, messieurs du Parlement, dit-il, quand vous
« avez consommé quelques fourberies, si vous avez
« un procès, il faut que vous invitiez les avocats à
« boire, et que vous donniez une robe à leur demoi-
« selle. »

Plus loin encore, Maillard déclame contre les imprimeurs et libraires qui vendent la *Bible traduite en français*, et leur dit en terminant son sermon : *Allez à tous les diables !*

Les mœurs des femmes de Paris sont également critiquées par le prédicateur : « N'est-il pas beau,
« dit-il, de voir la femme d'un avocat qui a acheté
« son office et n'a pas dix francs de revenus, s'ha-
« biller comme une princesse, étaler l'or à son cou,
« à sa tête et à sa ceinture ? »

L'état physique de Paris, dans la période qui nous occupe, s'était considérablement amélioré. Sous le règne de Charles V, l'enceinte de Paris avait été agrandie et des travaux importants avaient été faits.

Hugues Aubriot avait fait creuser des canaux pour procurer l'écoulement des eaux stagnantes, et dans l'année 1412 l'égout du *Pont Perrin*, qui passait sous la porte Saint-Antoine et qui avait été couvert par une voûte, fut détourné et dirigé à travers l'enclos dit la *Culture Sainte-Catherine*.

Sous Charles VI, une ordonnance du mois d'août 1416 prescrit l'établissement de quatre boucheries : La halle Saint-Gervais est construite ; les rues deviennent moins sales, et les *trous punais*, cloaques infects qu'on trouvait dans les places et dans les rues, commencèrent à disparaître ; on s'occupa plus soigneusement du pavage des rues ; l'architecture prit un caractère nouveau, et souvent de très-bon goût ; enfin des ponts plus solides furent bâtis, et pour empêcher les inondations qui désolaient Paris, on exhaussa le sol dans quelques parties de la ville.

L'état civil est moins consolant, ainsi que nous l'avons déjà vu. Sous Charles V, les habitants, accablés d'impôts, sont obligés de vendre leurs meubles pour payer. Sous Charles VI, les Parisiens se révoltèrent et refusèrent de se soumettre à l'impôt : ils jurèrent de tuer tous les percepteurs ou chargés de le recevoir et ne tinrent que trop fidèlement leur serment. Les *Maillotins*, ainsi nommés à cause des maillets de plomb dont ils se firent des armes, commencèrent les massacres. Mais les Parisiens furent désarmés par les troupes, et trois cents des plus riches furent emprisonnés ; douze autres périrent par la main du bourreau ; ils furent, en outre, privés pendant vingt-neuf ans de leur administration municipale, qu'ils ne recouvrèrent que le 20 janvier 1411 par ordonnance du roi Charles VI, qui rétablit le prévôt des marchands et les échevins, et les réintégra dans les juridictions, prérogatives et revenus qu'ils possédaient anciennement.

Sous Charles VI et Charles VII, les querelles des Bourguignons et des Armagnacs ensanglantèrent la capitale.

Les guerres et les troubles de cette période eurent pour résultat des famines et des maladies pestilentielles. En 1374, il y eut une contagion horrible qui décima une grande partie de la population.

En 1399, la famine et la contagion furent affreuses.

En 1418, il mourut à Paris, dans l'espace de cinq semaines, cinquante mille personnes : les fossoyeurs et les prêtres ne suffis pas aux enterrements. En 1421, un enfant fut trouvé tetant sa mère morte de faim. Lorsqu'on donnait aux pauvres, plusieurs d'entre eux disaient : *Donnez à un autre, car je ne puis manger.* On entendait dans les rues, durant cette famine, qui eut lieu pendant l'hiver, ces cris déchirants que poussaient des hommes, des femmes et des enfants : *Hélas! je meurs de froid! Hélas! je meurs de faim!*

En 1438, autre famine affreuse. — Cinq mille personnes moururent à l'Hôtel-Dieu, et quarante-cinq mille dans la ville.

Sous Louis XI, les habitants furent moins éprouvés. Le 14 septembre 1467, ce roi ordonna aux habitants de Paris, depuis l'âge de seize ans jusqu'à soixante, de sortir de la ville tous armés, pour y être passés en revue. La chronique de Jean de Troyes dit à ce sujet : « qu'ils étaient bien de soixante à quatre-vingt mille têtes armées. »

Le peuple fut moins malheureux sous Charles VIII, et la sollicitude du roi Louis XII pour les habitants de Paris leur fit passer des jours d'autant plus heureux, qu'ils avaient été pendant longtemps en proie à la famine, à la contagion et aux guerres civiles.

Coutumes et usages de cette période.

Le Bœuf gras. La fête du bœuf gras avait lieu à Paris le jeudi qui précède le dernier jour du carnaval. Cette fête, qui consistait à promener un bœuf de par la ville, semble remonter à la plus haute antiquité. C'est évidemment un reste des cérémonies du culte que les Parisiens avaient avant cette époque pour le *Taureau* ou signe du Zodiaque.

Le Géant de la rue aux Ours. Tous les ans, le 3 juillet, les habitants de la rue aux Ours faisaient fabriquer un mannequin d'environ vingt pieds de haut représentant un homme qui tenait un poignard à la main. On promenait ce mannequin pendant plusieurs jours dans les rues de Paris, puis on le brûlait en grande réjouissance dans la rue aux Ours. Voici, suivant le vulgaire, l'origine de cette cérémonie : Le 3 juillet 1418, un soldat, Suisse de nation, sortant d'un cabaret où il avait perdu son argent au jeu, frappa d'un coup de poignard une image de la sainte Vierge placée au coin de la rue aux Ours. Le soldat fut pris, attaché à un poteau en face de l'image de la Vierge, et fut frappé, depuis six heures du matin jusqu'au soir, avec une telle barbarie, que ses entrailles lui sortaient du corps. On lui perça la langue avec un fer chaud et ensuite on le jeta au feu. — C'est en mémoire de ce crime que les habitants de la rue aux Ours avaient imaginé de promener cette figure gigantesque par les rues de Paris.

D'après Dulaure, les faits racontés par les légendes n'ont pas été prouvés, et il pense avec raison que cette cérémonie pratiquée à Paris était un reste de fête païenne, et que les bourgeois de la rue aux Ours ne savaient pourquoi ils brûlaient ce mannequin et fêtaient cette exécution le 3 juillet de chaque année.

La Fête des Fous de l'Université. Le 5 décembre, veille de la Saint-Nicolas, tous les écoliers et professeurs de l'Université se réunissaient, nommaient un évêque et se livraient aux actes de la plus grande débauche. En 1365, le cortége des écoliers rencontra le guet qui tomba sur eux, les mit en déroute, et en fit prisonniers plusieurs qu'il traîna dans les prisons du Châtelet. Le lendemain, l'Université réclama contre une telle atteinte à ses priviléges ; les écoliers furent mis en liberté et les sergents du guet condamnés à faire amende honorable et même à la prison. On ignore à quelle époque cette fête des Fous fut abolie, mais après le quinzième siècle on n'en retrouve plus aucune trace.

Jeu des Aveugles. En 1425, sous la domination anglaise, l'auteur du *Journal de Paris sous les règnes de Charles VI et Charles VII* raconte que les Parisions enfermaient quatre aveugles dans un champ clos. Ces quatre aveugles étaient couverts chacun d'une armure et armés de gros bâtons; avec eux était enfermé un cochon qui devait appartenir à celui qui le tuerait. Les aveugles frappaient au hasard, souvent les uns sur les autres, au grand plaisir de la multitude. Ce jeu fut inauguré le dernier dimanche d'août de l'année 1435 : il paraît être d'origine anglaise.

Le Mat de cocagne. La même année, dans la rue aux Ours, on planta un mât de trente-six pieds de hauteur. A la cime était suspendu un panier contenant une oie grasse et *six blancs* de monnaie (deux sous six deniers); on oignit le mât et on promit de donner à celui qui atteindrait le panier et l'oie grasse et les six blancs de monnaie. Un jeune *varlet* arriva le plus près du but, mais il ne put y toucher.

Etuves. Les Etuves étaient des bains publics qui étaient en usage. On en rencontrait à chaque pas dans les rues : ceux qui les administraient se nommaient *barbiers étuvistes* et formaient une corporation.

Costumes et Modes. Pendant cette période, le luxe fut grand à Paris : c'était un grand honneur de porter des habits d'étoffes précieuses, de taffetas, de satin, de velours, doublés de riches fourrures et enrichis d'or et de perles.

Sous Charles V, les habits des hommes étaient moitié d'une couleur, moitié d'une autre. C'est ce qu'on nommait robes *mi-parties*. Sous Charles VII, on porta des habits très-longs; sous Louis XI, au contraire, des vêtements écourtés. Les manches des robes et des pourpoints étaient fendues pour laisser voir les chemises larges et blanches.

Tous les seigneurs laissaient pousser leurs cheveux « tant et tant qu'ils cachaient presque leur visage. » On se coiffait avec des bonnets de drap hauts et longs « d'un quartier ou plus. » On se chaussait avec des *poulaines*, qui étaient des souliers dont les pointes s'élevaient d'un demi-pied ou d'un quartier.

En 1467, les dames ne portèrent plus de queue à leurs vêtements, mais les bordèrent richement de fourrures ; cependant l'usage des queues semble s'être conservé plus longtemps, puisqu'en 1508 Maillard s'écriait : « Et vous, mesdames fardées, qui portez la queue troussée, et vous, messieurs les seigneurs, qui souffrez que vos filles portent des queues et vos fils des manches larges... » Jouvenel des Ursins, dit, qu'en 1417, la coiffure des femmes à cette époque se composait de *cornes merveilleuses hautes et larges;* qu'elles avaient de chaque côté, au lieu de bourrelets, deux grandes oreilles si larges, que quand elles voulaient passer par la porte d'une chambre, elles étaient obligées de se baisser et de se tourner de côté.

L'usage des perruques date du règne de Louis XI.

Les dames, en général, se fardaient le visage avec du blanc et du rouge.

Lieux de réunion. Les femmes se réunissaient dans les églises, aux banquets, aux étuves et chez les accouchées. Là elles parlaient et se racontaient les nouvelles : on disait peu de choses bien sérieuses dans ces réunions, et Maillard se récrie sur cette coutume qu'avaient les Parisiennes de médire de leurs voisines.

Les hommes se réunissaient dans les églises, dans les cabarets, aux Halles, chez les barbiers et à la porte *Baudet*.

Paris sous François Ier.

« *Ce gros gars-là gâtera tout !* » avait dit Louis XII en parlant de son futur successeur François Ier. En effet, le nouveau roi eut une conduite toute contraire à celle de Louis XII. Prodigue, aimant le luxe, les fêtes, les cérémonies, les plaisirs et surtout les femmes, le roi chevalier, comme on l'appela dans la suite, monta sur le trône le 1er janvier 1515.

On le surnomma encore le *Père des lettres*. Il les protégea en effet ; il attira à sa cour des savants et des artistes ; il établit la bibliothèque de Fontainebleau et fonda le collège de France.

Un des événements les plus notables de son règne fut la bataille de Pavie livrée le 24 février 1525 à l'empereur Charles-Quint. François Ier y fut vaincu et y perdit la liberté. Pendant sa captivité, Louise de Savoie, comtesse d'Angoulême, sa mère, gouverna le royaume. Rentré en France, il resta indifférent à l'administration intérieure et abandonna à ses ministres les rênes de l'État. Il persécuta les luthériens et en fit brûler un grand nombre. Pour soutenir son luxe et sa folle magnificence, le peuple fut accablé d'impôts.

François Ier mourut à Rambouillet en 1547.

Les établissements civils et religieux de ce règne sont les suivants :

L'Abbaye Saint-Victor, presque entièrement reconstruite. On ne conserva de l'ancienne que l'entrée, le clocher et la chapelle souterraine. La première pierre de cette construction fut posée le 18 décembre 1517 par Michel Boudet, évêque de Langres. Sa bibliothèque fut célèbre, elle fut ouverte au public en 1652. Cette abbaye, dont les bâtiments ont subsisté jusqu'en 1813, fut supprimée en 1790.

Collége de la Merci, situé rue des Sept-Voies, fondé en 1515 par Nicolas Barrière, bachelier en théologie, qui acheta d'Alain d'Albret, comte de Dreux, l'emplacement sur lequel ce collége fut construit; aujourd'hui propriété particulière.

Collége du Mans, fondé par le cardinal Philippe de Luxembourg, légat du pape et évêque du Mans, acheté par les Jésuites du collége de Clermont ou de Louis-le-Grand en l'année 1682; réuni à l'Université en 1763, ne laisse aujourd'hui aucune trace.

Collége royal de France, fondé en 1529 par François Ier. Deux chaires y furent primitivement instituées : une chaire de grec et l'autre de langue hébraïque. Bientôt il y eut douze chaires, et les professeurs prirent le titre de *lecteurs royaux*. Leurs appointements se montaient annuellement à deux cents écus d'or.

Charles IX y institua une chaire de chirurgie,

Henri III une chaire d'arabe, Henri IV une chaire de botanique et d'anatomie, et Louis XIV une chaire de langue syriaque. Louis XIII, en 1610, posa la première pierre d'un monument destiné à rassembler dans un même lieu toutes les chaires du Collége de France : nous en reparlerons plus tard.

On doit encore au règne de François Ier la construction de l'Hôtel-de-Ville et la reconstruction de l'église paroissiale de Saint-Merri.

La Fontaine de la Croix-du-Trahoir ou du *Tiroir*, située au coin des rues de l'Arbre-Sec et Saint-Honoré ; l'Hôpital des Enfants rouges, situé rue Porte-Foin-au-Marais, près du Temple. Cet hôpital fut fondé en 1536 par Marguerite de Valois, sœur de François Ier, pour tous les orphelins de père et de mère trouvés à l'Hôtel-Dieu de Paris. Il fut appelé *Hôpital des Enfants rouges*, parce que le roi exigea que ces enfants fussent vêtus d'habits rouges. Il fut supprimé en 1772. L'*Hôtel des Tuileries* fut acheté en 1518 par François Ier. Enfin on répara et on reconstruisit les églises de *Saint-Victor*, de *Saint-Etienne-du-Mont*, de *Saint-Barhtélemy*, de *Sainte-Croix*, de *Sainte-Madeleine*, de *Saint-Eustache*, de *Saint-Gervais*, etc., etc.

Paris sous Henri II.

Henri II succéda à son père François Ier, le 31 mars 1547. Faible et efféminé, ami du luxe et des plaisirs, se laissant dominer par des courtisanes et des favoris, ce prince se livra tout entier à la faction des

Guises, et ensanglanta Paris par les persécutions qu'il ordonna ou permit contre les protestants. Il remit en vigueur ce jugement barbare appelé *jugement de Dieu* et consentit au duel de Jarnac et de la Châtaigneraie.

Il fut blessé le 29 juin 1559 par Montgommery, dans un tournoi donné rue Saint-Antoine. Transporté aussitôt dans son hôtel des Tournelles, il y mourut quelques jours après.

On doit à ce prince :

La construction d'une grande partie du LOUVRE ; la reconstruction de la FONTAINE DES INNOCENTS et du PONT SAINT-MICHEL ; l'HÔPITAL DES PETITES-MAISONS, d'abord appelé MALADRERIE, et qui fut destiné aux personnes atteintes du *mal de Naples*.

En 1557, cet hôpital changea de destination : il renferma plusieurs espèces de pauvres, des mendiants de profession, des vieillards infirmes, des hommes séparés de leurs femmes, des enfants affligés de la teigne, des femmes sujettes au mal caduc et des insensés. Jean l'Huillier, président de la chambre des comptes, fut le protecteur de cet hôpital, qui reçut alors le nom de PETITES-MAISONS, à cause des chambres basses ou loges dans lesquelles étaient placés les fous et les malades. En 1801, cet hospice fut spécialement destiné aux *Ménages*, dont il prit le nom.

L'HÔPITAL DES ENFANTS TROUVÉS, dont les dépenses furent supportées par tous les chanoines de Paris, date du règne de Henri II, ainsi que la construction du QUAI DE LA GLORIETTE, situé près du *Petit-Pont*, sur la rive gauche du petit bras de la Seine, entre ce bras et la rue de la Huchette. Les prisonniers condamnés aux galères et détenus dans la prison du *Petit-Châtelet* travaillèrent, sur la demande du prévôt et des échevins de Paris, à la construction de ce quai.

Paris sous François II.

Le fils de Henri II monta sur le trône après la mort de son père, le 10 juillet 1559 : il avait à peine seize ans. Sa mère, Catherine de Médicis, si tristement célèbre, l'éloigna des affaires, et le jeune roi, retiré à Blois avec sa jeune femme, une enfant comme lui, la charmante et infortunée reine de France et d'Ecosse, Marie Stuart, ne sut pas ce que c'était qu'un trône. Il mourut à Orléans le 5 décembre 1560, après seize mois et vingt jours de règne.

Un seul établissement date de cette époque : c'est l'Hôpital de Lourcine ou de la Charité chrétienne, situé rue de Lourcine, faubourg Saint-Marcel. Cet hôpital fut fondé par ordonnance du roi. Dans la suite, Nicolas Houel, épicier, bourgeois de Paris, demanda qu'on lui abandonnât cet hôpital pour y élever des orphelins. Le Parlement y consentit et l'hôpital prit le nom de Maison de Charité chrétienne. Nicolas Houel y fit beaucoup de dépenses, étendit l'enclos de cette maison jusqu'à la rue de l'Arbalète; de plus, il y établit un jardin *botanique*. Après sa mort, l'hôpital fut presque abandonné. En 1596, Henri IV destina cette maison aux militaires de tous grades, blessés à son service. Ce fut le premier établissement des Invalides. Louis XIII ayant transféré ces invalides au château de Bicêtre, la *Maison de Charité chrétienne* servit de couvent à divers ordres de religieuses. Cédé à l'Hôtel-Dieu, cet hôpital sert aujourd'hui d'École de pharmacie.

Paris sous Charles IX.

Charles IX avait dix ans quand il succéda, le 5 décembre 1560, à son frère François II. Le chancelier de l'Hôpital tint pendant quelque temps les rênes de l'État, et tout faisait présager un avenir meilleur ; mais la faction des Guises, soutenue par la cour de Rome, l'emporta. Catherine de Médicis résolut les *Massacres de la Saint-Barthélemy*.

Charles IX était cruel et voyait avec plaisir répandre le sang. Ce fut lui qui tira sur le peuple par une des fenêtres du Louvre. Pendant son règne, des luttes affreuses ensanglantèrent la capitale et des crimes sans nombre s'y commirent

Charles IX mourut le 30 mai 1574.

Voici la notice des édifices et des institutions qui, pendant ce règne, enrichirent Paris.

Le CHATEAU DES TUILERIES, bâti pour Catherine de Médicis par les architectes Philibert Delorme et Jean Goujon.

L'HÔTEL DE SOISSONS, ancien hôtel d'Orléans, acheté par Catherine de Médicis aux *Filles-Pénitentes*, reçut le nom d'*Hôtel de la Reine*. Catherine de Médicis y habita pendant quatorze ans. Après sa mort, il prit le nom d'*Hôtel des Princesses*, puis enfin celui d'*Hôtel de Soissons*, lorsque Charles de Bourbon, comte de Soissons, fils du prince de Condé, s'en rendit propriétaire pour la somme de trente mille et trente écus. En 1763, il fut démoli et la *Halle aux blés* fut élevée sur son emplacement.

COLLÉGE DE CLERMONT OU DES JÉSUITES, situé rue Saint-Jacques, n° 123. C'était d'abord une grande maison nommée *Cour de Langres*, achetée par les Jésuites quelque temps après leur arrivée en France. En 1564, ils firent bâtir une chapelle et fondèrent un collége qu'ils nommèrent *Collége de Clermont de la Société de Jésus*, et plus tard *Collége Louis-le-Grand*. Nous reviendrons sur cette institution.

SAINT-JACQUES-DU-HAUT-PAS, hôpital situé rue Saint-Jacques, fondé par des moines italiens qui portèrent ce nom. On les appela longtemps *Frères hospitaliers*, parce qu'ils logeaient les pauvres passants et les pèlerins. Les chefs de cette maison étaient qualifiés du titre de *commandeurs*. En 1566, la chapelle de Saint-Jacques-du-Haut-Pas fut érigée en église paroissiale. Les religieux de Saint-Magloire s'établirent dans ce couvent en 1572, mais ils y tinrent une conduite si scandaleuse que Henri de Gondi, évêque de Paris, les renvoya en 1518. Il établit à leur place le séminaire des prêtres de l'Oratoire, supprimé à l'époque de la Révolution. L'emplacement a été depuis concédé aux *Sourds Muets*.

COLLÉGE DES GRASSINS, situé rue des Amandiers, fondé en 1569, par Pierre Grassin, conseiller au Parlement.

JURIDICTION DES JUGES ET CONSEILS, institution toute

populaire, créée en 1564 par le chancelier Michel de l'Hôpital. Ce fut une juridiction où les marchands étaient jugés par des marchands ; elle tenait ses séances près de l'église Saint-Merri, dans une maison achetée par les six corps des marchands de Paris. Depuis, elle a pris le nom de *Tribunal de commerce*.

L'Arsenal, primitivement composé de quelques granges destinées par la ville pour y placer l'artillerie. François Ier emprunta à la ville, en 1533, une de ces granges pour y fondre des canons, avec promesse de la rendre après le travail terminé ; mais il la garda pour lui. En 1547, Henri II y fit construire plusieurs logements pour les officiers de l'artillerie, sept moulins à poudre, deux grandes halles et plusieurs autres bâtiments.

Le Pilori des Halles. On appelait pilori une construction en forme de tour, destinée à exposer les condamnés aux yeux du public. Les piloris présentaient ordinairement une construction octogone en maçonnerie, surmontée d'une vaste lanterne en bois. Cette lanterne tournait sur un pivot. En la faisant mouvoir de tous côtés, on exposait le patient à tous les regards du public. Il y avait un pilori au carrefour de la rue de Buci, près de la place Sainte-Marguerite, aujourd'hui place Gozlin, mais le pilori le plus connu était celui des Halles.

Quoique l'exposition du pilori fut un spectacle auquel le peuple accourait en foule, plusieurs fois ces constructions furent détruites par lui. Ainsi, en l'année 1515, Laurent Bazard, bourreau de Paris, étant monté dans le pilori des Halles, sans doute pour y faire quelques apprêts, le peuple y mit le feu et le bourreau fut brûlé vif. Un boulanger nommé Lostière, un des auteurs de l'incendie, fut pris et pendu. Le *Pilori des Halles*, reconstruit en 1542, fut maintenu jusqu'en 1789. La grande Révolution abolit ce genre de supplice.

FOURCHES PATIBULAIRES DE MONTFAUCON ET DE MONTIGNY. On appelait ainsi des massifs de maçonnerie d'une hauteur de 5 ou 6 mètres. Sur la plateforme de ce massif, longue environ de 12 à 15 mètres et d'une largeur de 10 mètres, s'élevaient seize piliers composés de fortes pierres et dont chacune avait 32 pieds de hauteur. Ces piliers supportaient de grosses pièces de bois auxquelles pendaient des chaînes de fer : à ces chaînes étaient attachés les cadavres des malheureux exécutés à Paris. On y vit toujours pendant la période qui nous occupe cinquante à soixante corps desséchés, mutilés, corrompus et agités par les vents. Cet horrible spectacle n'empêchait pas les Parisiens de venir faire la débauche autour de ce gibet. Un souterrain, placé au centre de l'enceinte, recevait les ossements des malheureux, lorsque de nouveaux cadavres arrivaient pour être exposés aux Fourches. On arrivait à cet affreux monument par une large rampe; une porte en fer en fermait l'entrée.

En 1457, on éleva dans le voisinage de Montfaucon une autre Fourche qu'on appela *Gibet de Montigny*.

Paris sous Henri III.

Henri III succéda, le 30 mai 1574, à son frère Charles IX. Dirigé par les mêmes influences, ce fut un prince perfide, persécuteur, ignorant, superstitieux et débauché. Sous son règne, les Guises établirent la *Ligue* contre les protestants ; ils chassèrent le roi de Paris, et leur ambition chercha à s'emparer du gouvernement. Ils firent enfin assassiner Henri III, à Saint-Cloud, par un moine.

Les établissements de Paris sous son règne furent les suivants :

Les Capucins, communauté religieuse située rue Saint-Honoré. Établis d'abord par le cardinal de Lorraine dans son parc de Meudon, ils s'en retournèrent en Italie après la mort de ce cardinal, et furent ramenés à Paris par Pierre Deschamps, en 1574. Catherine de Médicis leur donna un emplacement dans la rue Saint-Honoré, où ils s'établirent. Henri III, par lettres patentes du mois de juillet 1576, les prit sous sa protection et sauvegarde spéciale. Leur église, commencée en 1603, fut achevée en 1610. En 1764, ce couvent fut le théâtre de plusieurs scènes scandaleuses. Par décret du 6 juillet 1790, l'Assemblée nationale établit ses bureaux dans le couvent des Capucins, après en avoir expulsé les moines. On découvrit, au fond d'un corridor qui communiquait au cloître, des cachots obscurs et humides nommés *oubliettes* ou *in-pace*. C'était dans ces lieux que les moines renfermaient les malheureuses victimes de la superstition et du despotisme monacal.

En 1804, ce couvent fut démoli, et les rues de Rivoli, de Castiglione et du Mont-Thabor ont été percées sur son emplacement.

Jésuites de la rue Saint-Antoine, habitant dans l'hôtel d'Auville, qui communiquait à la rue Saint-Antoine et à celle de Saint-Paul. Henri III les protégea. Lorsque les Jésuites furent chassés de France et de presque toute l'Europe, cette maison devint la propriété, en 1767, des chanoines réguliers de la Culture-Sainte-Catherine, qui furent supprimés en 1790.

La *Bibliothèque de la ville* fut placée dans le couvent et transférée, en 1817, à l'hôtel de la préfecture. Le *Collége Charlemagne* occupe maintenant ce couvent.

Les Feuillants, monastère situé rue Saint-Honoré, en face de la place Vendôme, établi par Henri III. Henri IV posa en 1601 la première pierre de l'église de ce couvent. Elle fut bâtie en 1676, d'après les dessins de François Mansard. Ce monastère a produit un moine très-distingué appelé le *Petit Feuillant* : il était boiteux et d'une éloquence très-emportée. Les bâtiments des *Feuillants* furent démolis en 1804, pour le percement de la rue de Rivoli.

Fontaine de Biraoue, située rue Saint-Antoine, en face du collége Charlemagne.

État physique, civil et moral de Paris de François Ier à Henri IV.

On s'occupa beaucoup des fortifications de Paris pendant la captivité de François Ier. Des fossés furent creusés, et, du côté des portes Saint-Denis et Saint-Martin, on construisit des ouvrages de défense. L'enceinte de Paris fut étendue. Le faubourg Saint-Germain commença à se peupler, et des constructions nombreuses s'élevèrent sur des emplacements abandonnés. Quelques rues du quartier Saint-Germain-des-Prés furent pavées vers l'année 1578. Henri III posa la première pierre du *Pont Neuf*, le 31 mai de la même année; le *Pont au Change* fut réparé, le *Vieux Louvre* achevé et le *Château des Tuileries* fut commencé.

Pendant cette période, le pouvoir civil et militaire fut organisé de la manière suivante :

Le *Parlement* exerçait la haute police sur Paris.

Le *prévôt de Paris* exécutait les ordres du roi et les arrêts du Parlement. Il avait sous son commandement les archers et les arbalétriers. En 1550, ces compagnies eurent à leur tête un capitaine général.

Le *prévôt des marchands* s'occupait de toutes les affaires commerciales, et exerçait notamment la police sur la rivière et sur les ports.

Le *guet royal* servait à la garde de Paris, et faisait des rondes dans les rues de la ville.

Le *guet assis*, formé de bourgeois et d'artisans, veillait aussi à la sûreté de différents quartiers.

Le *chevalier du guet* les commandait.

Le gouverneur de Paris et de la province de l'*Ile-de-France* commandait en chef la force armée. Il est à remarquer que souvent ces gouverneurs militaires furent des archevêques et des cardinaux.

Les *Archers de la ville*, les *Sergents du Châtelet*, les *Gardes de la Connétablie* et les *Compagnies des Arquebusiers et des Arbalétriers* complétaient la force armée.

Malgré cette organisation, Paris était toujours en proie au brigandage et aux séditions. En 1525, une bande de voleurs, dite des *Mauvais-Garçons*, commettait dans cette ville, même en plein jour, des vols, des enlèvements et jusqu'à des assassinats.

Les *Aventuriers français*, autre troupe de brigands, dévastaient Paris et ses environs à la même époque.

En 1525, les bourgeois de Paris durent placer des lanternes allumées au devant de leurs maisons, pour faciliter les recherches du guet.

La tranquillité de la ville était encore troublée par les querelles des écoliers avec les moines de Saint-Germain-des-Prés, et la sédition du *Pré-aux-Clercs* est célèbre dans l'histoire de Paris. Les habitants de différents quartiers, entre autres du faubourg Saint-Marcel d'un côté et ceux des faubourgs Saint-Jacques et Notre-Dame-des-Champs de l'autre, étaient entre eux dans un état de guerre continuelle. Ils se volaient, se battaient, brisaient les clôtures et dévastaient leurs propriétés.

Ajoutons encore que la tranquillité publique était troublée par les pages, les laquais, les ouvriers et les *varlets de boutique*, qui avaient souvent des rixes. Les clercs du palais avaient aussi une réputation de criards et de querelleurs.

Tous ces gens portaient des épées, des pistolets, des poignards, de courtes dagues et des bâtons : aussi chaque nuit le guet ramassait-il grand nombre de victimes.

La partie industrieuse de la population de Paris était divisée en six corps de marchands ou *métiers*. Ce nombre varia : sous Louis XII il était de cinq, sous François Ier, il fut porté à sept : les *changeurs*, les *drapiers*, les *épiciers*, les *merciers*, les *pelletiers*, les *bonnetiers* et les *orfévres*. La corporation des *marchands de vin* fut créée par Henri III; mais les autres corps refusèrent de la reconnaître.

Chacun de ces corps était gouverné par des syndics. Dans les fêtes publiques, ils prenaient rang dans les cortéges et dépensaient des sommes énormes pour y paraître avec magnificence.

Les relations commerciales étaient encore dans l'enfance; la défiance régnait entre tous ces marchands, et l'édit de Charles IX, qui fixa le commencement de l'année au 1er janvier (1), ne contribua pas à favoriser le commerce et causa au contraire un grand dérangement dans les affaires publiques et dans les transactions particulières.

J'ai parlé autre part de la *Saint-Barthélemy*, je donnerai ici quelques détails sur cette nuit fameuse dans les annales des crimes politiques et religieux. Les *Massacres de la Saint-Barthélemy* commencèrent

---

1. L'année, depuis longtemps, commençait à Pâques.

à Paris, dans la nuit du 12 août 1572, par l'assassinat de l'amiral de Coligny. Les assassins, commandés par le duc de Guise, le bâtard d'Angoulême, le duc de Nevers et d'autres seigneurs catholiques, se répandirent ensuite dans la ville et massacrèrent tous les protestants. Dès que le jour commença à paraître, Charles IX se mit à une des fenêtres du Louvre et, avec des carabines qu'il faisait charger, il tirait sur les malheureux qui, échappés aux poignards, se sauvaient en traversant la rivière à la nage ; et pour encourager les assassins, il ne cessait de crier : *«Tue, tue! tirons! Mordieu, ils s'enfuient!»*

« Charles IX, dit Brantôme, prit une grande arquebuse de chasse qu'il avait, et en tira tout plein le corps à ceux qui s'enfuyaient, mais en vain ; car l'arquebuse ne tirait si loin. Incessamment il criait : *« Tuez, tuez ! »* et n'en voulut sauver aucun, sinon son premier chirurgien, maître Ambroise Paré. »

« La ville n'était plus qu'un spectacle d'horreur et de carnage, dit l'historien de Thou ; toutes les places, toutes les rues retentissaient du bruit que faisaient ces furieux en courant de tous côtés pour tuer et piller. On n'entendait de toutes parts que hurlements de gens ou déjà poignardés ou près de l'être. On ne voyait que corps morts jetés par les fenêtres ; les chambres et les cours des maisons étaient pleines de cadavres ; on les traînait inhumainement dans les carrefours et dans les boues ; les rues regorgaient tellement de sang qu'il s'en formait des torrents : enfin, il y eut une multitude innombrable de personnes massacrées : hommes, femmes, enfants, et beaucoup de femmes grosses. »

Les seigneurs qui appartenaient au parti protestant furent presque tous égorgés sous les yeux du roi, en sortant du Louvre. Le roi de Navarre, depuis Henri IV, fut cependant épargné à la condition qu'il se ferait catholique.

Vers cinq heures du soir, après un massacre de plus de quinze heures, le roi fit publier à son de trompe l'ordre à chacun de se retirer dans sa maison sans en sortir, ce qui n'empêcha pas les assassins de parcourir la ville pendant deux jours et d'égorger encore beaucoup de malheureux.

Ce récit de la Saint-Barthélemy doit nous indiquer l'état des mœurs à cette époque. Cependant il ne faudrait pas en juger d'une manière absolue, car même dans le dernier siècle et dans celui où nous sommes, on pourrait compter bon nombre de journées terribles, — Saint-Barthélemy politiques, — qui ont ensanglanté la capitale, et qui sont comme des souvenirs mal éteints de la barbarie du moyen-âge. Depuis François Ier, en effet, l'état moral de Paris a changé complétement : les mœurs ne sont plus si barbares, mais elles sont peut-être plus corrompues. Le luxe s'est introduit à la cour, et avec lui les artistes, ses célèbres pourvoyeurs.

François Ier favorisa les lettres et il attira dans Paris plusieurs savants étrangers; il enrichit sa bibliothèque de Fontainebleau d'un nombre considérable de manuscrits et de livres imprimés.

Olivier de Serres, surnommé le *Père de l'agricul-*

ture, communiqua au public les fruits de sa longue expérience dans un ouvrage intitulé le *Ménage des champs.* Il introduisit en France la culture du mûrier blanc et l'éducation du ver à soie.

Ambroise Paré fut le premier chirurgien français, et ses ouvrages sont encore aujourd'hui fort estimés.

Bernard Palissy, potier en terre, peintre en verre, orna le palais des rois, et se montra supérieur à eux par la beauté de son noble caractère.

Pierre Lescot, célèbre architecte, bâtit le Louvre.

Audrouet du Cerceau bâtit les Tuileries.

Amyot traduisit Plutarque.

Michel de Montaigne publia ses *Essais.*

Clément Marot fit des poésies remplies de grâces naïves et de fines pensées.

Rabelais enfanta son *Gargantua* et son *Pantagruel,* burlesque et satirique tableau des mœurs de la cour sous François Ier et Henri II.

Les Estienne, savants imprimeurs, apportèrent tous leurs soins à la bonne édition des livres.

Mais au milieu des persécutions, des bûchers, des massacres et des guerres civiles, les arts et les sciences ne pouvaient prospérer. J'ai dit plus haut que la dissolution des mœurs pendant cette période fut à son comble. En effet, lorsque François Ier eut introduit les dames à la cour, la débauche devint générale. Brantôme nous en a décrit des tableaux les plus obscènes. Henri II et Charles IX vécurent au milieu de cette corruption et Henri III se distingua de ses prédécesseurs par ses goûts efféminés ; son règne fut celui des *Mignons.* « La nuit, dit L'Estoile, il se couvrait les mains de gants et le visage d'une toile préparée afin de conserver la blancheur de sa peau. Il teignait en noir ses cheveux roux, se frisait, se fardait le visage de blanc et de rouge, se peignait les sourcils ; il s'habillait en femme, ouvrant son pourpoint, découvrant sa gorge et y portant un collier de perles avec trois collets de toile. »

Quant à l'état de l'Église, il n'était pas meilleur. « Les évêques et curés, dit un historien, délaissent et abandonnent leur pauvre troupeau à la gueule du loup, sans aucune pâture ou instruction ; et sont les ecclésiastiques si extrêmement débordés en luxure, avarice et autres vices, que le scandale en est public. »

Le bas clergé était alors fort ignorant et très-peu réglé dans ses mœurs ; il cherchait à exploiter le plus habilement possible la crédulité des faibles et des ignorants. Certains moines allaient même jusqu'à se déguiser en revenants et effrayer les vivants afin qu'ils fissent dire des messes et réciter des prières.

La superstition régnait dans toutes les classes de la société. En voici un exemple : Le 19 mars 1578, un laquais, désespéré d'avoir perdu son argent au jeu, jurait le mieux qu'il pouvait. Aussitôt apparut le diable, qui lui dit : « *Laquais, ne sois plus en émoi, je te donnerai beaucoup plus que tu n'as perdu si tu veux te donner à moi.* » Le laquais consentit à se donner au diable pour dix écus qu'il en reçut. Alors notre démon se transforma en dragon ou long serpent, prit possession du laquais en s'introduisant par sa bouche : « *lequel laquais*, dit la relation, *s'est tou-*

jours depuis escrié, tempesté et tiré par les cheveux et fait acte d'un homme forcené. »

On racontait encore que le diable avait été vu un jour à Paris, et avait enlevé un chevalier du guet.

Bodin, un savant en diableries, nous assure que la nièce d'un passementier, demeurant rue Saint-Honoré, à l'enseigne du *Cheval rouge*, vit, en priant Dieu sur la tombe de son père dans l'église Saint-Gervais, un grand homme noir qui lui dit être Satan, et qui lui conseilla de faire dire des messes et d'exécuter un pèlerinage à Notre-Dame-des-Vertus.

Satan était devenu dévot.

Une aurore boréale qui parut à Paris dans la nuit du 28 au 29 septembre 1575 glaça d'effroi tous les esprits.

Catherine de Médicis, cette reine entourée de *dames* et *filles d'honneur* ou *filles de cour* dont elle protégeait les galanteries, propagea ces croyances superstitieuses par la faveur qu'elle accordait aux magiciens et astrologues. Cosme Ruggieri, un Italien, fut cependant condamné aux galères par le Parlement pour crime de sorcellerie, mais Catherine le sauva et lui donna l'abbaye de Saint-Mahé en Bretagne.

Voici maintenant quelques usages qui étaient à cette époque en vigueur à Paris :

FEU DE LA SAINT-JEAN. Chaque année, le roi, accompagné de sa cour, venait gravement mettre le feu à un tas de fagots entassés sur la place de Grève par les soins des magistrats de la ville. Cette cérémonie était nommée *Feu de la Saint-Jean.* On y brûlait aussi des chats. Quand l'incendie était terminé, les habitants s'emparaient des cendres et en conservaient dans leurs maisons, persuadés que cela leur porterait bonheur.

Le Coche. C'était un carrosse grossier dont on commença à faire usage à cette époque. Sur la fin du règne de Henri IV, ces voitures se perfectionnèrent et on y plaça des portières et des vitres. Cependant on marchait plus souvent à cheval et à mulet dans les rues boueuses et étroites.

Coutumes diverses. François Ier ayant reçu en 1521 une blessure au visage, laissa croître sa barbe pour en cacher la cicatrice. Tous les courtisans l'imitèrent, et les évêques suivirent aussi cette mode; mais le Parlement de Paris désapprouva ces longues barbes et rendit un décret contre elles. Le décret existe encore de nos jours, mais seulement pour les moustaches. Vers la fin du règne de François, on porta des masques pour préserver la peau des atteintes de l'air. Nous avons vu que Henri III s'en servait, même pendant la nuit.

L'usage de porter des bas de soie date de Henri II qui le premier s'en servit en France. Avant les bas de soie, on se couvrait les jambes avec des étoffes de lin, de soie ou de laine; ensuite on tricota des bas à l'aiguille, et un garçon serrurier de la basse Normandie inventa enfin le métier à faire les bas, qu'il livra aux Anglais.

C'est sous Henri III qu'on commença à se servir de fourchettes à table.

Jeux de Paume. Le premier établissement de ce genre date de 1426 : il se trouvait dans la rue du

Grenier-Saint-Lazare et dans une maison appelée le *Petit Temple*. Une jeune femme nommée *Margot* y obtint une grande réputation. On chassait primitivement la balle avec la main, d'où lui vient son nom de *Paume*. L'usage de la raquette ne tarda pas à s'introduire dans ce jeu.

Deux autres jeux de paume existaient rue de la Poterie ; aux Halles, deux autres encore furent établis à l'entrée du Louvre du côté de Saint-Germain-l'Auxerrois. D'autres enfin :

Rue de la Perle, au Marais ; rue Cassette ; rue Mazarine ; rue de Seine ; rue des Fossés-Saint-Germain ; rue Michel-le-Comte ; rue de Vendôme ; rue des Francs-Bourgeois, appelé *Jeu de Paume de Monsieur* sous Louis XVI.

PRISONS. *Prison du Louvre*, sous François Ier ; la reconstructrion du Louvre abattit la grosse tour où on refermait auparavant les prisonniers d'État. *Prisons du Grand-Châtelet*. Elles se divisaient, suivant Sauval, en neuf parties ou prisons particulières dont voici les noms : Le *Berceau*, le *Paradis*, la *Grièche*, la *Gourdaine*, le *Puits*, les *Chaînes*, la *Boucherie*, les *Oubliettes*.

La *Fosse du Châtelet* était un trou profond dans lequel on descendait les prisonniers par une ouverture pratiquée à la voûte du souterrain. Les prisonniers avaient les pieds dans l'eau et ne pouvaient s'y tenir debout ou couchés.

Prison du Petit-Châtelet. — Forteresse où habitait le prévôt de Paris. — *Prison de la Conciergerie*, dont le concierge était un personnage important et portait le titre de bailli. Il avait encore sous sa dépendance la *Prison du Palais*. — *Prison de la Bastille*: ce fut dans une des tours de cette vaste forteresse que Louis XI, en 1475, fit construire cette fameuse cage de bois pour y renfermer Guillaume de Harancourt; Anne Dubourg y fut également renfermé. — *Prison de Nesle*, dans l'hôtel de ce nom. — *Prison du Prévôt des marchands*, située rue de l'Écorcherie.

Les évêques et les couvents avaient aussi leurs prisons. Je citerai les *Prisons de l'Évêque de Paris*, *Prison du For-l'Évêque*, située rue Saint-Germain-l'Auxerrois, qui, comme celle du Châtelet, possédait ses *oubliettes; Prison de l'Officialité*, destinée aux ecclésiastiques; *Prison du chapitre de Notre-Dame-de-Paris; Prison du Temple*, où étaient détenus les prisonniers condamnés aux galères; *Prison de Saint-Martin-des-Champs; Prison de Saint-Éloi; Prison de Saint-Magloire; Prison de Saint-Germain-des-Prés; Prison de Sainte-Geneviève; Prison de Saint-Victor; Prison de Saint-Benoît; Prison de l'abbesse de Montmartre*, située dans la rue de la Heaumerie et dans un cul-de-sac appelé le *For-aux-Dames*. Les religieuses de Montmartre y avaient leur auditoire et leur prison. Dans un cachot noir on montrait une chaîne destinée aux détenus, que l'on disait être celle qui avait servi à enchaîner saint Denis.

Ajoutons à cette longue liste toutes les prisons monacales, car chaque couvent, chaque monastère avait ses cachots appelés *Vade in pace*. Sous Louis XIV, les prisons furent réduites à huit, en comptant la *Bastille*.

A l'époque qui nous occupe, les prisons n'étaient pas encore assez nombreuses pour contenir tous les condamnés : il est bon d'ajouter que bien souvent les juges oubliaient les prisonniers, et les jugeaient parfois après plusieurs années de prévention. Le sieur d'Antibes, en 1551, prisonnier à *Melun*, à la *Bastille*, au *Châtelet* et à *Saint-Martin-des-Champs*, pendant l'espace de cinq années, n'avait pu être jugé ; un nommé Odot Houllet, ci-devant employé par le roi à Constantinople, gémissait depuis neuf ans dans la prison de Saint-Martin, et n'avait pas même été interrogé. En 1564, ces abus furent réformés, et les geôliers, par ordre du Parlement, durent lui présenter tous les trois mois la liste des détenus écroués dans leurs prisons.

Théatres. Sous François Ier, le théâtre des *Confrères de la Passion* eut ses priviléges confirmés ; 'art dramatique commença à sortir de l'enfance et déjà les pièces jouées par les acteurs devinrent moins insupportables. Les *Enfants sans souci*, autre troupe de comédiens, commencèrent à exploiter les anciens romans de chevalerie, les sujets tirés de l'Ancien et du Nouveau Testament leur ayant été interdits. On voit qu'en 1557 ils jouaient *Huan de Bordeaux*. Jean Serre était un des principaux acteurs, et il acquit une grande réputation. Marot en parle ainsi :

> ... Quand il entrait en salle
> Avec sa chemise sale,
> Le front, la joue et la narine
> Toute couverte de farine,

Et coiffé d'un bonnet d'enfant
Et d'un haut bonnet triomphant
Garny de plumes de chapons :
Avec tout cela je répons
Qu'en voyant sa grâce niaise
On n'était ni moins gay ni aise
Qu'on est aux Champs élyséens.

Jean du Pontalais fut aussi un acteur célèbre de ce temps-là. Voici une historiette de Bonaventure du Perrier sur Pontalais :

Il faisait battre le tambour près de l'église Saint-Eustache pour annoncer la pièce du jour. Le curé prêchait, et à ce bruit prêchait plus haut ; le tambour battait plus fort. Le curé, impatienté, descend de sa chaire et va dire à Pontalais : « Qui vous a fait si hardi de jouer du tambourin pendant que je prêche? — Qui vous a fait si hardi de prêcher pendant que je tambourine?» Le curé en colère crève le tambour à coups de couteau. Pontalais court après le curé et lui couvre la tête de son tambour effondré. Le curé ainsi coiffé se réfugia dans son église et fit rire tout son auditoire.

Comme on le voit par cette burlesque anecdote, les prêtres ne vivaient pas en bonne intelligence avec les comédiens, qui étaient en outre traqués par le Parlement.

Henri III fit venir à Blois des comédiens italiens appelés *Gli-Gelosi*, qui établirent dans la suite leur théâtre à Paris, à l'hôtel Bourbon, près du Louvre. L'ouverture en fut faite le dimanche 19 mai 1577 ;

ils prenaient quatre sous par tête. Le roi leur accorda des lettres patentes. D'autres théâtres s'établirent encore vers cette époque, mais le Parlement les fit bientôt fermer.

Pour donner au lecteur une idée de l'art dramatique en France pendant cette période, je terminerai ce tableau des mœurs françaises au quinzième et au seizième siècle par le titre de quelques pièces jouées sur les théâtres de Paris :

La Farce nouvelle et récréative du médecin qui guarist toutes les maladies ;

Farce nouvelle des femmes qui aiment mieux suivre et croire fol conduit, et vivre à leur plaisir que d'apprendre aucune bonne science ;

Nouvelle farce de l'Antechrist et de trois femmes et de deux poissonnières ;

Farce joyeuse et récréative d'une femme qui demande des arrérages à son mari ;

Farce nouvelle du débat d'un jeune moine et d'un vieil gendarme, par-devant le dieu Cupidon, pour une fille.

Toutes ces pièces étaient licencieuses et ordurières. Voici le titre d'une plus grave, et où la morale semble avoir une petite place.

Moralité nouvelle d'une pauvre fille villageoise, laquelle aima mieux avoir la teste coupée par son père que d'être violée par son seigneur.

Jodelle fut le premier auteur qui donna au théâtre quelques productions à peu près supportables. Gabriel Bounyn fit jouer en 1560 sa *Soltane*, Jean de la Péruse sa *Médée*, et Pierre Mathieu sa *Guisiade*.

Paris sous Henri IV.

Avant de commencer l'histoire de Paris sous Henri IV, le lecteur me permettra de peindre en quelques lignes la situation du royaume au moment où Henri III mourut assassiné.

Après les massacres de la Saint-Barthélemy, la cour de Rome, malgré la participation du roi à ces massacres, le déclara indigne de régner. Afin de conserver sa couronne, il se proclama lui-même le chef de la Ligue. Les conspirations s'ourdissaient contre lui, il fut bafoué par les prêtres et par les ligueurs, qui l'appelèrent, dans leurs sermons, *frère Henri de Valois*. Obligé de s'enfuir de Paris, il prit la résolution de faire assassiner le duc de Guise aux États de Blois ; à cette nouvelle, les Parisiens éclatèrent contre le roi : toutes les armoiries, statues, tableaux qui se trouvaient à Paris furent détruits et incendiés. Le conseil des Seize fut établi et gouverna la capitale.

La Sorbonne décida qu'on pouvait reprendre les armes contre lui : alors Henri III se vit obligé de se rapprocher de ses anciens ennemis les protestants. Il s'allia avec Henri de Navarre, son beau-frère, et s'avança avec lui contre Paris, lorsque le moine Jacques Clément l'assassina à Saint-Cloud, en l'année 1589. Henri de Navarre devenait le prétendant au trône : il commença par faire le siége de Paris, mais il fut repoussé, et ne s'empara de sa capitale qu'en l'année 1594. Les Parisiens eurent à souffrir pendant le siége une affreuse famine ; on alla jusqu'à manger des animaux domestiques : environ deux mille chevaux et huit cents ânes ou mulets dont la chair se vendait un très-haut prix, ainsi que celle de tous les chiens et les chats qu'on fit bouillir dans de grandes chaudières.

« Les pauvres, dit un écrivain ligueur, témoin oculaire, mangeaient des chiens, des chats, des rats, des feuilles de vigne et autres herbes. Par la ville ne se voyait autre chose que ces chaudières de bouillie (faites avec du son d'avoine) et herbes cuites sans sel, et marmitées de chair de cheval, âne et mulet. Les peaux mêmes et cuirs desdites bêtes se vendaient cuites, dont ils mangeaient avec grand appétit. Dans les tavernes et cabarets, au lieu de bon vin, on ne trouvait que des tisanes mal cuites; on en vendait dans les carrefours. S'il fallait trouver un peu de pain blanc pour un malade, il ne s'en pouvait trouver, ou bien c'était pour un écu la livre. Les œufs se vendaient dix et douze sous la pièce. Le septier de blé se vendait cent ou cent vingt écus. J'ai vu manger, à des pauvres, des chiens morts tout crus par les rues ; aux autres des tripes qu'on avait jetées dans le ruisseau ; à d'autres des rats et souris, et surtout des os de la tête des chiens moulus. »

Les rues de Paris se remplissaient de cadavres d'habitants morts de faim. Cent mille personnes y moururent dans l'espace de trois mois. Enfin Henri IV, pressé par les troupes espagnoles, leva le siége de Paris et s'empara du Mans, dont il fit la capitale de son royaume.

En 1594, les Parisiens livrèrent Paris au roi, qui

y fit son entrée après avoir abjuré la religion protestante à Saint-Denis. « *Paris vaut bien une messe,* » avait-il dit, et les habitants le reçurent avec joie. Henri IV se montra magnanime et pardonna à la plupart de ses ennemis. Aussitôt en possession de sa capitale, secondé par Sully, il régularisa les administrations et réprima l'insolence des seigneurs féodaux.

Les Jésuites et les ligueurs essayèrent de le faire assassiner par un moine nommé Jean Châtel; mais le roi fut blessé légèrement et Jean Châtel fut condamné par le Parlement au plus affreux supplice.

Pendant son règne, dix-sept tentatives d'assassinat furent dirigées contre lui. Il devait tomber sous le poignard de Ravaillac le 10 mai 1610.

Voici le portrait de ce roi qu'en ont tracé les auteurs des *Economies royales de Sully:*

« Il était de belle stature, bien proportionné, ayant les linéaments du visage bien compensés, le teint florissant et témoignant une bonne habitude et parfaite santé. Etant allègre, dispos, fort, robuste, laborieux, qui veillait et dormait tant et tant qu'il voulait; s'abandonnait à toute sorte d'exercices et passe-temps honnêtes, tant pour la cour que pour la guerre, dans lesquels il se montrait des plus adroits; était d'humeur fort gaie et récréative, de douce et agréable et familière conversation avec un chacun et fort civil avec les dames; avait l'esprit prompt, actif, et de facile intelligence et compréhension; étant pitoyable, bénin, clément, miséricordieux et si fidèle, loyal et religieux observateur de sa parole et de ses promesses qu'il eût mieux aimé manquer à sa vie qu'à sa foi. »

Certes, le portrait est parfois flatté, mais il est souvent vrai, et le roi, qui voulait que chaque habitant pût mettre la *poule au pot* tous les dimanches, sut rétablir la paix dans cette pauvre France désolée par trente-quatre années de désordres, de fureurs fanatiques et de guerres civiles.

Les établissements civils et religieux de son règne sont les suivants :

Pyramide commémorative du crime de Jean Châtel et de ceux des Jésuites. — Cette pyramide était située en face du Palais de justice : elle fut élevée par ordre du Parlement sur l'emplacement occupé par la maison de Jean Châtel : sa forme était quadrangulaire, et au-dessus de l'attique de son piédestal s'élevaient quatre statues allégoriques représentant les quatre Vertus cardinales : ce monument, érigé en 1595, fut démoli quelques années plus tard par l'ordre même de Henri IV et sur les investigations du P. Coton, de la Compagnie de Jésus. François Miron, prévôt des marchands, fit à la place de cette pyramide établir une fontaine, qui depuis fut transférée dans la cour du Palais.

Couvent de Picpus, situé rue de ce nom, à l'extrémité du faubourg Saint-Antoine, supprimé en 1790, aujourd'hui propriété particulière.

Couvent des Récollets, situé au coin de la rue des Récollets et de celle du Faubourg-Saint-Martin, fut protégé par Henri IV et Marie de Médicis, qui le dota d'une Église. Les *Récollets* furent supprimés en 1790. Sur l'emplacement de leur couvent s'éleva dans la suite l'hospice des Incurables, transféré plus tard rue Popincourt.

Couvent des Petits-Augustins, fondé par Marguerite de Valois, première femme de Henri IV, était situé rue des Petits-Augustins, au faubourg Saint-Germain. Le P. Amet, confesseur de la reine après la dissolution de son mariage avec Henri IV, s'y établit avec vingt religieux. Mais la galante et capricieuse Marguerite s'étant fâchée avec le P. Amet et ses moines, sous prétexte que ceux-ci ne connaissaient pas le plain-chant, les expulsa du couvent qu'elle leur avait donné et les y remplaça par des *Augustins chaussés* de la réforme de Bourges. Sa mort, survenue le 17 mars 1615, laissa ces religieux sans appui et on fut obligé de faire des quêtes pour les nourrir. La reine Anne d'Autriche, dans la suite, leur fit bâtir une église, dont elle posa la première pierre le 15 mai 1617. En 1791, la commission du monument arrêta que tous les objets d'art y seraient déposés. On en forma un musée dit des *Monuments français*, qui fut ouvert pour la première fois le 15 fructidor an III. Il fut ensuite converti en dépôt de *Monuments d'arts*, puis enfin remplacé par une école appelée *Ecole des Beaux-Arts*.

Maison des frères de la Charité, située rue des Saints-Pères, fondée en 1602 par la reine Marie de Médicis. L'église de ce couvent, commencée en 1613, ne fut achevée qu'en 1733. L'hôpital de cette maison s'établit avec les religieuses de la Charité.

Le Couvent des Carmélites, situé rue d'Enfer, dans l'emplacement de l'ancien monastère de Notre-Dame-des-Champs. Les religieuses de ce couvent en prirent possession le mercredi 24 août 1605, jour de la Saint-Barthélemy. L'église de cette maison était d'une grande richesse et d'un luxe inouï. Ce fut dans ce couvent, dont la règle était fort sévère, que se retira, en 1671, la maîtresse de Louis XIV, la duchesse de la Vallière : elle vécut trente-six ans dans cette maison sous le nom de *sœur Louise de la Miséricorde*. Elle y mourut en 1710. Quatre-vingts ans plus tard, le couvent fut démoli par décret de la Convention. En 1815, quelques sœurs carmélites se réunirent dans les bâtiments qui restaient encore.

Le Couvent des Capucins, situé d'abord rue Saint-Honoré, en face de celui des Capucins, puis rue Neuve-des-Capucines, en face de la place Vendôme, sous le règne de Louis XIV. Ce couvent fut supprimé en 1790 et ses bâtiments destinés, dans la suite, à la fabrication des assignats. Les jardins de cette maison furent convertis en promenade publique, et enfin sur l'emplacement de cette maison fut percée la *rue de la Paix*.

Hôpital Saint-Louis, situé près du canal Saint-Martin, fut construit sous le règne de Henri IV, dans l'espace de quatre années. Il fut destiné à recevoir les malades atteints de la peste et des maladies contagieuses. Cet hôpital n'a cessé d'être en exercice, et il existe encore aujourd'hui.

Hôpital Sainte-Anne ou de la Santé, situé au delà de l'ancienne barrière de la Santé. Primitivement établi par Marguerite de Ravenne, veuve de saint Louis, il fut reconstruit dans le même temps que l'hôpital Saint-Louis dont nous venons de parler et fut, comme lui, destiné aux malades atteints de la peste, après avoir longtemps servi de succursale à l'Hôtel-Dieu ; cet hôpital n'existe plus.

Le PONT NEUF, commencé sous Henri III, terminé en 1607. Nous en ferons l'historique plus au long dans la seconde partie de cet ouvrage.

Le CHATEAU GAILLARD, situé vers l'extrémité méridionale du pont Neuf, sur le quai Conti, construit sous Henri IV, fut démoli pendant le règne de Louis XIV, lorsqu'on répara le pont-Neuf.

Le PONT AUX MEUNIERS, entraîné par les eaux en 1596, fut reconstruit en bois sous le nom de *pont Marchand* ou *pont aux Oiseaux*, à cause des enseignes représentant des oiseaux qui décoraient toutes les maisons de ce pont ; dans la nuit du 22 au 23 octobre 1621, il fut brûlé ainsi que le *pont au Change*.

Le LOUVRE et les TUILERIES reçurent de notables agrandissements ; *la place Royale* fut construite, et de nombreuses fontaines furent établies, je citerai :

La FONTAINE DU PALAIS, élevée par François Miron, prévôt des marchands.

La FONTAINE et POMPE DE LA SAMARITAINE, située au-dessous de la seconde arche du pont Neuf, établie sous Henri IV afin d'alimenter d'eau les palais du Louvre et des Tuileries. Un mécanicien d'origine flamande, nommé Jean Lintlaër, y établit une pompe qui devint un objet de curiosité pour les Parisiens. Cette fontaine reçut le nom de *Samaritaine*. La machine du mécanicien flamand exigea beaucoup de réparations, et en 1772 elle fut complétement reconstruite. En 1813 on l'a démolie.

Paris sous Louis XIII.

A la mort de Henri IV, le gouvernement de la France fut livré à une femme étrangère et à un enfant de neuf ans. Sully, le vénérable Sully, éloigné de la cour, fut dépouillé de ses fonctions. La reine, à laquelle on avait confié la régence, s'entoura d'étrangers et de Jésuites. Le règne de Louis XIII commença donc sous la tutelle de l'Italien Concini, le favori de Marie de Médicis, qui gouverna le royaume pendant sept années ; mais il dilapida les finances et excita contre lui la jalousie des princes et des seigneurs, et les murmures du peuple. Il fut assassiné par le capitaine des gardes, sur les conseils d'Albert de Luynes, favori du roi, qui succéda à Concini. La reine fut exilée au château de Blois.

De Luynes, sous le nom du roi, gouverna la France avec un despotisme révoltant. Après sa mort, un troisième personnage prit les rênes du gouvernement : ce personnage fut le fameux Armand du Plessis de Richelieu, évêque de Luçon. Ce fut un homme d'une grande ambition et d'une grande tyrannie : audacieux et subtil, entreprenant et cruel, il fut pendant plus de dix-huit ans le fléau de la France et le perturbateur de l'Europe. Il fit décapiter de Thou, Saint-Preuil, le comte de Chalais, le comte de Montmorency, le jeune Cinq-Mars et Marillac, dont la procédure fut une suite d'iniquités révoltantes.

Si le cardinal fut sanguinaire au dedans, il sut faire respecter la France au dehors et lui acquit un grand ascendant sur les autres puissances de l'Europe. Nous verrons dans la suite les principaux établissements dont il dota la France. Richelieu mourut le 4 décembre 1642, et Louis XIII, qui avait régné, mais non gouverné, le suivit au tombeau l'année suivante. Le roi était âgé de quarante-deux ans et Richelieu terminait sa cinquante-huitième année. Voici l'épitaphe qui fut faite pour le roi :

> Ci-gît le bon roi notre maître
> Louis treizième de ce nom,
> Qui fut vingt ans valet d'un prêtre
> Et pourtant acquit grand renom :
> Oui chez autrui, mais chez lui non.

L'incapacité du roi Louis XIII l'avait, pendant son règne, réduit à l'impuissance la plus complète ; on ne le connaissait même pas, et pour obtenir des faveurs ou des grâces on ne s'adressait jamais à lui. Bussy-Rabutin dit que, sous Richelieu, *le roi n'était compté pour rien.*

Nous allons passer rapidement en vue les monuments établis à Paris pendant son règne, et nous verrons que lui seul fonda ou plutôt laissa fonder à Paris plus de maisons religieuses que n'en avaient fondé tous les rois de France, ses prédécesseurs.

Le Noviciat des Jésuites, au faubourg Saint-Germain, rue du Pot-de-Fer : maison fondée par Madeleine Lhuillier, veuve Sainte-Beuve, le 3 avril 1610, fut occupée, après la Révolution, par la loge

6.

des francs-maçons dite du *Grand-Orient;* aujourd'hui entièrement détruite.

CARMES DÉCHAUSSÉS, situés rue de Vaugirard, y furent établis par Nicolas Vivien, maître des comptes, le 11 mai 1611. La communauté s'enrichit et, en 1620, le couvent des Carmes déchaussés possédait une magnifique église. Ces moines tenaient le secret de deux compositions dont ils firent un grand commerce : le *Blanc des Carmes* pour donner aux murailles le brillant et le poli du marbre, et l'*Eau de Mélisse des Carmes*, encore en grande réputation aujourd'hui, et dont le dépôt est rue Taranne, 14.

Le couvent fut supprimé en 1790. Des Carmélites s'établirent dans les bâtiments de l'ancien monastère.

MINIMES DE LA PLACE ROYALE, dont l'église, commencée en 1611, ne fut terminée que le 29 août 1679. Ce couvent fut supprimé en 1790, son église démolie en 1798, et ses bâtiments ont été transformés en caserne.

JACOBINS DE LA RUE SAINT-HONORÉ, établis en 1611, possédaient une magnifique église et une belle bibliothèque. La salle de cette bibliothèque servait, pendant la Révolution, aux séances de la fameuse société des *Amis de la Constitution*, qui à cause du couvent reçut le nom de *Société des Jacobins*. Ce couvent, supprimé en 1790, fut démoli en 1810, et sur son emplacement s'éleva le *marché Saint-Honoré*.

JACOBINS DU FAUBOURG SAINT-GERMAIN, couvent situé entre les rues du Bac et Saint-Dominique, fondé en 1631 par Nicolas Radulphi, général des Jacobins. L'église, élevée sur les dessins de Pierre Balet, en 1682, fut seulement achevée en 1740. Elle existe encore aujourd'hui sous le nom de *Saint-Thomas-d'Aquin*.

BÉNÉDICTINS ANGLAIS, couvent situé rue Saint-Jacques, près du *Val-de-Grâce*. Supprimé et détruit en 1790.

ORATOIRE, communauté de prêtres située rue Saint-Honoré. L'église fut bâtie en 1621. La bibliothèque des Oratoriens se composait de trente mille volumes; supprimée en 1792, l'église de cette communauté servit pendant quelques années aux assemblées de district. Elle fut en 1802 concédée aux *protestants de la confession de Genève*.

SÉMINAIRE DES ORATORIENS, situé rue du Faubourg-Saint-Jacques, fut le premier séminaire établi dans la capitale par Henri de Gondy, évêque de Paris. Supprimé en 1792, il est aujourd'hui occupé par l'*Institution des Sourds-Muets*.

CAPUCINS DU FAUBOURG SAINT-JACQUES, couvent établi également par Henri de Gondy. Aujourd'hui *Hôpital du Midi*.

CAPUCINS DU MARAIS, couvent fondé en 1622 par le P. Athanase Molé. L'église de ce couvent existe encore sous le nom de *Saint-François-d'Assise*.

CONGRÉGATION DES FRÈRES DE LA DOCTRINE CHRÉTIENNE, rue des Fossés-Saint-Victor, établie en 1562 par César de Bus, protégée par Henri de Gondy, avait son église dédiée à *saint Charles Borromée*. Cette congrégation possédait une belle bibliothèque ouverte au public. Supprimée en 1792, elle est devenue propriété particulière.

Les Prêtres de la Mission, établis dans la maison de Saint-Lazare, rue du Faubourg Saint-Denis. Cette communauté fut à la fois hôpital, école, prison et retraite. Aujourd'hui, c'est une prison pour les femmes.

Le Collége des Jésuites, dont j'ai déjà parlé et qui fut protégé par Louis XIV. Il était situé rue Saint-Jacques ; aujourd'hui *Collége Louis-le-Grand*.

Augustins déchaussés ou Petits-Pères. Louis XIII posa la première pierre de leur église, qui porte encore le nom de *Notre-Dame-des-Victoires*. Le couvent fut supprimé en 1790, et la mairie du troisième arrondissement s'élève sur son emplacement.

Barnabites, couvent situé dans la Cité, place du Palais-de-Justice. L'église fut construite sur les dessins de l'architecte Cartaud; elle n'offrait rien de remarquable. Supprimé en 1790.

Séminaire de Saint-Nicolas-du-Chardonneret, situé près de l'église de ce nom, rue Saint-Victor. Supprimé en 1792; aujourd'hui propriété particulière.

Séminaire des Trente-Trois, situé rue Montagne-Sainte-Geneviève, fondé en 1633 par Claude Bernard, dit le *Pauvre Prêtre*. La reine Anne d'Autriche protégea les *trente-trois* écoliers de cette maison. Supprimé en 1792, il est devenu propriété particulière.

Feuillants de la rue d'Enfer, dont l'église fût bâtie le 18 juillet 1659. Supprimés en 1790.

Les Pères de Nazareth, couvent situé rue du

Temple. Supprimé en 1790 ; devenu propriété particulière.

Nouveaux-Convertis, communauté située rue de Seine-Saint-Victor, fondée en 1532 par le P. Hyacinthe de Paris, pour la conversion des protestants. On ignore l'époque de sa suppression.

Les Ursulines, couvent situé rue Saint-Jacques, fondé par Madeleine Lhuillier. Anne d'Autriche posa la première pierre de l'église.

Bénédictins de la Ville-l'Évêque, couvent situé rue de la Madeleine, fondé par les deux princesses Catherine d'Orléans de Longueville et Marguerite d'Estouville, sa sœur, en 1613, dépendant de l'abbaye de Montmartre ; fut supprimé en 1790 ; aujourd'hui propriété particulière.

La Visitation de Sainte-Marie, couvent situé rue Saint-Antoine, dont l'église fut bâtie en 1682, sur le modèle de Notre-Dame-de-la-Rotonde et sur les dessins du célèbre François Mansard ; elle fut achevée en 1634, et nommée *Notre-Dame-des-Anges*. Ce couvent fut supprimé en 1790, et cédé au culte calviniste dit de la *Confession de Genève*.

Visitation de Sainte-Marie, autre couvent du même ordre, situé rue Saint-Jacques.

Filles de la Madeleine ou Madelonnettes, maison religieuse située quartier Saint-Martin-des-Champs, rue des Fontaines, où se retiraient les filles repenties. L'église fut bâtie en 1689. En 1793 ce couvent devint prison.

Bénédictines anglaises, couvent fondé au faubourg Saint-Marcel, en 1619 ; supprimé en 1790.

Filles du Calvaire, couvent situé rue de Vaugirard, fondé par le P. Joseph; supprimé en 1790.

Filles du Calvaire, autre couvent situé rue des *Filles-du-Calvaire*, également fondé par le P. Joseph en l'année 1633; supprimé en 1790.

Annonciades célestes ou Filles-Bleues, couvent situé rue Culture-Sainte-Catherine, fondé par la marquise de Verneuil, ancienne maîtresse de Henri IV. — Il y eut à cette époque plusieurs autres couvents de l'Annonciade, parmi lesquels : les Annonciades du Saint-Sacrement, les Annonciades des Dix-Vertus, les Annonciades du Saint-Esprit.

Religieuses de Notre-Dame-des-Prés, rue de Vaugirard.

Assomption, couvent de religieuses, aujourd'hui église paroissiale de la Madeleine.

Petites-Cordelières, couvent situé rue de Grenelle, faubourg Saint-Germain; fut supprimé en 1747 par décret de l'archevêque de Paris.

Carmélites, couvent situé rue Chapon, dépendant des Carmélites de la rue Saint-Jacques. Supprimé en 1790.

Val-de-Grace, bâti par Anne d'Autriche, qui en posa la première pierre le 1er avril 1645. Le célèbre François Mansard, un de nos plus habiles architectes, fournit les dessins de l'église.

Le dôme de l'église, qui, après ceux du Panthéon et des Invalides, est le plus élevé de tous les dômes de Paris, a été peint intérieurement par Mignard. Cette église a été convertie en magasin central des hôpitaux militaires; les autres monuments du monastère furent, sous Napoléon Ier, consacrés à un hôpital militaire.

Port-Royal, maison de religieuses situé rue de la Bourbe. L'église de *Port-Royal* ou *Port-du-Roi*, fut commencée en 1648, sur les dessins de Lepautre. En août 1664, l'archevêque de Paris, suivi du lieutenant de police, pénétra dans le couvent de Port-Royal et séquestra les religieuses, parce qu'elles ne partageaient pas la doctrine des Jésuites. Elles se réfugièrent à Port-Royal-des-Champs, où elles furent encore traquées. Leur couvent de Paris, supprimé en 1790, fut, pendant la Convention nationale, converti en prison révolutionnaire. En 1801, on y plaça l'institution de la *Maternité*.

Filles de Sainte-Elisabeth, Filles de la Conception, les Récollettes, couvents fondés par madame la présidente de Lamoignon; les Religieuses du Saint-Sacrement, les Filles du Précieux-Sang, les Bénédictines de Notre-Dame-de-Lierre, aujourd'hui hôpital Necker, les Filles de Saint-Nicolas-d'Aquin, les Filles-de-la-Croix, le Couvent du Cherche-Midi, les Religieuses de Fervaques, les Religieuses de la Charité-Notre-Dame, les Hospitalières de la Roquette, les Filles de la Providence, qui instruisaient les orphelines, les Nouvelles-Catholiques, et enfin les Filles ou Sœurs de la Charité, dont le couvent était situé rue du Faubourg-Saint-Denis, vis-à-vis de Saint-Lazare. Vincent de Paul en fut le fondateur. Le peuple les appela longtemps *Sœurs grises*. Leur maison fut supprimée en 1792. On y a depuis placé une caserne, ensuite la *Maison municipale de santé* ou **Hospice Dubois.**

Voilà quels furent les établissements religieux du règne de Louis XIII. Paris fut encombré de couvents. Nous devons encore mentionner :

La Chapelle Saint-Joseph, située rue Montmartre, où furent enterrés Molière en 1673 et Lafontaine en 1695. L'archevêque de Paris refusait d'accorder la sépulture à Molière; sa veuve dit : « *On refuse un tombeau à l'homme à qui la Grèce eût élevé des autels.* »

Saint-Roch, église paroissiale située rue Saint-Honoré.

Sainte-Marguerite, église paroissiale située rue Saint-Bernard, bâtie en 1625.

Notre-Dame-de-Bonne-Nouvelle, église paroissiale.

Hopital des Convalescents, situé rue du Bac, 98. Angélique Faure, veuve de Claude Bullion, obtint, en 1628, des lettres patentes pour construire cet hôpital. Il fut supprimé en 1792.

Hopital des Cent-Filles, fondé par Antoine Séguier, président au Parlement. Cette maison fut supprimée en 1792.

Hopital des Incurables, rue de Sèvres, fondé par Marguerite Rouillé.

Hopital de la Pitié, situé rue Copeau, ainsi nommé parce que sa chapelle était sous l'invocation de *Notre-Dame-de-Pitié.*

Maison de Scipion, située rue de la Barre ou de Scipion, fut fondée en 1622 par Scipion Sardini, gentilhomme italien. On y reçut d'abord des vieillards pauvres et infirmes.

Le Palais du Luxembourg, construit en 1615, par la reine Marie de Médicis. Il s'éleva sur le modèle du palais Pitti, à Florence, et sur les dessins de Jacques Debrosse, architecte.

Le Petit-Luxembourg, palais et hôtel situés rue de Vaugirard et contigus au palais du Luxembourg. Il fut commencé vers l'an 1629 par ordre du cardinal de Richelieu, qui l'habita en attendant la construction du Palais-Royal. C'est aujourd'hui la résidence du président du Sénat.

Aqueduc d'Arcueil. Il fallait des eaux pour les besoins et l'agrément du palais du Luxembourg, Marie de Médicis ordonna la construction d'un aqueduc. Les Parisiens en payèrent les frais, car ce fut pour avoir l'eau dans Paris qu'on mit un impôt sur les vins.

Fontaines. Lorsque l'aqueduc d'Arcueil fut achevé vers l'année 1624, quatorze fontaines furent construites et alimentées. Je citerai les principales : la *fontaine des Carmélites;* la *fontaine de la rue Mouffetard,* au coin de la rue du Pot-de-Fer; la *fontaine Cuvier,* rue Cuvier; la *fontaine Saint-Magloire,* rue du Faubourg-Saint-Jacques; la *fontaine du collège de Navarre,* la *fontaine Saint-Michel,* la *fontaine Sainte-Geneviève,* la *fontaine Saint-Côme,* et enfin, de l'autre côté de la ville, la *fontaine des Haudriettes,* située au coin de la rue des Vieilles-Haudriettes, et nommée d'abord *fontaine Neuve.*

Statue équestre de Henri IV. Marie de Médicis

fit venir de Toscane le cheval de bronze, dessiné par un élève de Michel-Ange, et destiné primitivement à être surmonté de l'effigie du grand-duc : mais celui-ci étant venu à mourir, le cheval resta sans cavalier, c'est alors qu'on l'apporta en France. Il fut placé sur un piédestal en marbre au milieu du pont-Neuf. Quelques années plus tard, on le surmonta de l'effigie de Henri IV. En 1702, cheval et cavalier furent fondus pour faire des canons, mais Louis XVIII rétablit au même endroit la statue du roi galant.

Le Pont au Change fut brûlé et reconstruit vers 1639.

Pont Saint-Michel. Dans la nuit du 30 janvier 1616, après un froid extrêmement rigoureux, survint un dégel et un débordement d'eau et de glaçons qui emporta la partie du pont Saint-Michel du côté d'amont, détruisit les maisons dont il était chargé et causa une perte considérable à ceux qui l'habitaient.

Pont Barbier, situé sur le quai Voltaire, vis-à-vis de la rue de Beaune, aujourd'hui dit *pont Royal*, fut bâti en 1632 par un entrepreneur nommé Barbier, dont il prit le nom. On l'appela encore *pont Sainte-Anne*, de celui de la reine Anne d'Autriche, et des *Tuileries* parce qu'il y aboutissait ; on le nomma aussi *pont Rouge*, parce qu'on le peignit de cette couleur. Il fut emporté en 1684 par la violence des eaux. Il fut remplacé par le *pont Royal*, dont nous parlerons dans la suite.

Palais de la Cité, incendié en partie dans la nuit

du 5 au 6 mars 1618; réparé par Jacques Debrosse; terminé en 1622.

Saint-Louis-en-l'Ile, église située rue Saint-Louis, construite vers 1664.

Pont Marie, emporté le 1er mars 1658 par la violence des eaux; construit vers la fin du règne de Louis XIII.

Pont de la Tournelle, également emporté en 1637 ; rebâti, puis encore détruit, il fut reconstruit en pierre vers 1656.

Pont Rouge, servait de communication entre la pointe occidentale de l'île Saint-Louis et l'île de la Cité. Il fut terminé en 1634. La même année, les processions en l'honneur d'un jubilé accordé par le pape s'étant rencontrées sur le pont, faillirent le renverser : vingt personnes furent tuées et quarante blessées. Rétabli en 1717 on le peignit en rouge ; on n'y passait qu'à pied, on y percevait le péage d'un liard par personne. Il fut remplacé en 1801 par le *pont de la Cité*.

Le Palais-Royal, bâti par le cardinal de Richelieu qui en fit sa résidence. Il porta primitivement le nom de *Palais-Cardinal*.

Statue équestre de Louis XIII, située au centre de la place Royale, érigée par les soins de Richelieu. Cette statue fut renversée en août 1792.

Paris sous Louis XIV.

Louis XIV avait à peine cinq ans quand il succéda à son père Louis XIII ; son règne se divise en trois parties bien distinctes : celle de la régence d'Anne d'Autriche, celle du gouvernement de Louis XIV lui-même et celle de sa vieillesse. Sa minorité fut remplie de troubles; le cardinal Mazarin, créature de Richelieu, maître de l'esprit et du cœur de la reine Anne d'Autriche, obligé deux fois de quitter le territoire français, malgré la haute protection de la reine, lutta énergiquement contre les seigneurs qui lui firent une guerre continuelle et sans merci. Il parvint à force d'adresse à pacifier le royaume, qu'il gouverna jusqu'à la majorité du jeune roi. Sa politique extérieure fut très-heureuse et agrandit le territoire de la France.

A sa mort, Louis XIV, alors âgé de vingt-trois ans, entreprit de gouverner son royaume; le jeune homme qui avait interrompu un des membres du Parlement en disant : « l'*État, c'est moi !* » et qui était entré un jour dans ce même Parlement en habit de cavalier et le fouet à la main pour le forcer de faire sa volonté, fit disparaître tout ce qui dans ses États conservait encore quelques restes d'indépendance. Son orgueille porta à prendre le soleil pour emblême. Sa politique extérieure et les succès de ses armées rendirent son règne glorieux, et les hommes illustres dont il sut s'entourer travaillèrent plus à sa propre renommée que lui seul : car «Louis XIV, dit Montesquieu, ne fut ni pacifique ni guerrier. Il avait les formes de la justice, de la politique, de la dévotion et l'air d'un grand roi. Doux avec ses domestiques, libéral avec ses courtisans, avide avec ses peuples, inquiet avec ses ennemis, despotique dans sa famille, roi dans sa cour, dur dans ses conseils, enfant dans celui de la conscience, dupe de tout ce qui joue les princes, les ministres, les femmes et les dévots; souffrant les talents, craignant l'esprit, sérieux dans ses amours, et dans son dernier attachement faible à faire pitié; aucune force d'esprit dans le succès; de la sécurité dans les revers, du courage dans sa mort. Il aima la gloire et la religion et on l'empêcha toute sa vie de connaître ni l'une ni l'autre. Il n'aurait eu presque aucun de ses défauts s'il avait été mieux élevé, et s'il avait eu un peu plus d'esprit. »

Louis XIV mourut le 1er septembre 1715.

Parmi les monuments établis pendant son règne, il y en a beaucoup d'utiles, il y en a qui ne sont qu'éclatants. Nous citerons dans l'ordre religieux :

Les THÉATINS, couvent de religieux dont l'église ne fut achevée qu'en 1720. Ces pères prêchaient en faveur des opérations du cardinal Mazarin, et pour être plus persuasifs, ils faisaient apparaître des figures de saints que les frondeurs nommèrent avec irrévérence des marionnettes. Le couvent des Théatins, situé quai Malaquais, fut supprimé en 1790. Un café célèbre, nommé le *Café des Muses*, s'éleva en 1815 sur l'emplacement de l'église, qui fut complétement démolie en 1821-22-23. Aujourd'hui propriété particulière.

L'INSTITUTION DE L'ORATOIRE, rue d'Enfer, maison supprimée en 1792, consacrée en 1802 à l'*hospice de la Maternité*, puis ensuite aux *Enfants trouvés*.

PRÉMONTRÉS RÉFORMÉS, couvent situé au carrefour de la Croix-Rouge; Anne d'Autriche posa là première pierre de leur église. Supprimé en 1790.

Les Orphelins de la rue Saint-Sulpice, couvent situé rue du Vieux-Colombier, aujourd'hui occupé par une caserne de pompiers.

Les Frères des Écoles chrétiennes, rue Notre-Dame-des-Champs ; le Séminaire des Missions étrangères, rue du Bac; le Séminaire anglais, rue des Postes.

Séminaire de Saint-Sulpice, fondé en 1641, par Jean-Jacques Ollier, abbé de Pebrac. Les Sulpiciens, supprimés en 1792 et rétablis en 1802, habitent maintenant un vaste monument construit sur la partie sud de la place Saint-Sulpice, et dont la première pierre fut posée le 21 novembre 1820.

Séminaire des Clercs irlandais, rue du Cheval-Vert, fondé en 1672, supprimé en 1792.

Séminaire des Prêtres irlandais ou Collége des Lombards, situé rue des Carmes. Le Séminaire des Ecossais ou Collége des Ecossais, situé rue des Fossés-Saint-Victor : c'est dans la chapelle de ce séminaire que se trouvait une urne en bronze doré qui contenait la cervelle de Jacques II, roi d'Angleterre.

Séminaire de Saint-Pierre-et-Saint-Louis, dans la rue d'Enfer.

Les Eudistes, communauté d'hommes située rue des Postes. Les ecclésiastiques qui venaient faire quelque séjour à Paris trouvaient dans cette maison, pour un prix raisonnable, un logement commode.

Parmi les communautés religieuses de filles, nous citerons seulement les plus importantes :

Les Filles de la Congrégation Notre-Dame, rue Neuve-Saint-Etienne. Remplacées aujourd'hui par les Dames de la Miséricorde.

Les Filles de la Providence, couvent situé rue de l'Arbalète, dont les statuts furent rédigés par Vincent de Paul.

Les Filles du Saint-Sacrement, couvent situé rue Cassette; supprimé en 1790.

Les Filles de Sainte-Marie ou de la Visitation, communauté située rue du Bac, et supprimée en 1790.

Les Religieuses de Notre-Dame-de-Miséricorde, couvent situé rue du Vieux Colombier, et également supprimé pendant la Révolution.

Sainte-Pélagie, communauté religieuse, aujourd'hui prison, située rue de la Clef.

Les Religieuses de Notre-Dame-de-Bon-Secours, prieuré situé rue de Charonne, fondé par la dame Claude de Bouchavanne en 1647. Ce couvent fut le théâtre de plusieurs scènes galantes; on ne s'en étonnera pas quand on saura qu'il devint l'asile des jeunes femmes séparées de leurs maris. Les amours d'une religieuse nommée Mimi et d'un mousquetaire nommé de la Parquerie sont demeurés célèbres.

Les Religieuses de la Magdeleine-du-Trainel, couvent situé rue de Charonne et dont la supérieure fut longtemps la maîtresse de M. le lieutenant de police d'Argenson. Ce couvent fut supprimé en 1790.

Je pourrais encore grossir la liste de ces communautés de filles, fondées sous le règne de Louis XIV, car le nombre en fut immense ; mais je me contenterai de citer les noms de quelques-unes qui eurent certaine importance :

Les *Filles de Saint-Chaumont*, les *Filles de la Visitation de Sainte-Marie*, les *Religieuses anglaises*, les *Filles de Sainte-Marguerite*, les *Filles de l'Instruction chrétienne*, les *Bénédictines*, les *Filles de Sainte-Geneviève*, les *Religieuses de Notre-Dame-de-Bon-Secours*, les *Filles de la Croix*, le *Couvent du Bon Pasteur*, les *Filles de Sainte-Valère*, les *Filles de Saint-Thomas-de-Villeneuve*, les *Filles de Sainte-Agathe*, les *Filles de la Crèche*, etc., etc.

Parmi les établissements civils et religieux du règne de Louis XIV, nous nommerons, sans en faire la description ici :

L'Église Saint-Sulpice, dont la première pierre fut posée par Anne d'Autriche et qui fut construite sur les dessins du célèbre architecte Louis Leveau.

L'Église de Chaillot commencée en 1740, quelques années avant que Louis XIV eût érigé le village de Chaillot en faubourg de Paris.

Chapelle Sainte-Anne, située quartier du faubourg Montmartre ; fondée par un confiseur du nom de Roland de Bure ; démolie dès le commencement du règne de Louis XV.

Chapelle des Porcherons, située rue Coquenard ; vendue et démolie en 1800.

Hopital général dit la Salpêtrière, situé boulevard de l'Hôpital, quartier Saint-Marcel ; fondé pour les mendiants. En 1662, la misère fut si grande qu'on y compta *neuf à dix mille pauvres.*

Bicêtre, succursale de l'*Hôpital général*, reçut des pauvres, des veufs, des garçons valides ou invalides, des jeunes gens débauchés.

Enfants trouvés, fondé par saint Vincent de Paul. Il y avait à Paris trois maisons pour ces enfants : l'une dans le faubourg Saint-Antoine, l'autre au coin de la rue Neuve-Notre-Dame, et l'autre dans la rue Saint-Victor.

L'hotel royal des Invalides, dont les fondations furent jetées en 1670.

Sainte-Madeleine de la Ville-l'Évêque, aujourd'hui église de la Madeleine.

Collége Mazarin ou des Quatre-Nations, aujourd'hui palais de l'Institut.

Le Louvre, dont le roi posa, le 17 octobre 1665, la première pierre de la façade.

Le palais des Tuileries, terminé en 1664 par l'architecte Louveau, et dont Le Nôtre, en 1665, fut chargé de dessiner les jardins.

La place du Carrousel, située derrière les Tuileries, du côté du Louvre.

La place Vendome, d'abord nommée place des Conquêtes, puis la place des Victoires.

La porte Saint-Antoine, que l'architecte Blondel agrandit et convertit en arc de triomphe en l'honneur de Louis XIV.

La porte Saint-Bernard, située sur le quai de la Tournelle, à laquelle Blondel donna la même destination.

Arc de Triomphe de Saint-Denis, construit en 1672.

Arc de Triomphe de Saint-Martin, construit comme le précédent par Blondel, mais deux années plus tard.

Observatoire, commencé en 1667, entièrement achevé en 1672.

Académie de Saint-Luc, école de dessin, réunie en 1776 à l'Académie royale.

Académie des inscriptions et belles-lettres, aujourd'hui au palais des Beaux-Arts.

Académie des sciences qui tint ses premières séances en l'année 1666, dans la salle basse de la bibliothèque du Roi, réunie aujourd'hui à l'*Institut de France*.

Académie d'architecture, projetée par Colbert. Quatrième section de l'*Institut*.

Plusieurs autres Académies datent encore de ce règne, je citerai, entre autres : l'Académie royale pour la noblesse, l'Académie royale de danse et l'Academie royale de musique ou l'Opéra.

La Bibliothèque du roi, aujourd'hui Bibliothèque impériale, située rue Richelieu, rendue accessible au public sous Louis XIV.

La Manufacture des Gobelins ou *Manufacture royale des tapisseries de la couronne*, située rue Mouffetard.

La Pompe du pont Notre-Dame, contiguë à ce pont.

La Fontaine Saint-Michel, située sur la place de ce nom, construite en 1682, sur les dessins de

Barlet, reconstruite sous le règne de Napoléon III.

La *fontaine des Cordeliers*, la *fontaine d'Amour*, *fontaine de Sainte-Avoyze, fontaine de Richelieu, fontaine des Petits-Pères, fontaine de l'Echaudé, fontaine de la Charité, fontaine de Saint-Séverin, fontaine de la place du Palais-Royal, fontaine de Louis le Grand ou d'Antin, fontaine de Montmartre;* située rue Montmartre; *fontaine Saint-Martin, fontaine de Garancière,* élevée par Anne, palatine de Bavière, propriétaire du Petit-Luxembourg.

PONT ROYAL, reconstruit en pierre, sur les dessins de Mansard et de Gabriel.

PONT DE GRAMMONT, communiquant du quai des Célestins à l'île Louviers, construit en bois.

Paris, enfin, sous le règne de Louis XIV, eut plusieurs théâtres : ceux de l'*hôtel de Bourgogne*, du *Palais-Royal*, du *Petit-Bourbon*, de la rue *Guénégaud*, et de *l'Opéra*.

Paris sous Louis XV.

Louis XV succéda à son bisaïeul Louis XIV, le 1ᵉʳ septembre 1715. Il n'avait alors que cinq ans. Ce prince, après la régence du duc d'Orléans, donna d'abord de flatteuses espérances, mais qui ne se réalisèrent pas. Le cardinal Dubois dirigea les affaires du royaume, dont le crédit était déjà fortement ébranlé par la banqueroute de Law, ce fameux financier qui avait pendant quelques années rempli les coffres de l'État.

« Le règne de Louis XV, souillé par des persécutions, par des débauches, par un espionnage excessif, par une frivolité ridicule, fut aussi illustré par des hommes de génie, par des découvertes dans les arts et dans les sciences, par les progrès des lumières et par leur vaste extension. Il fut également signalé par les scènes pitoyables et horribles des Convulsions, par les dissensions connues sous le nom de *Billets de confession*, par l'assassinat du roi et par l'expulsion des jésuites. »

Le 5 janvier 1757, Louis XV mourut assassiné par Damiens.

Sous son règne, Paris, qui contenait déjà un grand nombre de monastères et de couvents, vit s'élever environ *cent sept* communautés. Parmi ces établissements religieux, nous citerons :

SAINT-PIERRE DU GROS CAILLOU, église paroissiale située rue Saint-Dominique.

ÉGLISE SAINTE-GENEVIÈVE, réédifiée avec les fonds provenant d'une loterie, sur les dessins et sous la conduite de J. G. Soufflot.

SAINT-PHILIPPE DU ROULE, église paroissiale située rue du Faubourg-du-Roule, commencée en 1769 sur les plans et dessins de Chalgrin, terminée en 1784.

SAINTE-MADELEINE DE LA VILLE-L'ÉVÊQUE, dont nous avons déjà parlé, commencée en 1764.

Parmi les principaux marchés :

Le *marché Saint-Martin*, la *halle aux Veaux*, rue Saint-Victor, la *halle au Blé et à la Farine*, où l'on remarque la colonne dite de Catherine de Médicis.

Les établissements d'utilité furent les suivants :

L'ACADÉMIE DE CHIRURGIE, rue des Cordeliers,

aujourd'hui tenant ses séances dans les bâtiments de l'Abbaye.

L'*École gratuite de Dessin*, l'*École gratuite des Arts*, l'*École de Droit*, commencée en 1771 sur les dessins de J.-G. Soufflot, inaugurée le 5 décembre 1783.

L'ÉCOLE ROYALE MILITAIRE, au Champ-de-Mars.

L'HOTEL DES MONNAIES, situé quai Conti.

L'HOPITAL MILITAIRE, au Gros-Caillou, fondé en 1765, pour les gardes-françaises. L'*hôpital des Enfants Trouvés*, élevé en 1747.

La PLACE LOUIS XV, achevée en 1772, dite plus tard place de la Révolution, sur laquelle était situé le *Garde-Meuble de la Couronne*, aujourd'hui ministère de la Marine.

Sous ce règne, plusieurs fontaines furent élevées, parmi lesquelles je citerai :

La *fontaine des Blancs-Manteaux*, la *fontaine de Saint-Germain des Prés*, la *fontaine Basfroi*; la *fontaine de Grenelle*, la *fontaine du marché Saint-Martin*.

Paris sous Louis XVI et sous la République.

Louis XVI monta sur le trône le 10 mai 1774.

Ce prince, animé des meilleures intentions, n'avait d'autre but que le bonheur et la prospérité de la France; mais il fut trop faible et trop inexpérimenté pour supporter le poids de la royauté.

Dès la première année de son règne, des troubles graves éclatèrent, occasionnés par la cherté des grains. On dut user de rigueur et les esprits déjà mal disposés accueilliront avec irritation les justes représailles du pouvoir.

Cependant le nouveau roi travaillait à faire oublier la honteuse mémoire de son prédécesseur. Il avait congédié toutes les créatures dont s'était environné Louis XV. Il rétablit le Parlement, fonda le Mont-de-Piété, abolit les corvées et supprima la servitude personnelle dans les domaines.

Mais le mécontentement germait sourdement.

Le 13 janvier 1787 une assemblée des notables fut convoquée; au lieu de chercher à remédier au désordre des finances, cette assemblée se contenta de demander la convocation des États généraux.

Après plusieurs troubles à Paris et dans les provinces, une seconde assemblée fut convoquée en 1788. Elle ne s'occupa que du mode de convocation des États généraux, qui ouvrirent leur session le 5 mai 1789.

Le tiers-état repoussé par le clergé et la noblesse se constitua en Assemblée nationale, et jura de ne pas se séparer avant d'avoir donné une constitution à la France.

Cependant les ministres tentèrent de dissoudre l'assemblée par la force, mais la garde nationale s'organisa, et le 14 juillet la Bastille fut prise et rasée.

La Révolution commençait.

Le 5 octobre 1789, le peuple alla chercher le roi à Versailles et le ramena à Paris.

Louis XVI, effrayé des progrès de la Révolution, résolut de quitter furtivement Paris; mais il fut arrêté à Varennes et ramené dans sa capitale, où il jura fidélité à la constitution.

Le 1ᵉʳ octobre 1791, l'Assemblée nationale ayant terminé sa mission, fut remplacée par l'Assemblée législative.

Cependant de nombreux membres de la noblesse quittaient chaque jour la France; on ordonna le séquestre de leurs biens.

Paris était dans une effervescence continuelle. Les émigrés y entretenaient une sourde agitation, et le roi fut obligé, à cause d'eux, de déclarer la guerre au roi de Hongrie qui refusait de les chasser de son royaume.

Au 21 septembre, la Convention succéda à l'Assemblée nationale. Elle abolit la royauté, décréta le gouvernement républicain, mit Louis XVI en jugement, et ce monarque infortuné, condamné à mort, fut exécuté le 21 janvier 1793.

Les principaux établissements et monuments dont s'enrichit la capitale pendant cette période, sont les suivants:

Établissements religieux et hôpitaux.

CAPUCINS DE LA CHAUSSÉE-D'ANTIN. Église, couvent, hospice, puis collège situé rue Sainte-Croix d'Antin.

La CHAPELLE BEAUJON, située rue du Faubourg-du-Roule.

L'HOSPICE BEAUJON, rue du Faubourg-du-Roule, dont nous reparlerons plus tard.

Etablissements d'éducation.

COLLÉGE ROYAL DE FRANCE, situé place Cambrai. François Ier avait fondé ce collége, mais il avait oublié de le faire bâtir.

Henri IV répara cet oubli en partie, mais la mort du roi interrompit les travaux de ce collége, qui ne fut achevé définitivement que sous le règne de Louis XVI.

L'ÉCOLE DE MÉDECINE ET DE CHIRURGIE, située rue de l'École-de-Médecine. Elle avait autrefois ses bâtiments rue de la Bûcherie, et plus tard rue Saint-Jean-de-Beauvais.

L'ÉCOLE NATIONALE, établie à Issy en 1799, pour l'éducation des orphelins.

L'ÉCOLE ROYALE DES PONTS-ET-CHAUSSÉES, d'abord située rue de la Chaussée-d'Antin, et plus tard rue Culture-Sainte-Catherine.

L'ÉCOLE DES ORPHELINS MILITAIRES, dont le nom indique suffisamment le but.

L'ÉCOLE DES MINES, d'abord située rue de l'Université, puis rue d'Enfer, et transférée dernièrement boulevard Saint-Michel.

L'ACADÉMIE DE MUSIQUE, destinée à perpétuer les saines traditions musicales.

L'INSTITUTION DES SOURDS ET MUETS, bâtie dans le faubourg Saint-Jacques, sous les auspices de l'abbé de l'Épée.

Marchés et Fontaines.

Le MARCHÉ BEAUVAU, situé dans le faubourg

Saint-Antoine; le Marché de Boulainvilliers, situé rue du Bac; le Marché Sainte-Catherine, la Halle au Poisson, la Halle a la Marée, la Halle aux Cuirs, la Halle aux Draps, le Marché des Innocents, où l'on voit la célèbre fontaine sculptée par Jean Goujon.

La Fontaine de la Croix du Trahoir, située à l'angle des rues Saint-Honoré et de l'Arbre-Sec; la Fontaine des Petits-Pères, place des Petits-Pères; les Fontaines dites Marchandes et les Eaux de Paris.

La Pompe a feu de Chaillot, destinée à élever l'eau au-dessus du niveau moyen de la Seine. Elle fut perfectionnée par l'ingénieur A. Lecointe.

La Pompe a feu du Gros-Caillou.

Sociétés savantes et philanthropiques.

La Société d'Agriculture, pour encourager la culture; la Société libre d'Émulation, pour l'encouragement des industries utiles; la Société philanthropique.—Le Musée de Paris, société de savants et de littérateurs. — La Société Royale de Médecine, dite d'abord *Société pour l'Épizootie*. — La Société de l'Harmonie, fondée par le fameux Mesmer, pour la propagation du magnétisme. — La Société des Amis de la Constitution, qui devint un des principaux clubs de la Révolution. — Le Club des Feuillants, des Cordeliers, du Faubourg Saint-Antoine, etc.

Établissements d'utilité publique.

Le Mont de Piété, situé rue des Blancs-Manteaux et rue de Paradis.

Le Bureau des Nourrices, situé rue Sainte-Appoline.

La Maison de santé, située au Petit-Montrouge.

L'Hôpital de Necker, fondé par Madame Necker en 1773.

Théâtres.

Parmi les théâtres nous signalerons le Théatre de l'Odéon, appelé d'abord Théâtre-Français, puis de la Nation.

Le Théatre de la Comédie-Française, puis le Palais-Royal, commencé en 1787, ouvert le 15 mai 1790.

L'Opéra ou Académie de musique.

Le Théatre des Italiens ou Opéra-Comique.

Le Théatre de Monsieur, plus tard Théatre Feydeau, et aujourd'hui Théatre de l'Opéra-Comique.

Le Théatre des Variétés amusantes, situé boulevard du Temple, au coin de la rue de Bondy, ouvert en 1779, attaqué par le directeur du Théâtre-Français en 1785, puis défendu par le duc de Chartres, s'établit dans le centre de la capitale près du Palais-Royal. La construction fut achevée en 1790 et cette scène prit en 1791 le titre de Théâtre-Français de la rue Richelieu.

Le Théatre des grands Danseurs ou théâtre de Nicolet; plus tard théâtre de la Gaîté, situé boulevard du Temple; aujourd'hui square des Arts-et-Métiers.

Le Théatre de l'Ambigu-Comique, situé boulevard du Temple, fondé en 1776.

Le Théatre de Beaujolais, d'abord situé au Palais-Royal, cédé en 1790 à la demoiselle de Montpensier qui le réunit au théâtre qui portait son nom.

Le Théatre des Menus-Plaisirs, situé à l'hôtel des Menus, construit pour les élèves du Conservatoire de l'Académie de musique.

Un nouveau théâtre, sous la direction de M. Gaspari, vient de reprendre ce titre et de s'établir au boulevard de Strasbourg.

Le Théatre des Délassements-Comiques, boulevard du Temple.

Le Théatre Français Comique et Lyrique.

Outre les théâtres dont nous venons de parler il en existait qui ne servaient qu'à des acteurs bourgeois.

Tels furent les théâtres de la rue de Provence, des Boulevards neufs, de l'Orme Saint-Gervais, de la rue de l'Echiquier.

Paris vit naître encore plusieurs autres lieux de plaisir et de réunion. En voici la notice :

Le combat des Taureaux, situé sur la route de Pantin, où l'on voyait des femmes prendre plaisir à voir le taureau mis à mort par la fureur des chiens.

Le Vaux-Hall d'été, sur le boulevard du Temple. Construit en 1785 sur les dessins du sieur

Mollan. Un vaste salon de danse, un café, des feux d'artifice, étaient les principaux agréments de ce lieu renommé qui aujourd'hui sert encore de salle de bal.

Le Vaux-Hall d'hiver, la Redoute Chinoise et le Cirque du Palais-Royal, situés au Palais-Royal.

Paris sous la Convention et le Directoire.

Après la chute de Robespierre les prisons s'ouvrirent et l'instrument de mort s'arrêta. La Convention libre et tranquille put donner une grande partie de temps à la création d'Etablissements de toutes sortes tels que :

ADMINISTRATION GÉNÉRALE DES HOPITAUX ET HOSPICES CIVILS, située parvis Notre-Dame en face l'Hôtel-Dieu.

HOPITAL SAINT-ANTOINE, fondé par un décret de la Convention à la place de l'ancienne Abbaye des femmes, située rue du Faubourg-Saint-Antoine et nommée Saint-Antoine-des-Champs.

HOPITAL DE LA CHARITÉ, prit pendant la Révolution le titre d'*Hospice de l'Unité*.

HOSPICE DES ORPHELINS dans le faubourg Saint-Antoine. HOPITAL NECKER, ci-devant couvent des *Bénédictines de Notre-Dame-de-Liesse*, rue de Sèvres. HOPITAL COCHIN, commencé en 1780 et terminé en 1782, dû à la bienfaisance de M. Cochin, ancien curé du Haut-Pas. HOPITAL BAUJON, situé rue du Faubourg-du-Roule, appelé par le décret de la Convention *Hôpital du Roule*. HOPITAL DES ENFANTS ; HOSPICE DE la Salpêtrière, situé rue Poliveau, fondé en 1656. Hospice des Incurables hommes, rue du Faubourg-Saint-Martin, fondé par saint Vincent de Paul, fut agrandi en 1595 du couvent des Récollets. Hospice des Incurables femmes, situé rue de Sèvres. Maison de retraite, située au Petit-Montrouge, à quelque distance de la barrière d'Enfer, nommée d'abord *Maison Royale de santé*, puis pendant la Révolution *Hospice National.*

Hospice des Vieillards, rue de Chaillot. Hospice de Saint-Merri, situé cloître Saint-Merri.

Hopital de la maison militaire du Roi, au Gros-Caillou, contint en 1792 jusqu'à 264 lits.

Hopital de Montaigu, situé rue des *Sept-Voyes*, avant 1793 *Collège de Montaigu.*

Hopital du Val-de-Grace, au faubourg Saint-Jacques, ancien couvent de femmes, converti en hôpital pendant la Révolution.

Ces trois derniers hôpitaux étaient destinés spécialement aux militaires.

Ecole Normale, établie en vertu du décret du 9 brumaire an III, dans l'amphithéâtre du Jardin des Plantes. Nous en reparlerons dans la seconde partie de cet ouvrage.

Ecole Polytechnique, située rue de la Montagne Sainte-Geneviève, établie dans les bâtiments de l'ancien collège de Navarre, d'abord nommée *Ecole centrale*, puis Ecole polytechnique, par un décret du 15 fructidor an III.

Les Archives nationales, L'Institut de France, Le Bureau des Longitudes, Le Musée des monu-

MENTS FRANÇAIS, L'ADMINISTRATION DU TÉLÉGRAPHE, située rue de l'Université, n° 9.

On comptait à Paris avant la découverte du télégraphe électrique, cinq télégraphes : 1° le télégraphe central établi sur les bâtiments de l'administration ; 2° un télégraphe placé sur le comble de l'édifice du ministère de la marine, correspondant avec Brest ; 3° le télégraphe de l'église des Petits-Pères qui servait à la ligne de Lille ; 4° et 5° deux télégraphes sur les deux tours de l'église de Saint-Sulpice ; celui de la tour du nord communiquait à Strasbourg, et celui de la tour du sud communiquait à Lyon et en Italie.

Il est curieux de connaître le temps que mettaient les dépêches à arriver : on les recevait en deux minutes de Lille, par 22 télégraphes ; en six minutes et demie de Strasbourg, par 46 télégraphes ; en huit minutes de Lyon, par 50 télégraphes, et en huit minutes de Brest, par 80 télégraphes.

Paris sous Napoléon Ier.

Revenu d'Égypte à Paris, le général Bonaparte renversa le gouvernement existant (journée du 18 brumaire) et devint troisième consul de la République française. Le 22 frimaire suivant, il fut, en vertu de la Constitution, élevé au rang de *premier consul*. Le consulat, aux termes de la Constitution, ne devait durer que dix ans ; mais Bonaparte, le 14 juillet 1802, se faisait proclamer consul à vie, et le 18 mai de la même année, empereur.

Par ses soins, la capitale fut embellie de travaux

gigantesques, d'établissements utiles et en même temps fastueux des halles, des marchés, des dépôts et des magasins de comestibles s'élevèrent dans tous les quartiers.

Nous citerons particulièrement :

MARCHÉ AUX FLEURS ET AUX ARBUSTES, établi en 1807 et 1808, à la place qu'il occupe encore actuellement, auprès du pont Notre-Dame.

MARCHÉ DES JACOBINS, établi en 1810 sur l'emplacement qu'occupait naguère le couvent des Jacobins.

HALLE AU VIEUX LINGE. — Cette halle se composait de 1,800 boutiques environ ; elle fut bâtie de 1809 à 1811, sur les dessins de l'architecte Molinos. Elle était construite en bois. Cette halle a maintenant disparu pour faire place à un monument gigantesque, plus vaste, mieux aéré, et destiné également à la vente des vieux habits.

HALLE ET MARCHÉ AU GIBIER ET A LA VOLAILLE. — Cette halle, connue surtout sous le nom de marché de la Vallée, est située sur le quai des Grands-Augustins, au coin de la rue de ce nom. La première pierre en fut posée le 17 septembre 1809, sur l'emplacement des Grands-Augustins. C'est un monument plus utile que remarquable par sa construction, et qui d'un jour à l'autre va disparaître sous le marteau des démolisseurs.

MARCHÉ DE L'ABBAYE SAINT-MARTIN. — Construit sur le jardin de l'Abbaye Saint-Martin, et auprès de la rue du Vert-Bois, il fut commencé en 1813 et terminé en 1817.

Marché des Blancs-Manteaux, situé sur l'emplacement d'un couvent. Commencé en 1811, il ne fut ouvert qu'en 1819.

Marché Saint-Germain. — L'emplacement occupé par ce marché était auparavant le lieu où se tenait la foire Saint-Germain. Il fut commencé en 1811, et construit d'après les plans de l'architecte Blondel.

Marché des Carmes. — Établi sur l'emplacement occupé autrefois par le couvent des Carmes, il remplaça le marché de la place Maubert. Commencé le 15 août 1813, d'après les plans de l'architecte Vaudoyer, il fut achevé et ouvert au public en 1819.

Marché a la viande. — Commencé en 1813 et terminé en 1818, il s'élève entre les rues du Four-Saint-Honoré, des Prouvaires et des Deux-Écus.

Le Grenier de réserve, situé sur le boulevard Bourdon, fut commencé en 1807 et terminé en 1817, d'après les dessins de l'architecte Delaunoy.

Entrepôt et halle aux vins et eaux-de-vie, situés sur le quai Saint-Bernard. Les travaux furent dirigés par l'architecte Gaucher. Commencée en 1811, la construction ne fut achevée complétement qu'en 1818.

Dépôt de laines et lavoir public, situé au port de l'Hôpital, et fondé en l'année 1813.

Abattoirs. — Cinq abattoirs furent fondés en 1810 : l'abattoir du Roule, ceux de Montmartre et de Popincourt sur la rive droite ; sur la rive gauche, ceux d'Ivry et de Vaugirard. Ces abattoirs furent terminés en 1818.

Ponts et quais.

Le PONT D'AUSTERLITZ. — Commencé en 1802, il fut ouvert aux voitures en 1807; il fut exécuté d'après les plans de Becquey-Beaupré.

PONT DE LA CITÉ. — Relie l'île Saint-Louis et celle de la Cité.

PONT DES ARTS. — Sert de communication entre le Louvre et l'Institut.

PONT D'IÉNA. — Situé en face de l'École militaire et du Champ-de-Mars.

QUAI D'ORSAY. — Portait autrefois le nom de QUAI DE LA GRENOUILLÈRE.

QUAI DES INVALIDES. — Fait suite au quai d'Orsay; il fut fondé le 2 juillet 1802.

QUAI DE BILLY. — Fondé en 1807, sous la direction de l'entrepreneur des travaux publics Marguerie.

QUAI DE LA CONFÉRENCE, longe les Champs-Élysées.

QUAI DU LOUVRE, s'étend du pont Royal jusqu'au pont des Arts; il est très-commode au commerce.

QUAI DESAIX, longe la Seine entre le pont Notre-Dame et le pont au Change; il est bordé par le *marché aux Fleurs*.

QUAI DE LA CITÉ. Il s'étend du pont de la Cité au pont Notre-Dame. La construction en fut achevée en 1813.

QUAI CATINAT, s'étend du pont de la Cité au pont au Double. La construction en fut décrétée en 1809, et en 1831 il fut livré à la circulation.

QUAI MONTEBELLO. Commencé en 1811, il fut terminé en 1813.

Eaux de Paris.

CANAL DE L'OURCQ. La prise d'eau est fixée au bief supérieur du moulin de Mareuil, à 96 kilomètres de Pantin.

BASSIN DE LA VILLETTE. Reçoit les eaux du canal de l'Ourcq. Commencé en 1806, il fut achevé en 1809.

AQUEDUC DE CEINTURE. Il est alimenté par le bassin de la Villette, il a une longueur de 4,500 mètres.

CANAL SAINT-MARTIN. Sa longueur est d'environ 3,000 mètres et sa pente totale de 25 mètres.

CANAL DE SAINT-DENIS. Il commence près de la ville de Saint-Denis et va se terminer au canal de l'Ourcq. Il fut commencé en 1811 et achevé en 1821.

Fontaines de Paris.

FONTAINE MONUMENTALE DE DESAIX. Elle est située au milieu de la place Dauphine. Elle fut élevée en 1802. Ce monument a maintenant subi les injures du temps.

FONTAINE DE L'ÉCOLE DE MÉDECINE. Située en face de l'École de médecine, elle fut élevée en 1806, sur les dessins de Gondouin.

En 1806, Bonaparte décréta la construction de quinze fontaines nouvelles.

FONTAINE DU PALAIS DE L'INSTITUT. On a construit deux bassins, chacun d'eux était rempli par quatre jets d'eau sortis des gueules de quatre lions.

FONTAINE DE LA PLACE SAINT-SULPICE. Située au milieu de la place Saint-Sulpice.

FONTAINE DU CHATEAU-D'EAU. Fut terminée en 1810.

Egouts de Paris.

Égout de Rivoli. S'étend du palais des Tuileries à la rue Saint-Florentin. Il fut achevé en 1807.

Égout de la rue Saint-Denis. Fut terminé en 1800.

Égout de la rue Montmartre. Fut achevé en 1812.

Cimetières.

Ces cimetières sont ceux de *Montmartre*, du *Père-Lachaise* ou de *Mont-Louis*, et ceux de *Vaugirard* et de *Sainte-Catherine*. Napoléon Ier en décréta l'établissement en 1804, et renouvela la défense d'enterrer dans les églises.

Musée des antiques au Louvre.

Composé de statues et autres monuments, fruits de nos conquêtes et recueillis par Berthollet, Monge, etc., il fut ouvert au public le 9 novembre 1800.

Palais de la Bourse. Situé rue Vivienne, la première pierre en fut posée le 24 mars 1808. Les travaux furent dirigés par l'architecte Brongniard.

Théâtres.

Cirque-Olympique, dirigé par Franconi.

Le spectacle des Panoramas, situé sur le boulevard Montmartre. Bonaparte, par son décret du 8 août 1807, en supprima plusieurs et n'en conserva que huit.

parmi lesquels le théâtre de l'Ambigu-Comique, ceux des Variétés, de la Gaîté et du Vaudeville.

Bonaparte, le 3 mars 1810, décréta le création de huit prisons.

Palais de la Légion d'honneur. C'est en 1802 que l'hôtel du prince de Solm fut affecté à cette nouvelle institution. Son inauguration fut célébrée le 14 juillet 1804.

Colonne de la place Vendome. Elle fut élevée en 1806 et terminée en 1810. Sa hauteur est de 43 mètres. Elle fut élevée sous la direction de Lepère et Gondouin, architectes. La statue pédestre de Napoléon Ier qui surmontait cette colonne a été remplacée, il y a deux ans, par une autre statue de Bonaparte en costume d'empereur romain.

Arc de triomphe du Carrousel. Fut fondé, en 1806, sur les dessins de l'architecte Fontaine.

Arc de triomphe de l'Étoile. Fut fondé, en 1806, sur les dessins de l'architecte Chalgrin.

Paris sous Louis XVIII et Charles X.

Plus nous approchons de la période contemporaine, moins les développements sur les constructions et établissements de la ville de Paris seront considérables, car nous occupant dans la seconde partie de cet ouvrage des monuments qui existent aujourd'hui, nous serons souvent obligé de revenir sur les règnes de Louis XVIII et de Charles X.

Paris, en 1814, eut à se défendre contre l'invasion des armées alliées. Sa défense fut énergique; de tous côtés on se battit avec un grand courage. L'intrépidité de la jeunesse de l'École polytechnique est restée célèbre, et la résistance héroïque du maréchal Moncey à la barrière de Clichy a été immortalisée par le pinceau d'un grand peintre. On combattit partout hors les murs, sur les buttes Montmartre, sur les buttes Chaumont, à Charonne, à Vincennes, aux barrières, dans les cimetières, dans les rues ; mais la trahison livra la capitale, et les ennemis y firent leur entrée après que la ville eut capitulé.

Pendant l'occupation de Paris par les troupes étrangères, une partie de nos Musées fut dévalisée, et les chefs-d'œuvre qui paraient le Louvre passèrent dans les mains des souverains alliés.

Lorsque le calme fut rétabli, le nouveau gouvernement s'occupa peu d'établissements nouveaux. Un grand nombre d'églises furent restaurées, et quelques couvents furent rendus à leurs propriétaires.

Le 13 février 1820, le duc de Berri fut assassiné dans sa loge à l'Opéra, et le 29 septembre suivant venait au monde le duc de Bordeaux, connu sous le nom de Henri V.

L'année suivante, Napoléon mourait à Sainte-Hélène ; et en 1823, l'expédition des Français en Espagne venait illustrer les armes françaises.

Louis XVIII mourut le 16 septembre 1824. Son frère lui succéda sous le nom de Charles X.

Celui-ci se fit sacrer roi à Reims dans l'année 1825. Après un règne de cinq années, il fut forcé de signer son abdication et de s'exiler de France. L'odieux ministère de Polignac et les ordonnances contre la liberté de la presse furent les deux principales causes de sa chute.

Le duc d'Orléans fut proclamé roi constitutionnel sous le nom de Louis-Philippe Ier, le 30 juillet 1830.

Paris sous Louis-Philippe Ier.

Au commencement de ce règne, on entreprit une expédition française en Belgique pour repousser les Hollandais. On fit le siége d'Anvers et on s'en empara.

En 1837, Constantine tomba également en notre pouvoir, ainsi que les *îles Marquises*.

Les cendres de l'empereur Napoléon Ier furent rapportées en France en 1840, et transférées à l'hôtel des Invalides. Ce fut le duc de Joinville qui les ramena de l'île Sainte-Hélène sur la frégate *la Belle-Poule*.

En 1842, le duc d'Orléans, prince royal et fils aîné du roi, se tua sur le chemin de la Révolte, en sautant de sa voiture, attelée à la Daumont, dont les chevaux avaient pris le mors aux dents.

Dans les années suivantes, la conquête de l'Algérie continua. Le maréchal Bugeaud remporta la victoire d'Isly sur les Marocains, et le prince de Joinville bombarda Tanger. On fit une expédition dans la Grande-Kabylie, vaillamment défendue par l'émir Abd-el-Kader, qui se rendit enfin prisonnier après une longue et héroïque résistance.

En 1848, une révolution éclate, et Louis-Philippe abdique et se retire en Angleterre. La république est proclamée, le général Cavaignac est nommé chef du pouvoir exécutif; et le 20 décembre de la même année, Louis-Napoléon Bonaparte est élu président de la République.

Pendant le règne de Louis-Philippe, on termina presque tous les grands travaux commencés sous l'Empire.

L'ARC DE TRIOMPHE DE L'ÉTOILE, inauguré en 1836.

L'OBÉLISQUE DE LOUQSOR, apporté à grands frais d'Égypte, est élevé sur la place de la Concorde.

La MADELEINE, complètement terminée, et consacrée au culte.

La PLACE DE LA CONCORDE décorée, et les Champs-Élysées élargis et plantés d'arbres.

La COLONNE DE LA BASTILLE ou DE JUILLET, élevée sur la place de la Bastille à la mémoire des citoyens français morts pour la défense des libertés les 27, 28 et 29 juillet 1830.

La CHAMBRE DES DÉPUTÉS, qui reçut de nouveaux agrandissements.

Le PONT LOUIS-PHILIPPE, pont suspendu, démoli, puis reconstruit en pierre sous le règne de Napoléon III.

Paris sous la seconde République et le second Empire.

La seconde République, proclamée le 24 février 1848, fait construire le PALAIS PROVISOIRE DE L'ASSEMBLÉE NATIONALE, et décide, entre autres œuvres importantes, la restauration du LOUVRE.

Depuis bientôt dix-sept ans que l'Empire est rétabli, Paris est complétement métamorphosé, et on peut dire qu'on a fait sous le règne de Napoléon III plus d'embellissements que sous plusieurs règnes précédents. Citons l'achèvement du *Louvre*, la caserne *Prince-Eugène* et la caserne *Napoléon*, la restauration de *Saint-Germain-l'Auxerrois*, de l'*Hôtel-de-Ville*, de la *Sainte-Chapelle*, du *Palais de Justice*, de *l'église Sainte-Clotilde*, de l'*église Saint-Ambroise*, de *l'église de la Sainte-Trinité*, de l'*église Saint-Augustin*, de l'*église Russe*, du *Palais du Commerce*, la construction du *pont Napoléon*, du *pont d'Austerlitz*, du *pont Saint-Michel*, du *pont de Solferino*, etc.; du *théâtre du Châtelet* et du *Théâtre-Lyrique impérial ;* — les murs d'enceinte abattus et Paris reculé jusqu'aux fortifications, des boulevards et des rues immenses ouvertes, des palais construits, des squares et des parcs (*parc Monceaux, parc de Chaumont*) ; des voies admirables, des fontaines, des colonnes, tels sont les travaux gigantesques accomplis sous le règne de Napoléon III.

CHAPITRE PREMIER

PALAIS, HOTELS, MUSÉES ET JARDINS PUBLICS.

Palais des Beaux-Arts. — Palais de la Bourse. — Palais du Corps législatif. — Palais et Jardin de l'Élysée. — Palais de l'Industrie. — Palais de l'Institut. — Palais et Esplanade des Invalides. — Palais de Justice. — Palais de la Légion d'Honneur. — Palais et Musées du Louvre. — Palais, Musée et Jardin du Luxembourg. — Palais du Tribunal de Commerce. — Palais du quai d'Orsay. — Palais et Jardin des Tuileries. — Palais, Jardin et Galeries du Palais-Royal. — Hôtel de Ville. — Hôtel des Monnaies. — Hôtel Cluny. — Hôtel des Archives. — Hôtel des Ventes. — Jardin des Plantes. — Jardin d'Acclimatation. — Champ de Mars. — Champs-Elysées. — Parc Monceaux.

Beaux-Arts (Palais des).

L'emplacement sur lequel s'élève aujourd'hui ce palais était occupé autrefois par le couvent des moines augustins. Les bâtiments servirent, après la Révolution, à former un musée de monuments français qui subsista jusqu'en 1816. En 1830, un nouvel édifice commencé dans le jardin fut seulement terminé en 1839. Ce palais, dont l'entrée principale dans la rue Bonaparte est vis-à-vis la rue des Beaux-

Arts, a été bâti sur les plans des architectes Debret et Duban. Cette entrée présente une superbe grille qui ferme la cour d'honneur.

A droite et sur le dehors de la porte d'entrée est le buste de Philibert Delorme et à gauche, celui de Jean Goujon.

La décoration de la cour de l'Ecole des Beaux-Arts vient d'être complétée par une magnifique peinture en émail sur faïence, reproduisant une fresque de Raphaël, *l'Eternel bénissant le monde.*

M. Paul Balze est l'auteur de cette œuvre d'art.

Les salles du palais des Beaux-Arts servent aux expositions des œuvres des élèves de l'École française à Rome. Une salle contient les tableaux des premiers grands prix de peinture.

Dans l'hémicycle du grand amphithéâtre on admire une fresque de Paul Delacroix. — La composition renferme huit groupes représentant les principales écoles de peinture italienne, florentine, hollandaise, allemande, flamande, espagnole et française.

Les galeries du Nord sont affectées aux tableaux et celles du Midi à l'architecture. De nouvelles salles d'exposition s'ouvrant sur le quai ont été construites en 1860 par M. Duban.

La chapelle du couvent possède des fresques fort remarquables.

Fondée en 1810 par Louis XVIII, *l'Ecole des Beaux-Arts* a remplacé le Musée des *Monuments français.* Cette école comprend l'enseignement gratuit de la peinture, de la sculpture et de l'architecture. Les jeunes gens qui ont obtenu le premier grand prix dans une de ces branches sont proclamés *prix de Rome* et envoyés par le gouvernement étudier pendant trois années dans la Ville éternelle les chefs-d'œuvre des maîtres.

M. Guillaume est directeur de l'École des Beaux-Arts à Paris, et M. Robert Fleury, directeur de l'Ecole Française à Rome.

Le Palais de la Bourse.

Le Palais de la Bourse est situé rue Vivienne, entre les rues des Filles-Saint-Thomas et de Feydeau. Il fut commencé en 1808 sur les plans de l'architecte Brongniart ; les événements de 1814 interrompirent pendant quelque temps les travaux, mais ils furent repris après les Cent-Jours et poussés avec activité. Ils furent complétement terminés en 1826 : à de Labarre, l'ami et l'élève de Brongniart, mort en 1813, revient l'honneur d'avoir achevé ce monument.

Avant que la Bourse ne fût construite, les assemblées de négociants se tinrent d'abord à l'hôtel Mazarin, puis ensuite, pendant la Révolution, dans l'église des Petits-Pères et au Palais-Royal dans la galerie de Virginie.

Le plan de cet édifice offre un parallélogramme dont la longueur est de quarante et un mètres. Son élévation présente un péristyle parfait composé de soixante-six colonnes corinthiennes élevées sur un soubassement haut de trois mètres environ. Ces colonnes ont un mètre de diamètre et dix de hauteur. Ce péristyle supporte un entablement et une attique, et forme autour de l'édifice une galerie couverte, à laquelle on arrive par un perron qui occupe toute la largeur de la face occidentale. — Ce perron se compose de seize marches.

Du côté occidental, vers la rue Notre-Dame-des-Victoires, un autre perron semblable à celui que nous venons de décrire permet l'accès au monument.

La salle de la Bourse est située au rez-de-chaussée et au centre de l'édifice : elle a trente-huit mètres de long sur vingt-cinq de large. Elle peut contenir plus de deux mille personnes et la lumière dont cette vaste salle est éclairée descend du comble.

Depuis peu, le Tribunal de commerce, qui tenait ses séances dans le Palais de la Bourse, a été transféré dans le monument nouvellement construit vis-à-vis le Palais-de-Justice.

C'est de midi à trois heures que se traitent les affaires de Bourse : pendant ce temps, une animation très-grande règne dans cette salle, surtout autour de la corbeille où se tiennent les agents de change : le perron et les galeries sont encombrés, et tout ce bruit ne se calme qu'après la fermeture de la Bourse.

La galerie intérieure est ouverte au public depuis neuf heures jusqu'à cinq heures : en haut de cette galerie on jouit d'un coup d'œil vraiment extraordinaire. On ne peut se faire une idée du tumulte, des cris, de l'animation de toute cette foule qui vend, qui achète, qui gagne, qui perd, qui se réjouit, qui se désole. C'est un spectacle étrange auquel j'engage mes lecteurs d'assister.

Palais du Corps législatif.

C'est la duchesse douairière de Bourbon qui, en 1722, commença la construction de ce palais, d'après les dessins d'abord de Girardi, ensuite du célèbre Mansard. Il devint ensuite la propriété du prince de Condé, qui le fit encore agrandir. Il était à peine achevé lorsque la Révolution de 89 éclata. En 1798, il fut destiné au *Conseil des Cinq-Cents,* qui en fit le lieu de ses séances.

En 1807, l'architecte Poyet construisit la façade, qui a subi peu de changements jusqu'à nos jours. Ce palais prit sous l'Empire le nom de palais du Corps législatif.

De l'année 1814 jusqu'au 24 février 1848, il fut occupé par la *Chambre des députés,* à laquelle succéda l'*Assemblée constituante,* puis *législative,* pour redevenir *Corps législatif,* dénomination qui est gravée en grosses lettres d'or sur le fronton qui fait face à l'église de la Madeleine, car l'entrée principale est sur la rue de l'Université. Ici, une belle place circulaire au milieu de laquelle s'élève une statue de la Loi.

La cour est vaste et grandiose : de chaque côté se trouvent les bureaux et les logements des questeurs et des employés.

Quatre colonnes du style corinthien soutiennent le péristyle. Dans la première pièce sont les statues de Mirabeau, Casimir Périer, Bailly et du général Foy.

A gauche de cette salle, dite salle d'attente, on entre dans le salon orné de peintures à fresque représentant des allégories : le Rhin, la Saône, la Loire, la Garonne, etc.

La salle du Corps législatif est demi-circulaire et bâtie en amphithéâtre jusqu'aux colonnes qui soutiennent les galeries. Ces colonnes, en marbre blanc d'ordre ionique, sont au nombre de vingt. Le tout est décoré de tentures et de dorures.

Le fauteuil du président est placé au milieu de l'axe du demi-cercle; le bureau est immédiatement au-dessous; vis-à-vis, plusieurs bancs sont réservés pour les ministres et les commissaires du gouvernement; de chaque côté se tiennent les secrétaires-rédacteurs et les sténographes.

Autour de l'enceinte demi-circulaire, occupée par les députés, est une grande et spacieuse galerie pouvant contenir sept cents personnes. Les tribunes que l'on voit au-dessus sont réservées au corps diplomatique, aux sénateurs et au conseil d'État.

La salle est éclairée par un système d'éclairage à réflecteurs, appliqué, du reste, au théâtre Lyrique et à celui du Châtelet.

Entre les vingt colonnes dont nous avons parlé on remarque, ainsi que dans les galeries, un grand nombre de statues et de tableaux. Pradier y a sculpté *l'Ordre public* et *la Liberté*, deux statues d'un effet imposant. On y remarque encore celles de la Force, de la Justice, de la Vérité et de l'Éloquence.

Les tableaux sont dus, pour la plupart, aux pinceaux d'Horace Vernet et d'Eugène Delacroix. Pomand a fait le bas-relief représentant la France qui distribue des couronnes. La tribune, conservée malgré son inutilité, puisque les députés sont obligés de parler de leur place, possède aussi un joli bas-relief de Lemot.

Dans la *salle des Conférences*, ornée de plusieurs drapeaux pris à l'ennemi, on remarque une belle statue de Henri IV, ainsi que deux grands tableaux représentant : l'un la résistance du président Molé aux ligueurs, par Vincent ; l'autre un Siége de Calais, par Scheffer.

A côté de la salle des conférences se trouve la bibliothèque, qui se compose de 50,000 volumes, et où les députés viennent prendre leurs notes et travailler.

La salle des *Pas-Perdus* est de l'autre côté de la salle des séances : c'est dans cette salle que les députés peuvent recevoir les personnes étrangères à la Chambre. On y remarque le groupe de *Laocoon*, et *Virginius immolant sa fille Virginie* pour la soustraire aux désirs brutaux du tyran Appius Claudius.

Quant à la façade du palais, située sur les quais et faisant pendant à l'église de la Madeleine, elle correspond avec l'axe du pont de la Concorde. Cette façade a 34 mètres de largeur. Au-dessus des marches la façade présente, sur la même ligne, douze colonnes corinthiennes de grande proportion qui supportent un entablement et un fronton. Ce fronton représente un bas-relief allégorique. Au bas du vaste perron annonçant majestueusement l'édifice, on remarque sur des piédestaux les statues colossales de la Justice et la Prudence et, encore en avant de cet escalier, les figures assises, également colossales de Sully, de Colbert, de l'Hôpital, et du chancelier d'Aguesseau.

Les séances du Corps législatif sont publiques, mais il n'y a jamais qu'un petit nombre de places.

Pour pouvoir visiter le palais, ce qui a lieu tous les jours avant ou après les séances, on doit s'adresser à la questure du Corps législatif, située dans la cour d'entrée, du côté de la rue de l'Université.

L'hôtel de la Présidence, où demeure le président du Corps législatif, est contigu au palais. Cet hôtel est entouré d'un magnifique jardin.

Palais de l'Élysée.

Construit en 1718 par l'architecte Mollet, ce palais appartenait au comte d'Évreux. Louis XV l'acheta pour en faire présent à la marquise de Pompadour. A la mort de la favorite, l'Élysée servit de résidence aux ambassadeurs extraordinaires qui venaient à la cour de France. Plus tard, le fameux banquier Beaujon s'en rendit acquéreur et dépensa des sommes considérables à son embellissement. Il prit ensuite le nom d'*Élysée-Bourbon,* étant devenu en 1790 la propriété de la duchesse de Bourbon. La première République décréta l'Élysée-Bourbon *bien national,* et une imprimerie s'installa dans le palais. Murat l'habita depuis 1804 jusqu'à son départ pour Naples. Napoléon Ier en prit ensuite possession, et c'est dans ce palais, qui s'appela alors *Élysée-Napoléon*, que fut signée la seconde abdication de l'empereur. En 1814 et 1815, Wellington et Alexandre, empereur de Russie, y habitèrent. En 1816, le roi Louis XVIII le donna au duc de Berri, qui en fit sa résidence. Depuis la révolution de Juillet, le palais de l'Élysée, qui appartenait cependant à la couronne, resta inhabité jusqu'au 20 décembre 1848, époque où l'Assemblée nationale le donna pour demeure au président de la République, qui s'y installa pendant quatre années.

Un mur d'avant-cour cache au public la façade de ce palais, qui est décoré avec magnificence. On a conservé précieusement tout ce qui pouvait rappeler les souvenirs du premier Empire : ainsi, on y voit encore la chambre à coucher de Marie-Louise, et, dans le salon de Napoléon, on remarque une table ronde sur laquelle travaillait l'empereur Napoléon.

Le jardin du palais de l'Élysée s'étend jusqu'à l'avenue Gabriel, en formant un vaste parallélogramme. Il est borné par les Champs-Élysées, et possède des arbres d'une beauté remarquable.

Palais de l'Industrie.

Élevé en 1854, au milieu des Champs-Elysées, dans le carré Marigny, le palais de l'Industrie servit à l'Exposition universelle de 1855, et fut construit d'après le modèle du *Palais de Cristal* de Londres.

Il forme un vaste quadrilatère long de deux cent cinquante mètres sur cent dix mètres de large. La porte d'honneur a la forme d'un arc de triomphe : elle est décorée de deux Renommées par M. Diébolt et terminée par un groupe de M. Robert : la Patrie couronnant l'Industrie et les Arts. Les noms des hommes célèbres dans les arts, les sciences et l'industrie sont inscrits sur la façade, ainsi que ceux des principales villes industrielles.

Le palais de l'Industrie, déjà trop étroit en 1855 pour contenir les produits de tous les peuples, ne sert plus qu'aux expositions annuelles de peinture et de sculpture.

Palais de l'Institut.

En 1661, *collége des Quatre-Nations*, cet établissement avait été destiné par Mazarin, son fondateur, à loger, nourrir et instruire dans la religion et les lettres, soixante jeunes gens originaires de Pignerol, d'Alsace, de Flandre et du Roussillon. Il fut construit sur les plans de l'architecte Leveau.

Lorsque Bonaparte, premier consul, réorganisa l'Institut de France, il lui donna pour lieu de ses séances le collége des *Quatre-Nations*, ou *Hôtel Mazarin*, qui prit dès lors le nom de *Palais de l'Institut*.

Les cinq classes ou Académies qui composent l'*Institut* sont les suivantes :

1° *L'Académie française* (40 membres), fondée par le cardinal de Richelieu ;

2° L'*Académie des sciences* (63 membres), fondée, en 1666, par le ministre Colbert;

3° L'*Académie des inscriptions et belles-lettres* (40 membres) fondée, en 1663, par le même ministre;

4° L'*Académie des beaux-arts* (40 membres), fondée, par Louis XIV, en 1648;

5° L'*Académie des sciences morales et politiques* (40 membres), créée pendant la première Révolution.

La façade du palais, dans lequel ces diverses Académies tiennent leurs séances, présente, sur le quai, un pavillon en forme de dôme, avec un péristyle à colonne au sommet duquel est une horloge admirablement placée dans l'axe du Louvre.

La salle dans laquelle se tiennent les séances des académiciens est circulaire et reçoit la lumière par la voûte. Deux amphithéâtres et des tribunes entourent la salle. On y voit quatre statues, Fénelon, Bossuet, Sully et Pascal, placées au-dessus des banquettes ou fauteuils des membres de l'Académie.

Les secrétaires perpétuels des cinq Académies ont leur logement dans le palais de l'Institut.

Le palais renferme deux bibliothèques : la bibliothèque de l'Institut et la bibliothèque Mazarine.

Hôtel des Invalides.

Charlemagne imagina le premier de récompenser les militaires blessés au service de la patrie : il chargea donc les abbayes de recevoir les vétérans mutilés. Ces vétérans prirent le nom de moines lais ou laïs.

Saint Louis, Charles V, Charles VIII, Louis XII, François Ier et Henri III cherchèrent à améliorer le sort des soldats victimes de la guerre.

En 1576, nous voyons Nicolas Houel fonder un hôpital au faubourg Saint-Marcel afin de recueillir les officiers et soldats du roi, blessés à son service : on les y logeait et médicamentait : ainsi l'exigèrent les édits du roi Henri IV en date des années 1597 et 1604.

Sous Louis XIII les invalides furent placés à Bicêtre, qui fut érigé en commanderie de Saint-Louis.

Louis XIV, enfin, fonda l'Hôtel des Invalides dans la partie occidentale du faubourg Saint-Germain, et sur les bords de la Seine, dans l'emplacement qu'il occupe encore aujourd'hui.

Ce fut par ordonnance du 15 avril 1670 qu'il annonça la construction de cet établissement dont les fondations ne furent commencées qu'en 1671, sous la direction de Louvois et du célèbre architecte Libéral Bruant.

En 1701, trois receveurs furent attachés à l'hôtel même.

L'église fut commencée en 1675.

Le dôme fut ensuite construit sur les plans de Mansard et ne fut achevé qu'au bout de trente années, c'est-à-dire en 1706.

En 1749, Louis XV fit élever un bâtiment destiné au logement des officiers de différents grades. L'étendue de ce bâtiment est de cent trente mètres de largeur. Il n'y a qu'un rez-de-chaussée surmonté d'un étage.

Il porte le nom de *Bâtiment Neuf.*

En 1790, l'hôtel reçut le nom de *Temple de l'Humanité.* Sous Napoléon, l'hôtel s'appela le *Temple de Mars.*

En 1814, il reprit le titre d'Hôtel des Invalides, qu'il porte encore.

Les militaires blessés ou estropiés, ou bien qui ont trente années de service, peuvent être reçus à l'*Hôtel des Invalides ;* c'est dans ce lieu qu'ils passent leurs derniers jours.

Trois mille invalides environ y sont logés.

L'hôtel est commandé par un gouverneur, sous l'autorité du ministre de la guerre.

Une esplanade, n'ayant pas moins d'un demi-kilomètre de longueur sur deux cent cinquante mètres de largeur, précède l'entrée de l'avant-cour de l'hôtel, depuis la Seine jusqu'à la grille principale.

Au centre de l'esplanade est un bassin avec un buste du général La Fayette.

L'avant-cour est défendue par une grille surmontée des armes de France et par des fossés revêtus d'une maçonnerie sur laquelle sont placés des canons que l'on tire pendant les réjouissances publiques.

La batterie placée à droite et à gauche de la grande grille d'entrée est composée aujourd'hui de dix-huit bouches à feu, savoir :

D'un canon autrichien du calibre 48, fondu à Vienne, en 1681, recevant le feu par le derrière de la culasse.

D'un canon de 27 autrichien, d'un canon fondu à Venise en 1708, en présence du roi de Danemark, de huit canons prussiens, de deux canons hollandais, de deux canons français qui firent partie de la batterie de brèche devant Constantine en 1837.

D'une couleuvrine wurtembergeoise et de deux mortiers algériens.

Ces différentes pièces d'artillerie sont servies par les Invalides, et portent le nom de *batteries trophées*.

La façade de l'hôtel a deux cents mètres d'étendue. Elle est divisée en quatre étages et percée de cent trente-trois fenêtres sans compter celles des mansardes.

Au centre est une porte principale surmontée d'un bas-relief représentant la statue équestre de Louis XIV. Ce bas-relief exécuté par Guillaume Couston, sculpteur célèbre, fut détruit pendant la Révolution, mais il fut rétabli par Cartelier et inauguré le 24 août 1816.

Sur le piédestal on lit cette inscription :

LUDOVICUS MAGNUS
MILITIBUS, REGALI MUNIFICENTIA,
IN PERPETUUM PROVIDENS
HAS ÆDES POSUIT
AN. 1675.

Les extrémités de la façade sont formées de grands pavillons couronnés par un trophée placé sur atique, puis surmonté par une terrasse carrée entourée de balcons.

Au centre de la façade méridionale est le portail de l'église que précède la cour d'honneur. Cette cour est entourée de quatre grands corps de bâtiments, dont les angles sont des pavillons avancés.

Sur le portail de l'église est placée une statue de Napoléon I*er*, semblable à celle si populaire qui surmontait la colonne Vendôme. C'est, du reste, le modèle en plâtre qui servit à la couler.

L'horloge placée dans la galerie est fort remarquable : c'est une horloge à équation, un des plus beaux beaux ouvrages de Lepaute. Elle date de 1781. On peut apercevoir son mécanisme à travers un vitrage.

L'intérieur de l'église (dite de Saint-Louis) comprend une grande nef et deux bas-côtés ; sa longueur est d'environ soixante-dix mètres sur vingt-deux de largeur.

L'autel est placé sous une arcade qui communique à une seconde église (dite église du Dôme). Cet autel est orné de six colonnes torses, groupées trois à trois, dorées, garnies d'épis de blé, de pampres, de feuillages, portant des faisceaux de palmes qui, se réunissant, soutiennent un baldaquin surmonté d'un globe et d'une croix.

Un jeu d'orgue d'une remarquable exécution surmonte la grande porte d'entrée.

Trente-six fenêtres éclairent les bas-côtés et les tribunes au-dessus ; ces tribunes sont supportées par les basses ailes et les trois nefs, et apparaissent derrière les arches de l'église. Les piles des arches sont ornées de pilastres corinthiens qui supportent une corniche sous la voûte à laquelle sont suspendus les étendards pris sur l'ennemi, mais seulement le long de la nef.

Après la campagne de 1814, quinze cents drapeaux ou étendards pris sur les champs de bataille ornaient la nef de l'église des Invalides, mais après l'invasion, cinquante-quatre seulement ont été retrouvés. Les autres avaient été brûlés ou détruits, dans la crainte que les alliés ne vinssent les enlever. Parmi ces destructions, on cite l'épée du grand Frédéric, le sabre de La Tour d'Auvergne et une foule d'autres trophées.

Aujourd'hui près de trois cents drapeaux sont suspendus à la voûte.

Ces trophées proviennent de nos dernières guerres en Afrique, dans le Maroc, en Crimée, en Italie, au Mexique, etc.

Le général de division, baron d'Autiot, vient de faire cadeau à l'hôtel de dix drapeaux qui ont échappé au feu, et qu'il a pu retrouver. Il y a joint deux étendards, l'un de 1619, donné par Richelieu aux Grisons, et l'autre de 1476, porté par les Suisses à la bataille de Morat. A ces drapeaux, le maréchal Randon avait fait ajouter deux drapeaux pris au Mexique, en 1864, par le 81ᵉ de ligne et le 1ᵉʳ bataillon de chasseurs à pied.

La nef contient les monuments élevés à la mémoire des gouverneurs de l'hôtel : le premier, à droite en entrant, est celui du comte Guibert, lieutenant général des armées du roi, Grand-Croix de l'ordre de Saint-Louis, gouverneur et inspecteur des Invalides, décédé en cet hôtel, le 8 décembre 1786.

Le second monument est celui du maréchal duc de Coigny, décédé le 21 mai 1821. Il est construit en marbre blanc veiné, et décoré de chaque côté de deux lances en fer auxquelles sont attachés deux sabres renversés supportant une guirlande de cyprès. Sur le même côté, on voit le monument élevé à la mémoire du maréchal Lobau, né à Phalsbourg, le 21 février 1770, décédé à Paris, le 26 novembre 1838.

Toujours sur le même côté sont les monuments :

Du baron Adrien Janot de Moncey, duc de Conégliano, né à la Palisse (Doubs), le 31 juillet 1754, volontaire en 1768, commandant en chef des Pyrénées occidentales en 1794, maréchal de France en 1804, pair de France, Gouverneur des Invalides en décembre 1833, décédé le 20 avril 1842.

Du duc de Reggio (Charles-Nicolas Oudinot), né à Bar-le-Duc, le 26 avril 1767, maréchal de France en 1809, commandant en chef des gardes nationales de la Seine en 1815, Grand Chancelier de la Légion d'honneur, mort le 17 septembre 1847, Gouverneur des Invalides,

Du baron d'Espagnac, lieutenant général, Grand-Croix de l'ordre de Saint-Louis, Gouverneur des Invalides de 1766 à 1782.

Sur le pilastre à gauche, en face du baron d'Espagnac, se trouve le monument du maréchal Jourdan.

Il est en marbre blanc surmonté des armes du maréchal; de chaque côté est un flambeau cinéraire renversé.

Au-dessous, on lit l'inscription suivante :

ICI REPOSENT LES CENDRES
D'UN BON FRANÇAIS, D'UN BON SOLDAT
ET D'UN EXCELLENT PÈRE DE FAMILLE
J.-B. JOURDAN
MARÉCHAL, PAIR DE FRANCE
DÉCÉDÉ GOUVERNEUR DES INVALIDES
LE 29 NOVEMBRE 1833.

Le tombeau du duc de Padoue est situé sur le septième pilastre à gauche. Il compte une tablette de marbre blanc sur lequel est taillé en relief le portrait du duc.

Dans le caveau de l'église se trouvent par ordre les corps :

Du vicomte de Turenne.

Du général Berruyer, mort en l'an XII.

Du maréchal Lannes, duc de Montebello, tué d'un coup de canon à la bataille d'Essling, le 22 mai 1809.

Du général de Lariboisière, mort en 1812 dans la retraite de Russie.

Du maréchal Bessières, duc d'Istrie, tué d'un coup de canon au combat de Weissenfel, le 1er mai 1813.

Du grand maréchal du Palais, Duroc, duc de Frioul, tué à la bataille de Bautzen, le 22 mai 1813.

Du duc de Coigny, gouverneur de l'hôtel (1821).

Du maréchal Jourdan (1833).

Du maréchal Mortier, duc de Trévise, et des treize

autres victimes de l'attentat Fieschi, le 28 juin 1835.

Du général comte Denys de Damrémont, tué d'un boulet de canon devant Constantine, le 18 octobre 1837.

Du maréchal Mouton, comte de Lobau (1838).

Du maréchal Mouey (22 avril 1842).

Du maréchal comte Valée (15 août 1846).

De l'amiral baron de Duperré (novembre 1846).

Du maréchal Serrurier (1847).

Du maréchal marquis de Grouchy (1847).

Du maréchal Oudinot, duc de Reggio, 17 septembre 1847.

Du général de division Duvivier, blessé aux journées de juin.

Du maréchal Bugeaud, duc d'Isly (10 juin 1849).

Du maréchal comte Molitor (1849).

Du maréchal Dode de la Brunerie (1851).

Du maréchal comte Sébastiani (1851).

Du maréchal comte Gérard (1852).

Du maréchal comte Excelmans (1852).

Du duc de Padoue (1853).

Du maréchal de Saint-Arnaud, commandant en chef de l'armée d'Orient (29 septembre 1854).

Du maréchal comte d'Ornano.

De l'amiral Hamelin.

Du maréchal Magnan (1864).

Dans le caveau de l'église sont encore les urnes renfermant le cœur :

Du général d'Eblé, mort dans la retraite de Russie.

Du général Baraguay d'Hilliers, mort à Berlin, en 1812.

Du général d'Hautpoul, tué à la bataille d'Eylau (transféré en 1817).

Du général Bisson.

Du général de Couchy, décédé devant Pampelune.

Du général Kléber, assassiné au Caire, le 14 juin 1800 (transféré en 1829).

Du général de Négrier, blessé mortellement dans les malheureuses journées de juin 1848.

L'urne contenant le cœur de Vauban a été transférée, en 1848, dans le caveau de l'église, et en 1851, le ministre, eu égard aux nobles souvenirs qui se rattachent à madame de Villelume, née de Sombreuil, décida que son cœur serait transféré de l'église d'Avignon à l'hôtel des Invalides.

Eglise nouvelle du Dôme.

La seconde église, appelée DOME, consiste en une tour circulaire surmontée d'un dôme placé sur une masse carrée de bâtiments. L'intérieur de cette église est éclatant de peintures, étincelant de dorures; c'est un des plus riches travaux d'architecture qu'il y ait au monde.

L'église du dôme a été construite sur les dessins et sous la direction du célèbre architecte Jules Hardouin Mansard.

A droite et à gauche on aperçoit les monuments de Turenne et de Vauban. Le dôme est soutenu au milieu par quatre gros piliers ; les voûtes de la nef forment quatre arcades ; les pendentifs sont couronnés d'un entablement attique et mosaïque, orné de médaillons en bas-relief, représentant plusieurs rois de France, par Bosio, Cartelier, Tannay et Rutxhiet.

Vingt-quatre pilastres garnissent le tambour éclairé par douze baies de croisées ; ces croisées sont ornées de riches chambranles, avec consoles, d'où pendent des guirlandes. Entre ces croisées se voient les douze apôtres, peints sur des panneaux, développant dix mètres de hauteur sur trois mètres de largeur.

La partie supérieure du dôme offre une ceinture de quarante colonnes corinthiennes disposées par nombre pair.

La coupole est terminée par un lanternon doré au-dessus duquel s'élève une aiguille, surmontée d'une croix également dorée, dont la pointe est à 108 mètres au-dessus du sol.

Ce campanille ou lanterne est environné d'un balcon de fer également doré.

Avant la Révolution de 1789, l'entablement de la lanterne des Invalides portait quatre statues représentant la *Force*, la *Charité*, la *Justice* et la *Prudence*. Elles avaient quatre mètres de haut et, comme la coupole, elles étaient en plomb ; on les fondit pour en faire des balles. Napoléon Ier avait projeté de les faire remplacer.

Aujourd'hui que les charpentes du dôme ont été renouvelées et consolidées, les figures en pied des quatre évangélistes ont été commandées à deux artistes de mérite.

Ces statues sont en cuivre repoussé, elles ont quatre mètres de hauteur.

Le dôme des Invalides est un chef-d'œuvre d'architecture, nous le répétons, et son aspect soit extérieur soit intérieur est d'un superbe effet.

Tombeau de Napoléon Ier.

C'est sous la façade occidentale du dôme que se trouve le tombeau de l'Empereur Napoléon Ier.

On y accède par un péristyle, et sur la magnifique porte en bronze qui en ferme l'entrée, on y lit sur une table de marbre noir ces immortelles paroles du grand capitaine, consignées dans son testament :

« JE DÉSIRE QUE MES CENDRES REPOSENT SUR LES
« BORDS DE LA SEINE, AU MILIEU DE CE PEUPLE FRAN-
« ÇAIS QUE J'AI TANT AIMÉ. »

De chaque côté de la porte, deux magnifiques statues exécutées par Duret; l'une tient le globe, l'autre le sceptre impérial.

Cette porte donne entrée au péristyle, qui conduit à la crypte, au moyen de marches de marbre blanc taillées dans des blocs de vingt-cinq pieds de longueur.

A droite et à gauche, se trouvent les cénotaphes de Duroc et du grand maréchal Bertrand.

Alors on arrive devant l'immense sarcophage

qui renferme le cercueil du captif de Sainte-Hélène (1).

Le sarcophage est en granit de Finlande; c'est une pierre énorme taillée avec une sévère régularité. Ce n'est qu'avec grand'peine qu'on est parvenu à transporter cette masse sur les bords de la Seine et à la tailler, de manière qu'elle puisse réfléter la lumière du dôme et celle des lampes.

Le cercueil est formé de quatre blocs, le couvercle, la cuve et les deux supports, le tout est placé sur un pied de granit vert des Vosges.

Dans le pourtour de la crypte, douze colossales cariatides en marbre blanc, sculptées par Pradier, représentent les douze principales victoires de l'Empereur. Au fond du reliquaire orné de drapeaux pris sur l'ennemi apparaît la statue de l'Empereur en costume impérial de sacre. Elle est en marbre blanc, et mesure 2 mètres 66 centimètres de hauteur.

Elle a été exécutée par Simare.

Le public ne peut pénéter dans le sanctuaire fermé par une grille en fer et éclairé par une lampe funéraire de la plus grande beauté.

Chapelles du dôme.

Les chapelles qui ornent l'église du dôme sont les suivantes :

1° *La chapelle de la Sainte-Vierge* sur l'emplace-

---

(1) Le corps de l'Empereur est renfermé, comme on sait, dans cinq cercueils ainsi disposés: ferblanc, bois d'acajou, — plomb, — ébène, — chêne.

ment de laquelle on a élevé en 1807, un monument au maréchal Vauban.

De chaque côté sont deux figures allégoriques, sculptées par Etex, ce sont la Science et la Guerre.

Cette chapelle a 11 mètres 36 centimètres de profondeur, sur 12 mètres de longueur et 18 mètres de hauteur;

2° *La chapelle de Sainte-Thérèse.* Cette chapelle renferme le tombeau de Turenne tué par un boulet de canon, près Saltzbuch, le 27 juillet 1675. Le vaillant capitaine est représenté expirant entre les bras de l'Immortalité, tenant une couronne de lauriers qu'elle élève vers le ciel : aux pieds du maréchal est un aigle effrayé.

Ce monument a été exécuté par Tuby, sur les dessins de Lebrun. Marsy, un autre sculpteur également célèbre, a aussi travaillé aux ornements qui accompagnent le tombeau;

3° *La chapelle de Saint-Grégoire* avec des groupes de Jean Paultier, des bas-reliefs de Lecointe et des tableaux de Michel Corneille.

4° *La chapelle de Saint-Jérôme* avec des groupes de Nicolas Comtou, et des bas-reliefs de François Spingola;

5° *La chapelle Saint-Ambroise*, décorée par Anselme Florent, Hardy, Philippe Maynier et Bon Boulogne;

6° *La chapelle de Saint-Augustin*, avec deux bas-reliefs de Corneille Vauclève, d'Anselme Flamant, de Pierre Legros; des médaillons de Jean Paultier, des sculptures de Nicolas Coustou et des tableaux de Spingola.

Tombeaux des rois Joseph et Jérôme.

Le tombeau du roi Joseph est placé dans la chapelle à la droite de l'Empereur Napoléon Ier.

L'ancien roi d'Espagne enseveli dans une des églises de Florence, après sa mort en 1844, y est resté jusqu'en 1862, époque où le cercueil est venu en France.

Le roi Joseph repose la tête tournée vers le grand capitaine.

Dans la chapelle qui lui fait face et qui est consacrée à la famille du roi Jérôme, se trouve le tombeau de l'ex-roi de Westphalie, dernier des frères de Napoléon.

Palais de Justice.

Le Palais de Justice est le plus ancien de Paris après celui des Thermes ; il existait sous la domination romaine. Robert le Pieux, fils de Hugues Capet, le fit réparer vers l'an 1000. Saint Louis l'agrandit considérablement ; il fit construire les salles situées sous la grande salle dite des *Pas-Perdus*. En 1313, Philippe le Bel fit reconstruire presque entièrement ce palais et y établit une partie de la justice. Charles V en fit sa résidence, et les rois ses successeurs y habitèrent. Ce fut seulement Charles VII qui l'abandonna pour s'établir au Louvre.

François Ier fut le dernier roi qui habita ce palais, et depuis il fut tout entier destiné au Parlement, excepté dans les cérémonies publiques où la grande salle, construite pas J. Desbrosses (salle des Pas-Perdus), continua de servir aux rois.

Le Palais fut incendié deux fois en 1618 et 1776.

L'ensemble du Palais, tel qu'il est entouré aujourd'hui, est d'un effet grandiose. Des grilles dorées ferment la cour d'honneur, encadrée par des bâtiments à deux étages, d'une architecture sévère.

Du côté du quai, on remarque trois tours, dont l'une est dite *Tour de l'Horloge* ou de Henri III. Cette tour, ainsi que les deux autres, situées le long du quai, avait autrefois le pied baigné par les eaux de la Seine.

La Salle des Pas-Perdus, où l'on arrive en entrant, est une des plus vastes de France : elle a 74 mètres de longueur sur 28 de largeur. C'est une vaste nef, dont la coupole hardie est admirable ; la voûte, ouvragée en calottes et en sections de cercles, est supportée par des arcs doubleaux, dont les retombées s'appuient sur des consoles ornées de mascarons.

Le grand escalier des assises est d'un effet décoratif sans précédent : chacune de ses révolutions est coupée par un large palier, et sa cage reçoit le jour sur la *Salle des Pas-Perdus* par des arcades que divisent en deux des colonnes d'ordre dorique. Ces arcades, garnies de balustrades en pierre à hauteur d'appui, forment une espèce de portique d'une extrême élégance, et par où l'air plonge dans les vestibules et les couloirs supérieurs.

La Salle des Pas-Perdus contient un beau monument élevé, en 1822, à la mémoire de Malesherbes, un des courageux défenseurs du roi Louis XVI.

Dans le Palais-de-Justice siégent : la Cour d'Assises, la Cour de Cassation, les Cours d'Appel, Civiles et Criminelles; les Tribunaux Civils et de Police correctionnelle, divisés en huit chambres; les Tribunaux de référés et le Jury d'Expropriation, et le Tribunal de simple police.

Dans le Palais-de-Justice est enclavée la SAINTE-CHAPELLE, dont les flèches et les clochetons ont été nouvellement dorés. Cette église, bâtie par saint Louis pour recevoir des reliques qu'il achetait à Baudoin, roi de Jérusalem, est d'un beau style comme architecture.

Palais de la Légion d'Honneur.

Situé rue de Lille, le Palais de la Légion-d'Honneur fut construit en 1786 par le prince de Salm, d'après les dessins de l'architecte Rousseau.

En 1792, le prince ayant été décapité, son hôtel fut mis en loterie et gagné par un coiffeur. Sous le Directoire, madame de Staël y habita; puis, en 1803, le gouvernement en fit l'acquisition et le destina à la résidence du chancelier de la Légion d'honneur.

L'entrée présente un arc-de-triomphe décoré de colonnes ioniques et de deux figures de la Renommée. Les bureaux de la chancellerie se trouvent dans les deux pavillons de droite et de gauche. Le fronton principal, au-dessus du portique, porte pour inscription la devise de l'ordre : *Honneur et Patrie.*

Du côté du quai d'Orsay, s'élève un pavillon circulaire orné de colonnes, qui supportent une balustrade surmontée de six statues.

Le premier chancelier de l'ordre qui ait habité ce palais fut M. de Pradt, en 1814. Voici la liste des chanceliers qui se sont succédé depuis 1818 : Molitor, Excelmans, Ornano, Lebrun, Pélissier, Hamelin et Flahaut.

Palais du Louvre.

Le Louvre a été commencé vers l'an 1204, par le roi de France Philippe-Auguste. La *grosse tour* du Louvre, unique enceinte que ce roi fit élever en ce lieu, était le centre de l'autorité royale. Dans cette tour, les hauts-barons, les grands feudataires de la couronne venaient humblement faire la prestation de foi et d'hommage. On ne disait pas que telles terres, telles seigneuries, étaient soumises à l'autorité du roi ; mais suivant l'idiome de la féodalité, on disait qu'elles relevaient de la *grosse tour du Louvre*, manière de parler qui a subsisté longtemps après la destruction de cet édifice (1).

Sous Charles V, le Louvre fut agrandi et quelques bâtiments y furent ajoutés. On pénétrait alors dans le Louvre par quatre portes fortifiées appelées *porteaux*. L'entrée principale se trouvait sur les bords de la Seine ; une seconde entrée se voyait en face de

(1) DULAURE, *Histoire de Paris.*

l'église Saint-Germain l'Auxerrois. Quelques jardins étaient renfermés dans l'enceinte du Louvre ; le plus considérable, appelé *grand jardin*, n'avait que six toises de longueur.

Charles V avait réuni, dans la *tour* dite de la *Librairie*, jusqu'à neuf cents volumes, collection immense pour le temps.

Le Louvre tombait en ruine, lorsque François Ier en entreprit la réparation. La grosse tour fut démolie entièrement, et, à sa place, il fit élever un vaste corps de logis. Ce fut Pierre Lescot, abbé de Clugni, architecte français, qui conduisit les travaux. Ils furent exécutés avec succès et rapidité. Ce corps de bâtiment, qu'on nomme aujourd'hui le *Vieux-Louvre*, fut presque entièrement terminé sous le règne de Henri II.

Cette façade occidentale offre un dessin fort simple mais grandiose.

Dans l'une des salles du Vieux-Louvre on admire les quatre statues colossales, en pierre, représentant des femmes qui supportent une tribune ; elles sont l'œuvre du célèbre Jean Goujon, et une des plus belles productions qu'offre en Europe l'art du statuaire, depuis la restauration de cet art. Pierre Lescot construisit encore une partie du bâtiment en retour du côté de la Seine. C'est d'une fenêtre de ce palais, qui s'ouvre à l'extrémité de la galerie dite d'*Apollon*, que Charles IX tirait des coups de carabine sur le peuple, qui s'enfuyait et se jetait à la nage pour échapper à la fureur des assassins.

La galerie du Louvre fut entreprise sous le règne

de Charles IX et continuée sous Henri IV, Louis XIII et Louis XIV; mais les travaux furent interrompus vers la fin du règne du grand roi, et le Louvre fut complétement abandonné jusque sous Louis XVI, qui entreprit quelques restaurations; la révolution ayant éclaté, le Louvre devint propriété nationale. En 1803, le premier consul chargea des architectes de reprendre les travaux d'achèvement du Louvre afin d'y entasser les richesses provenant de la guerre d'Italie.

Le grand escalier du Musée, la salle des Antiques, les grands escaliers, à chaque extrémité de la colonnade ; le Musée égyptien, les salles du Conseil d'État, les salles du Musée de Marine, furent les constructions immenses qui se terminèrent sous Louis-Philippe.

Le nouveau Louvre, qui relie les Tuileries à l'ancien Louvre, a été construit de nos jours; de sorte qu'aujourd'hui, en entrant par le pavillon Marsan, traversant les appartements, la galerie longeant la rivière, le salon d'exposition, la galerie d'Apollon, les quatre faces du Louvre, et sortant par la porte du Musée, on a parcouru de plain-pied plus d'une demi-lieue d'appartements et de galeries au milieu des chefs-d'œuvre des arts de tous les temps et de tous les pays.

Salle Égyptienne.

La SALLE DES DIEUX est enrichie des beaux bronzes de Clot-Bey. On y remarque les figurines des divinités, en porcelaine bleue, provenant de la même collection; plusieurs d'entre elles peuvent passer pour les chefs-d'œuvre d'une fabrication où les Égyptiens ont excellé.

La Salle funéraire renferme plusieurs boîtes de momies d'un beau style et de belles figurines funéraires en albâtre, en schiste vert, en faïence de diverses couleurs.

La Salle civile est enrichie d'une collection d'étoffes variées, de tissus de laine pourpre et jaune; des étoffes légères et transparentes, des galons et diverses broderies, attestent l'état florissant des manufactures égyptiennes.

On remarque encore dans ce Musée plusieurs statuettes remontant à la quatrième ou cinquième dynastie contemporaine des pyramides de Gizé; la statue d'Apis, un sphinx et trois beaux lions.

On doit citer parmi les bas-reliefs celui qui porte le nom du roi *Menkékor*, de la cinquième dynastie, et qui se distingue par sa finesse, non moins que par son intérêt historique.

Musées du Louvre.

Le 27 juillet 1793 la Convention nationale fixait par un décret la destination artistique de ce magnifique palais; une commission fut chargée de réunir tous les tableaux des maîtres épars jusqu'ici dans tous les châteaux royaux, et que l'égoïsme du roi-soleil avait dérobé pendant son règne à l'admiration publique, préférant les faire renfermer dans des caves ou dans des greniers, où ils demeuraient exposés à la poussière et à l'humidité.

Quelques tentatives furent bien faites sous le régent, sous Louis XV et sous Louis XVI, mais le public ne pouvait jouir encore de la vue des chefs-d'œuvre, renfermés dans les résidences royales et confiés à des surintendants souvent incapables de les apprécier. La Convention nationale eut donc l'honneur de donner la première au Louvre, la destination artistique qu'elle conserve encore aujourd'hui. Sous la république et après la guerre d'Italie, notre musée s'enrichit des chefs-d'œuvre des peintres italiens et flamands, des Titien, des Raphaël, des Véronèse, des Michel-Ange, des Corrége et des Rambrandt.

Lors de l'invasion des alliés, l'ennemi pilla une grande partie de nos richesses artistiques et les plus beaux tableaux du Louvre repassèrent la frontière malgré les courageuses protestations de M. Denon, le conservateur du Musée. Sous la Restauration et sous le règne de Louis-Philippe, on fit peu d'acquisitions, mais la république de 48 apparut, et elle continua avec ardeur ce que son aînée avait si bien commencé. Des sommes importantes furent allouées pour l'achat de nouveaux tableaux; de nouveaux musées furent créés, et depuis quinze ans ces achats ayant été continués, on peut dire que le musée du Louvre est aujourd'hui le premier musée du monde par l'ensemble presque complet des productions de toutes les écoles et de tous les temps.

Les tableaux qui méritent davantage l'intérêt du visiteur sont dans l'école italienne et dans la galerie de ce nom : *La Nativité de Jésus-Christ; la Vierge tenant l'Enfant Jésus adoré par deux saintes et deux anges ; Combat de l'Amour et de la Chasteté*, dû au pinceau d'IL PERUGINI ou LE PÉRUGIN, né près de Pérouse en 1446 et mort en 1524. Pérugin fut le maître de Raphaël qui suivit pendant quelque temps ses leçons.

LÉONARD DE VINCI, né au château de Vinci, près Florence, mort au château de Cloux, près d'Amboise, 1452-1519 (école Florentine).

Saint Jean-Baptiste ; la Vierge, l'Enfant Jésus et Sainte Anne ; Portrait de femme ; la Joconde, achetée par le roi François Ier 12,000 livres, somme énorme pour cette époque ; *Bacchus*.

IL GIORGIONE (1477-1511). École vénitienne. Il Giorgione fut le condisciple et l'émule de Raphaël. Tableaux remarquables : *Le Concert champêtre*, œuvre un peu fantaisiste, mais chaude, mais ample, mais riche en couleurs ; *la tête de saint Jean-Baptiste présentée à Salomé ; Portrait de César Borgia ; Portrait d'un homme d'armes*.

LE TITIEN (Vecellio Tiziano), né à Pieve en 1477, mort de la peste en 1575 (école vénitienne). La collection que nous possédons au musée du Louvre des toiles de ce maître illustre, est assez riche : *Sainte Famille* connue sous le nom de *la Vierge au lapin ; le Christ au tombeau*, peut-être son chef-d'œuvre ; *la Vénus del Pardo ; Portrait de François Ier ; Titien et sa maîtresse* et enfin *l'Homme au gant*, le plus beau peut-être de tout le musée et de toutes les écoles.

RAPHAEL SANZIO, né à Urbino le vendredi-saint 1483, mort à Rome le vendredi-saint 1520. École romaine. Raphaël fonda l'école de Rome. Ses chefs-d'œuvre les plus remarquables entre d'autres chefs-d'œuvre que nous possédons du divin maître (ainsi l'appelaient ses élèves) sont les suivants :

La Vierge, l'enfant Jésus et le jeune saint Jean : cette composition est généralement connue sous le nom de la *Belle jardinière; Sainte Famille; Sainte Marguerite; Saint Michel; Saint Georges; Saint Michel terrassant le dragon.* Ce tableau est peut-être un des plus célèbres de l'artiste quoiqu'à notre avis il en ait de préférables. *Portrait d'homme.*

ANDREA DEL SARTO, né à Florence en 1488 et mort de la peste dans sa ville natale en 1530.—*La Charité; Sainte Famille.*

IL CORREGIO (ANTONIO ALLEGRÉ, *dit*) [1494-1534]. Toiles en notre possession : *Mariage mystique de sainte Catherine; le Sommeil d'Antiope*, un chef-d'œuvre.

DE CARAVAGE (1495-1543) fut élève de Raphaël et appartient conséquemment à l'école romaine. Le Louvre ne possède de lui qu'un tableau : *Psyché reçue dans l'Olympe*, peinture à la détrempe.

GIULO ROMANO, un autre élève de Raphaël, dont les compositions sont un peu froides et manquent pour la plupart d'originalité.

La Nativité; Sainte Famille; le triomphe de Titus et de Vespasien; Vénus et Vulcain; Portrait de J. Romain.

IL TINTORETTO, élève du Titien (1512-1594). École vénitienne, dessin passionné et ardent :

Le paradis; Suzanne au bain; Portrait du Tintoret; Portrait d'homme.

VÉRONÈSE (Paolo), de la même école que le Tintoret, né à Vérone en 1528, mort en 1588. Véronèse doit être mis au premier rang des maîtres de toute l'Italie; son premier tableau des *Noces de Cana* n'a pas moins de 36 mètres de hauteur, sur une longueur de près de 10 mètres. Le musée est riche en tableaux de cet artiste inimitable :

Jésus-Christ sur le chemin du Calvaire; Loth et ses filles; Suzanne au bain; l'Evanouissement d'Esther; Jésus guérissant la belle-mère de Pierre; Sainte Famille; le Christ entre les larrons; les Pèlerins d'Emmaüs; le Repas chez Simon le Pharisien; Portrait de femme.

LES TROIS CARRACHE. — Tous les trois de l'école bolonaise. Louis Carrache, fils d'un boucher (1555-1619), Annibal Carrache, fils d'un tailleur (1560-1609) et enfin Augustin Carrache dont nous ne possédons aucun tableau dans le musée.

Tableaux de Louis Carrache : *L'Annonciation; la Nativité de Jésus-Christ; la Vierge et l'enfant Jésus; Jésus mort sur les genoux de la Vierge; Apparition de la Vierge et de l'enfant Jésus à sainte Hyacinthe.*

Tableaux d'Annibal Carrache : *Apparition de la Vierge à saint Luc et à sainte Catherine; la Vierge aux cerises; le Sommeil de Jésus; le Sacrifice d'Abraham; la Mort d'Absalon; la Naissance de la Vierge; la Salutation angélique; Prédication de saint Jean-Baptiste; le Christ au Tombeau; la Madeleine; Supplice de Saint-Etienne; Hercule enfant; Concert sur l'eau*, puis encore quatre paysages parmi lesquels on distingue *la Pêche* et *la Chasse.*

Il Caravaggio (Amerighi, dit) [1589-1609]. — Regardé à juste titre comme le précurseur des grandes écoles flamandes, hollandaises et espagnoles : dessin énergique, grande vérité dans ses compositions.

La Mort de la Vierge; la Diseuse de bonne aventure; un Concert.

Salvator Rosa (1615-1673), de l'école napolitaine, dont il fut le peintre le plus célèbre, se mêla au mouvement révolutionnaire du pêcheur Mazianello et fut obligé de s'enfuir de Naples.

Apparition de l'ombre à Samuel, un tableau de bataille, et *l'Ange Raphaël et le jeune Tobie.*

Le musée du Louvre possède encore un grand nombre de toiles dues au pinceau des maîtres italiens Giotto de Bondone, Lippi. *Il Francia*, Abbertinelli, Bartolommeo dont nous possédons *la Salutation angélique; la Vierge sainte; Catherine de Sienne;* Garafalo, del Piombo, l'ami de Michel Ange avec lequel il travailla, Bronzino, Volterra, le Dominiquin dont on remarque à juste titre le fameux tableau du *Triomphe de l'Amour*, œuvre charmante pleine de naïveté et de poésie; Reni, peintre à la manière du Carrache, célèbre par son *David vainqueur de Goliath*, Spada, Albani, Barbieri et bien d'autres.

École allemande.

Van-Eych, mort en 1441. Le musée ne possède de ce maître qu'un seul tableau.

Holbein, né à Augsbourg en 1498, mort en 1514, un des plus grands portraitistes peut-être qui aient existé. Quoiqu'il fût peintre d'histoire, il n'est représenté également au Louvre que par des portraits : le portrait de Didier Erasme surtout est un chef-d'œuvre.

Citons encore Matsys, Van-Orley, Crauack, le protégé de Frédéric le Sage, Memling, et nous aurons les noms des maîtres de l'école allemande.

École hollandaise et flamande.

Mor ou Moor (1525-1581), école hollandaise. Le Louvre possède de cet artiste une peinture d'une belle et brillante couleur, c'est le portrait du nain de Charles-Quint.

Rubens (Peter-Paul), né à Siegen en 1574, mort à Anvers en 1640. Rubens est sans contredit le plus grand peintre des Flandres, peut-être le plus grand peintre qui ait jamais existé. Marie de Médicis le fit appeler à Paris en 1621, et lui confia les travaux de la magnifique galerie qui porte son nom.

Nous sommes riches en tableaux du maître, nous citerons seulement les plus célèbres :

La Vierge aux anges; la Fuite en Égypte; Thomyris ordonnant de plonger la tête de Cyrus dans un vase plein de sang; le Couronnement de Marie de Médicis, œuvre d'une couleur séduisante et d'un pittoresque achevé, son chef-d'œuvre dans le genre. *Le Débarquement de Marie de Médicis; la Reine s'échappant du château de Blois,* et un nombre considérable de portraits : celui du roi de Henri IV, de la reine et d'un grand nombre de princesses appartenant à la cour de France.

Jordaens (Jacob) né en 1593 : talent remarquable, et peut-être plus coloriste que Rubens dont il fut l'ami.

Jésus chassant les vendeurs du Temple; le Jugement dernier; les Quatre évangélistes; le Portrait de Jupiter; et *le Roi boit,* une toile pleine de vérité et qu'on dirait vivante.

Van-Dyck (école flamande), élève de Rubens. Charles I*er* le fit venir en Angleterre, et il devint le peintre favori de la cour, où il obtint les plus grands honneurs. On lui reproche d'avoir sacrifié l'art à la pratique. Quoi qu'il en soit, Van-Dyck est un maître, et il a surtout une réputation de portraitiste.

La Vierge et l'enfant Jésus; la Vierge aux Donateurs, magnifique peinture d'une couleur presque vénitienne; *le Christ pleuré par la Vierge et par les anges.*

Portraits : de Charles I*er*, l'un des plus célèbres du maître (la duchesse Dubarry, qui prétendait descendre des Stuarts, l'acheta 24,000 fr.); des enfants de Charles I*er*; d'Isabelle, infante d'Espagne. Portrait équestre de François de Moncade, de Jean Grusser, ce dernier attribué à Rubens.

Van-Dyck naquit en 1599 et mourut en 1641.

Rembrandt. — Peintre et graveur; fils d'un meunier. Né en 1608, mort en 1669; ne laissant pas de quoi se faire enterrer. Rembrandt est un des plus grands peintres qui aient jamais existé; il brille plutôt par l'harmonie et la couleur que par le dessin et la variété de ses créations.

Le Ménage du menuisier est peut-être la toile la

plus célèbre du maître, avec le *Portrait d'un jeune homme*, un chef-d'œuvre. Le Louvre possède encore de lui : *Les Philosophes en méditation ; l'Ange Raphaël quittant Tobie ; le Samaritain ; Vénus et l'Amour*, et enfin son portrait dans sa vieillesse.

N'oublions pas son tableau des *Pélerins d'Emmaüs*, qui est sublime de sentiment et de vérité.

Teniers (David) [1610-1694], de l'école flamande. — Élève de son père, David Teniers le Vieux, puis de Brauwer et enfin de Rubens. Dessinateur habile et spirituel de la nature et des mœurs de son époque. *Le Reniement de saint Pierre ; l'Enfant prodigue et les courtisanes ;* une *Tentation de saint Antoine ; Deux extérieurs d'un cabaret ; un Cabaret près d'une rivière ; Danse de paysans ; le Rémouleur ; le Joueur de cornemuse ; les Bulles de savon.*

Potter (Paulus) [1625-1654], de l'école hollandaise.

Principaux tableaux : *Chevaux attachés à la porte d'une chaumière ; la Prairie.*

Meulen, qui passa presque toute sa vie en France, et peignit toutes les batailles de Louis XIV. Le Louvre possède vingt et une de ses toiles, parmi lesquelles on remarque : *L'armée du roi devant Tournai ; Entrée de Louis XIV et de Marie-Thérèse à Arras ; Passage du Rhin ; Siége de Namur*, etc., etc.

Voilà quels sont les principaux maîtres de l'école hollandaise et flamande. Le Louvre possède encore des toiles de Breughel, Crayer, Poëlenburg, Gouthorst, d'un talent original, dans son *Pilote se lavant les pieds ;* Gérard Dov, Philippe de Champaigne,

Brower, Both, Ostade, Wouverman, les deux Velde, Jardin, Steen et Abraham Mignon, peintre de fleurs, dont les tableaux se vendent au poids de l'or.

École espagnole.

Le Musée du Louvre possède peu de tableaux des artistes espagnols : cinq maîtres seulement y ont trouvé leur place ; le premier par date s'appelle :

Moralès *il Divino* (1509-1586). — *Un Christ portant sa croix.*

Ensuite :

Ribera (1588-1656). — Son *Adoration des Bergers* est une peinture d'une couleur très-brillante et d'une grande vérité de dessin.

Collantes (Francisco) [1597-1655], dont on a un seul tableau assez médiocre : *Le Buisson ardent.*

Velasquez (Don Diégo Rodriguez de Silva). — Portraitiste presque aussi grand que le Titien. Velasquez est un coloriste d'une harmonie et d'une richesse incomparables.

Principaux tableaux : *L'infante Marguerite ; le portrait d'un Chanoine ; Réunion de portraits.*

Murillo (Bartholomé-Esteban). — Né à Séville en 1618, mort dans la même ville en 1682, élève de Velasquez. Murillo a été d'une fécondité étonnante : les Espagnols lui ont reconnu trois manières de faire : manière froide, chaude et vaporeuse.

Principaux tableaux : *Le Jeune mendiant*, tableau à la première manière; *la Conception Immaculée*, tableau affectionné par le maître, et qui fut vendu

615,000 francs à la vente de la galerie du maréchal Soult.

La Vierge et l'Enfant Jésus; Sainte famille.

École française.

CLOUET ou CLOET. — *Portrait de Charles IX; Portrait de François I*ᵉʳ.

JEAN COURNI (1500-1589). — *Le Jugement dernier.*

DUBOIS AMBROISE, qui travailla aux décorations du palais de Fontainebleau.

FREMINET. — *Mercure ordonne à Énée d'abandonner Didon.*

POUSSIN (Nicolas), né aux Andelys, en Normandie. (1594-1665). — Principaux tableaux du maître : *Éliézer et Rebecca; Moïse sauvé des eaux; les Israélites recueillant la manne; les Aveugles de Jéricho; Saint Jean-Baptiste baptisant le peuple; l'Enlèvement des Sabines; le Jeune Pyrrhus sauvé; Bacchanales; Écho et Narcisse; le Concert; les Bergers d'Arcadie;* son chef-d'œuvre sans contredit.

SUEUR (Eustache Le), né à Paris (1617-1665), protégé par Anne d'Autriche. *L'Ange du Seigneur apparaît à Marie; la Descente de croix; Martyre de saint Laurent; Mort de saint Bruno,* etc.

LEBRUN (Charles), né à Paris (1619-1690), élève de Perier et de Vouet, décora le château de Vaux pour l'intendant Fouquet. Principaux tableaux : *Adoration des Bergers; Sommeil de l'enfant Jésus; la Descente du Saint-Esprit; Batailles d'Alexandre; Bataille d'Arbelles.*

Watteau (Antoine), né à Valenciennes (1684-1721), mort à Nogent-sur-Marne à l'âge de 37 ans. *L'embarquement pour l'île de Cythère.*

Oudry, né à Paris (1686-1785), a un tableau très-remarquable au Louvre : *La Chasse au loup.*

Boucher (François), né à Paris (1704-1770), mérite une place très-élevée, surtout comme peintre décorateur. Principaux tableaux : *Diane sortant du bain; Vénus commandant à Vulcain des armes pour Énée; Pastorales.*

Greuze (1725-1805), un grand artiste dont la couleur était chaude et passionnée. *L'Accordée du village; la Malédiction paternelle; la Cruche cassée, Portrait de Greuze.*

Vernet (Claude-Joseph), né à Avignon (1714-1789). *Vue de l'entrée du port de Marseille; Pont neuf de Toulon; Port de Cette; Ville de Bordeaux; le Naufrage; le Matin ou la Pêche; le Midi ou la Tempête; les Baigneuses; le Torrent; la Nuit; Marines*, etc.

David (Jacques-Louis), né à Paris (1748-1825), peintre de génie, grand dessinateur au crayon puissant rempli de science et de modelé.

Léonidas aux Thermopyles; les Sabines; Portrait de madame Récamier, etc.

Prud'hon (Pierre), élève de Devosges, plein de grâce et de style. *Le Christ sur la croix; l'Assomption de la Vierge; la Justice et la Vengeance divine poursuivent le crime.*

Gérard (François), né à Rome (1771-1837), élève de David, portraitiste surtout fort remarquable.

Entrée de Henri IV à Paris; Daphnis et Chloé; la Victoire et la Renommée; Portrait de M. Isabey.

Gros (Ant.), né à Paris (1771-1835), élève de David. *La Peste de Jaffa; le Champ de bataille d'Eylau; François Ier et Charles-Quint visitant les tombeaux de Saint-Denis.* Gros se suicida.

Géricault (Jean-Louis-André-Théodore), né à Rouen (1791-1824). *Le Naufrage de la Méduse*, un chef-d'œuvre; *le Cuirassier blessé; un Carabinier.*

Robert (Louis-Léopold), Suisse d'origine (1794-1835). *Les Moissonneurs dans les marais Pontins; le Retour du Pèlerinage à la Madone de l'arc.* Comme Gros, Léopold Robert mit fin à ses jours.

On remarque encore au Louvre *le Musée des* dessins; *le Musée des* gravures et *le Musée de* scuplture.

Au premier étage, le *Musée des* souverains, puis au-dessus le Musée d'artillerie sont encore des curiosités célèbres que l'étranger devra visiter.

Le palais du Luxembourg.

Ce palais a porté successivement les noms suivants: *palais du Luxembourg, palais d'Orléans.* Depuis la Révolution on l'appela: *palais du Directoire, palais du Consulat, palais du Sénat conservateur, palais de la Chambre des Pairs;* puis sous la seconde république: *palais du Luxembourg,* et enfin de nos jours *palais du Sénat.*

Le palais du Luxembourg fut construit par Marie de Médicis, la veuve du roi galant Henri IV.

Le sire Jean de Brosses, architecte, en dirigea les travaux, qui furent achevés dans l'espace de six années.

La reine acheta quelques terrains appartenant aux Chartreux, dont le couvent avait son entrée sur la rue d'Enfer.

Après Marie de Médicis, le palais devint la propriété de Gaston d'Orléans.

Louis XIV le posséda ensuite, et de temps à autre le grand roi vint cacher sa gloire sous les arbres du jardin.

Le régent hérita du palais, qui devint sous Louis XVI propriété royale. Le roi en fit don à son frère le comte de Provence. Ce fut par une des grilles donnant sur la rue de Fleurus que le frère du roi s'échappa de sa résidence poursuivi par la foule révolutionnaire.

De palais, le Luxembourg devint prison et le peintre David y fut renfermé comme suspect. Ce fut pendant ses heures de captivité qu'il peignit son magnifique tableau de l'*Enlèvement des Sabines*.

Sous Napoléon Ier, le Luxembourg resta inhabité, mais il ne servit plus de prison ; — le jardin fut embelli, agrandi, et de nouveaux terrains furent achetés aux Chartreux.

Sous la Restauration la Chambre des Pairs y tint ses séances; le brave maréchal Ney y fut emprisonné.

De 1830 à 1848, la haute cour de justice y siégea pour juger les crimes contre la personne du roi.

De nos jours, c'est le palais affecté au Sénat.

L'intérieur du palais se compose de la salle des Gardes, de la salle d'Attente des huissiers de service, la salle des Messagers d'État, en tournant à gauche la salle des Conférences; puis au-dessus du vestibule la salle du Conseil, la nouvelle salle des Séances et la salle du Trône, ces deux dernières décorées avec un goût parfait. En 1859, un incendie brûla une partie de la toiture du dôme; mais les dommages furent peu considérables et promptement réparés.

Cet édifice se recommande par la beauté de ses proportions, sa parfaite symétrie, et par un caractère de force et de solidité. Les ornements, peu nombreux, plaisent à la vue sans la fatiguer.

Il y a trois styles différents dans le principal corps de bâtiment ainsi que dans les autres parties : le rez-de-chaussée est d'une ordonnance toscane, le premier étage d'une ordonnance dorique, et l'ionique caractérise le style du deuxième étage.

Quatres gros pavillons sont placés aux quatre angles du principal corps de bâtiment.

L'entrée d'honneur est en face de la rue de Tournon.

Le jardin du Luxembourg.

Quant au magnifique jardin qui l'entoure, j'en emprunte la pittoresque description à M. Étienne Arago :

« Entre le palais de la pairie et le palais de la science (l'Observatoire), dit-il, entre ces deux masses de pierres, l'œil s'arrête agréablement sur des tapis de gazon, sur des plates-bandes fleuries, sur des quinconces épais, sur un vaste et pur bassin où se prélassent des cygnes gracieux, sur de longues et vastes allées de marronniers alignés comme des soldats.

« *L'allée de l'Observatoire*, la plus belle des allées du Luxembourg, prend ce nom à partir des deux lions classiques.

« La ligne de clôture du jardin était encore, vers la fin de l'Empire, limitée à ces deux lions fabuleux, et jusqu'à l'époque où furent supprimés les ordres monastiques, le terrain occupé aujourd'hui par l'allée de l'Observatoire appartenait encore aux Chartreux.

« L'alignement général qui a établi une seule pente de l'Observatoire au palais du Luxembourg, est un des plus magnifiques embellissements dont Napoléon Ier ait doté Paris. »

A droite de l'allée de l'Observatoire, depuis les lions jusqu'à la grille servant de clôture au jardin, on voit cette vaste pépinière, triste coup d'œil à l'époque où ces milliers d'arbres, rangés par famille et dépouillés par la froidure, figurent, à s'y méprendre, des plantations d'échalas ou de balais; mais d'un aspect ravissant, au contraire, quand le feuillage, se développant, fait de ce bas-fond comme un immense tapis vert à compartiments sur lequel glisse le regard des promeneurs.

Le terrain inférieur, faisant pendant à celui-ci, sous la contre-allée de gauche, est occupé par un jardin où les étiquettes, écrites en latin, rivalisent d'éclat avec les fleurs. C'était le jardin botanique servant aux études des élèves de la Faculté.

Cette longue, large, admirable allée de l'Observatoire, est parcourue quotidiennement par les rentiers du faubourg Saint-Germain, plus haut placés que ceux du Marais sur l'échelle hiérarchique du *trois* et du *cinq*.

C'est la promenade favorite des juges fatigués, des conseillers retraités, des avocats invalides ; on pourrait la nommer *la petite Provence* de Thémis. Les amateurs d'antiquités peuvent y aller voir tous les soirs, de six à huit heures inclusivement, la dernière culotte courte de Paris, portée par un honorable professeur de l'École de droit. Les douillettes puce, ces paletots élégants de nos aïeux, y sont encore visibles par les belles gelées de février ; enfin, on y suit de l'œil avec curiosité, comme une chose d'autrefois, le dernier des carlins, tenu en laisse par la dernière des chanoinesses, qui emportera avec elle dans la tombe cet unique survivant d'une espèce détruite.

Ce jardin vient d'être modifié d'après un décret impérial, et le Luxembourg sera traversé par plusieurs avenues qui permettront aux voitures d'y pénétrer.

Musée du Luxembourg.

Le musée du Luxembourg est situé dans les appartements de l'aile orientale de la cour. C'est là que fut d'abord établi par Marie de Médicis la *galerie de tableaux*, qui contenait vingt-quatre toiles de Rubens.

Le musée actuel est consacré aux artistes vivants.

A l'entrée de la galerie, on remarque un beau groupe en marbre de *Cupidon* et de *Psyché*.

Les principaux tableaux sont dus aux artistes suivants :

Abel de Pujol, élève de Gros, a peint le grand plafond de l'escalier du Luxembourg.

Blondel, né à Paris. — *Zénobie trouvée mourante sur les bords de l'Araxe.*

Pierre Delorme. — *Céphale enlevé par l'Amour,* — *Hector reproche à Pâris sa lâcheté.*

Ingres (Jean-Augustin), né à Montauban. — Son principal tableau est le *Chérubini*, portrait historique.

Gleyre, Suisse d'origine, qui tient à l'école et à la tradition françaises. — *Le Soir* est un de ses chefs-d'œuvre.

Delacroix (Eugène), né à Charenton, talent audacieux et tourmenté, coloriste enthousiaste, aux compositions dramatiques et pittoresques, possède au Luxembourg les tableaux suivants : — *Dante et Virgile.* — *Scène des massacres de Scio.* — *Femmes d'Alger dans leur appartement.* — *Noce juive dans le Maroc.*

Delaroche (Paul), né à Paris, peintre d'un grand talent et d'une immense popularité. — *Mort d'Elisabeth, reine d'Angleterre.* — *Les Enfants d'Édouard.*

Cognet (Léon). — *Marius à Carthage.*

Schnetz, né à Versailles. — *Une scène d'inondation.* — *Les Adieux du consul Boëtius à sa famille.*

Couture. — *Les Romains de la décadence.*

Muller (Ch.-Louis), peintre qui a obtenu une

grande popularité, imitateur de Delacroix, puis plus tard de Delaroche, puis encore de Dubufe. — *Lady Macbeth; Appel des dernières victimes de la Terreur.*

MONVOISIN. — HESSE. — ZIEGLER. — BARRIAS. — BELLANGÉ. — ROBERT FLEURY, aujourd'hui directeur de l'École française à Rome, et dont on remarque à juste raison : *La Scène de la Saint-Barthélemy; Le Colloque de Poissy.*

BRUNE (Adolphe). — *Caïn et Abel.*

VERNET (Horace), dont les principales toiles ornent le musée de Versailles.

SCHEFFER (Ary), pinceau poétique et d'un goût distingué. Le Luxembourg possède de cet artiste : *Les Femmes souliotes et le Larmoyeur.*

SCHEFFER (Henri). — *Charlotte Corday.*

HÉBERT (Ernest-Antoine-Auguste). — *Judas trahissant Jésus. — Malaria.*

ROUSSEAU (Théodore). — *Lisière de forêt. — Soleil couchant.*

CABAT. — *Étang à Ville-d'Avray.*

COROT. — *La Danse des nymphes,* un chef-d'œuvre.

ISABEY PÈRE — *Quatre marines.*

ROSA BONHEUR. — *Le Labourage nivernais; La Fenaison.*

SAINT-JEAN. — *Notre-Dame des Fleurs.*

TROYON. — *Le Retour du Marché.*

Palais du Tribunal de Commerce.

Le Tribunal de commerce, qui auparavant tenait ses séances dans le *Palais de la Bourse*, est situé sur l'emplacement de l'ancien marché aux Fleurs.

Commencé en 1863, il a été achevé en 1865, sur les dessins de l'architecte Bailly. Le style de l'édifice appartient à la Renaissance; il est surmonté d'un dôme à huit pans d'un médiocre effet.

L'intérieur du palais du Commerce est splendide : l'escalier est grandiose, les galeries sont vastes et aérées, et la salle des séances du tribunal est décorée avec un goût parfait.

Les membres du tribunal de commerce sont élus par une assemblée composée de commerçants notables, conformément à l'art. 618 du Code de commerce (loi de 1807), remis en vigueur par le décret du 2 mars 1852.

Le tribunal de commerce de la Seine est composé d'un président, de dix juges et de seize suppléants. Il est divisé en sections, chacune desquelles est présidée par un juge titulaire.

Il tient ses audiences les lundis, à onze heures, pour le grand rôle; mardis, mercredis, jeudis et vendredis, à dix heures, pour l'appel des causes et affaires sommaires; l'audience du mercredi est exclusivement consacrée aux affaires dans lesquelles une instruction a été faite par un arbitre-rapporteur ou par des juges-commissaires dans les contestations qui intéressent les faillites.

Palais du quai d'Orsay.

Ce palais, situé quai d'Orsay et rue de Lille, a été commencé par Lacornée en 1810, et achevé seulement en 1835. Sa façade principale est sur le quai, et son entrée principale rue de Lille.

Dans ce palais siégent le Conseil d'État et la Cour des Comptes.

Palais des Tuileries.

Il y a quatre cents ans, l'emplacement sur lequel s'élève aujourd'hui le *château* ou *palais des Tuileries*, était un lieu où il n'existait qu'une fabrique de tuiles, d'où vient son nom. Des Essarts et de Villeroy ayant fait bâtir sur ce terrain une maison, la vendirent en 1518 à François Ier pour sa mère, Louise de Savoie. Sept ans plus tard, cette princesse en fit présent à Jean Tiercelin, maître d'hôtel du dauphin.

Jean Tiercelin la vendit dans la suite à Catherine de Médicis, qui l'agrandit considérablement. Philibert Delorme et Jean Ballant construisirent le pavillon du milieu et les deux petits pavillons de chaque côté.

Sous Henri IV seulement, le château des Tuileries prit une importance vraiment royale. Ducerceau Duperac, l'architecte du roi, construisit les deux pavillons de Flore et de Marsan. Il commença sous ce règne la longue galerie du bord de l'eau qui joint le Louvre au palais des Tuileries.

Les travaux furent repris et terminés sous le règne de Louis XIII, qui fit sa résidence du palais.

Sous Louis XIV, les architectes Le Veau et d'Arbay furent chargés d'harmoniser les différents styles d'architecture, et le château présenta un caractère plus homogène. Pendant qu'on travaillait au palais de Versailles, Louis XIV habita les Tuileries. Le régent l'habita également durant la minorité de Louis XV. Il ne fut plus résidence royale que sous Louis XVI, et encore lors de son retour de Varennes en 1792.

En 1808, Napoléon y habita avec toute sa cour. Il fit bâtir la galerie du Nord. Louis XVIII, Charles X et Louis-Philippe en firent également leur demeure.

En 1848, le château des Tuileries fut transformé en hôpital civil.

En 1851, le prince-président vint l'habiter, et il est demeuré résidence impériale.

Ce palais a 336 mètres de long sur 36 de large ; on retrouve dans les différentes parties de cet édifice, le style italien du seizième siècle, les plus beaux restes du style de l'époque de Henri IV. L'étage inférieur présente des colonnes de l'ordre ionique, celles de l'étage au-dessus appartiennent à l'ordre corinthien, celles du troisième étage sont de style composite. Le pavillon du côté de la Seine est appelé pavillon de Flore, celui du côté opposé pavillon Marsan.

Le pavillon de Flore contient les appartements privés des rois de France. L'escalier de ce pavillon conduit aux grands appartements qui ne sont autres que les salles, salons, chambres officielles, où les souverains ont exercé les actes de leurs prérogatives.

En 1861, on a démoli le pavillon de Flore, qui s'appellera désormais pavillon de l'Empereur après son prochain achèvement.

Le jardin du palais des Tuileries fut dessiné par le célèbre Le Nôtre. Il est orné de deux terrasses : l'une, nommée terrasse du Bord de l'eau, et qui longe la Seine, l'autre terrasse des Feuillants, à cause du couvent qui y était avant 1789. On remarque dans ce jardin de magnifiques sculptures.

Palais-Royal.

Le Palais-Royal fut construit par le cardinal de Richelieu. Quand il mourut, le cardinal fit, par testament, hommage au roi de ce palais. Anne d'Autriche l'habita, puis la reine d'Angleterre, veuve de Charles Ier, et dont Louis XIV constitua la propriété en apanage à son frère le duc d'Orléans.

Le régent fit ensuite du Palais-Royal la promenade de la bonne compagnie. « Les habitants de toutes les maisons qui formaient le pourtour du grand jardin, rue Richelieu, rue Neuve-des-Bons-Enfants et rue des Bons-Enfants, avaient le droit de s'y promener jusqu'à une heure du matin; mais les femmes en manteau de lit ou autre déshabillé, les hommes en veste, robe de chambre ou bonnet, n'avaient la permission de s'y montrer que dans la matinée, et encore sans s'y arrêter. Les domestiques ne pouvaient traverser le jardin que jusqu'à une certaine heure, et ne s'y promener que le jour de la fête du roi, ainsi que le jour de la fête du prince. Le dimanche, l'affluence était considérable dans les allées de ce quadrilatère deux fois plus étendu que de nos jours, et disposé plus agréablement. Les belles soirées y attiraient surtout une foule élégante, à la sortie de l'Opéra, qui y était situé près la cour des Fontaines et fermait à dix heures. Les portiers des propriétés attenantes tiraient parti de leur clef de communication et ne recevaient pas d'autres gages, en général que cette rétribution. Celui de la maison qui formait encoignure du côté de l'hôtel de Toulouse, maintenant la Banque, ouvrait aux heures indues, moyennant un écu, dans les premières années du règne de Louis XVI, et le portier du petit hôtel Radziwill apostait un commissionnaire, toute la nuit, pour introduire à son profit les couples amis des ténèbres qui se glissaient dans les bosquets. Le lieutenant de police n'avait rien à y voir; de son autorité ne relevait plus l'ancien inspecteur de police, chevalier de Saint-Louis, nommé Buot, chargé par le duc d'Orléans, avec un petit nombre de gardes sous ses ordres, de réprimer beaucoup trop d'infractions pour qu'il ne fermât pas les yeux sur quelques-unes. »

En l'année 1780, la propriété du palais et de ses dépendances fut transmise à titre de donation par le duc d'Orléans à son fils Louis-Philippe-Joseph, duc de Chartres, qui obtint, en 1781, la permission d'aliéner 2,300 toises du jardin.

A cette époque, on commença à bâtir les galeries qui furent interrompues après l'incendie de la salle de l'Opéra, arrivé le 8 juin 1781, après une représentation d'*Orphée*. Lorsque les galeries furent achevées, un grand nombre d'établissements se groupèrent au Palais-Royal. Nous citerons avant la Révolution : « le *Musée des Enfants*, ouvert en octobre 1785, au-dessus d'un café et près des Variétés. Son directeur, qui avait nom Tessier, était probablement le même qui avait dirigé le théâtre des *Élèves de l'Opéra*, boulevard du Temple, de 1779 à 1784. Le *Spectacle des Pygmées français*, qui dut faire concurrence au Musée des Enfants, et qui avoisinait le passage des Trois-Pavillons. Le *Cabinet de Curtius*, peintre et sculpteur, qui ne dédaignait pas de fabriquer des figures de cire, qu'on montrait pour 2 sols, proche du *café Corazza*. Le *Spectacle des Fantoccini*, où l'italien Castagna donnait deux représentations par jour. Les spectateurs y payaient 1 livre 16 sols dans les loges. Les *Ombres chinoises*, tenues par Séraphin. Ce spectacle mécanique, auquel on assistait moyennant 12 ou 24 sols, était recommandé à cause de sa moralité aux enfants, aux demoiselles et aux abbés, par le crieur chargé d'annoncer aux passants chaque représentation, devant les n°ˢ 119, 120 et 121 actuels. Le *Concert des Amateurs*, salle construite en 1783 à peu près à l'extrémité de l'aile gauche des galeries. Les séances musicales de cette salle faisaient suite à de brillants concerts qui, pendant douze années, avaient presque rivalisé avec le *Concert spirituel* des Tuileries. Le *Théâtre Beaujolais*, fondé dans le même temps et au bout de la même galerie. »

On y remarquait encore : le *café de Foy*, fondé en 1749, par un officier de ce nom; les *restaurants Véry* et des *Frères-Provençaux*; le *café de Chartres*; le *café de Valois*, et l'établissement que Beauvilliers, ancien chef de cuisine du prince de Condé, ouvrit primitivement au milieu de la galerie.

Camille Desmoulins, pendant la révolution, haranguait au café de Foy; plusieurs clubs s'établirent sous les galeries : au Cirque, les *Amis de la Constitution*, et le *Club Social*.

Le *café du Caveau*, fréquenté par David le peintre, obtint plus tard une grande renommée. Citons encore le *café des Aveugles*, d'égrillarde mémoire; le *café des Milles-Colonnes*, où madame Romain, la belle limonadière, attirait beaucoup de monde.

En 1793, après l'exécution du duc d'Orléans, le Palais-Royal fut confisqué au profit de l'État. Le prince Lucien l'habita pendant quelque temps sous le premier empire, et enfin il fut rendu, en 1814, au duc d'Orléans, qui devint roi sous le nom de Louis-Philippe.

Le roi Jérôme, oncle de Napoléon III, y habita depuis 1852 jusqu'à sa mort. Le palais est aujourd'hui la résidence de son fils, le prince Napoléon.

La principale entrée du Palais-Royal est sur la place de ce nom.

Hôtel-de-Ville.

La *Maison de marchandise*, située dans les environs de la place du Grand-Châtelet, fut le lieu où tinrent primitivement les assemblées de la *Hanse*, ou municipalité de la ville de Paris.

Les bourgeois de Paris achetèrent, en 1357, moyennant 2,880 livres parisis, une maison située place de la Grève, qui appartenait à un chanoine de Notre-Dame, nommé Jean Cluin. Cette maison porta successivement le nom de *Maison de Grève*, maison aux Dauphins, *parlouer* ou parloir aux bourgeois, et le prévôt des marchands en fit sa résidence. Ce fut là que les échevins tinrent leurs assemblées jusqu'en 1532.

A cette époque, le prévôt des marchands, Pierre de Viole, posa la première pierre de l'Hôtel-de-Ville actuel. Sous Henri II, l'architecte italien Boccardo continua les travaux, et, sous le règne de Henri IV, Androuet du Cerceau les termina.

Agrandi par Napoléon Ier, et surtout par Louis-Philippe, l'Hôtel-de-Ville fut, sous ce dernier roi, complétement isolé, et forma le monument que nous voyons aujourd'hui.

Ces travaux furent exécutés d'après les plans de MM. Godde et Lesueur.

L'Hôtel-de-Ville est flanqué de quatre pavillons à ses quatre angles, et forme un parallélogramme régulier, un peu plus long que large.

Cet édifice a quatre façades ; celle de l'ouest, qui

donne sur la grande place de l'Hôtel-de-Ville; celle du nord, sur la rue de Rivoli; celle de l'est, vis-à-vis la caserne Napoléon, et celle du midi sur les quais.

A la grande façade, donnant sur la place de l'Hôtel-de-Ville, on remarque les statues suivantes :

DANS LE PAVILLON MÉRIDIONAL :

Condorcet.	Catinat.	Lavoisier.
La Fayette.	Molière.	De la Reynie.
Colbert.	Boileau.	J. A. de la Reynie.

DANS LA PARTIE CENTRALE :

Frochot.	Lallier.	Philibert Delorme.
S. Bailly.	De Viole.	De la Vacquerie.
Turgot.	Juvénal des Uursins.	St-Vincent-de-Paul.
L'abbé de l'Épée.	Sully.	Lesueur.
Rollin.	L'évêque Landry.	Lebrun.
Mathieu Molé.	Aubriot.	Mansard.
J. Aubry.	Boyleaux.	Voyer d'Argenson.
Robert Etienne.	Jean Goujon.	Perronet.
F. Miron.	Pierre Lescot.	
Budé.	Gozlin.	

DANS LE PAVILLON DU NORD :

A. J. Gros.	Monge.	D'Alembert.
Buffon.	Montyon.	Ambroise Paré.
Achille de Harlay.	Voltaire.	Papin.

Enfin, au-dessus de la grande porte d'entrée, la figure équestre de Henri IV, coulée en bronze d'après le modèle de M. Lemaire, représente le roi couvert de son armure, la tête nue et tenant de la main droite, en signe de paix, un rameau d'olivier.

La cour intérieure est dallée en marbre.

Les principales salles de l'hôtel sont les suivantes :

La *salle des Huissiers ;* la *salle du Trône*, salle splendide, éclairée par douze lustres; la *salle du Zodiaque*, décorée de sculptures de Jean Goujon, et d'un plafond de M. Léon Coignet; le *salon du Vote*, avec des peintures de M. Schopin; la *salle du Conseil ;* la *galerie de pierre ;* la *salle d'Attente*, la *salle de Jeu*, avec des peintures de Lachaize.

Le *salon de Napoléon ;*
Le *salon des Arts ;*
Le *salon de la Paix :*
Le *salon des Fêtes ;*
Le *salon des Cariatides.*

Tous ces appartements sont décorés avec un goût exquis, et renferment les plus beaux et les plus riches ornements qu'il soit possible de créer.

La PLACE DE L'HOTEL-DE-VILLE, sur laquelle donne la façade du splendide monument que nous venons de décrire, s'est longtemps appelée *place de la Grève*. Cette place est immense, et est bornée à l'ouest par l'avenue Victoria, dans laquelle se trouvent deux monuments de construction moderne, qui font face à l'Hôtel-de-Ville, ce sont : 1º les bâtiments de l'*Assistance publique* et de la *Direction générale des octrois de Paris*.

Hôtel des Monnaies.

La première pierre de l'*hôtel des Monnaies* fut posée le 30 août 1771 par l'abbé Teray. En 1775, l'édifice était terminé.

La principale façade de l'hôtel est sur le quai

Conti; elle a 120 mètres de longueur sur 26 mètres d'élévation; il existe une autre façade sur la rue Guénégaud.

L'édifice renferme huit cours; une galerie ouverte sur le fronton de laquelle sont les bustes de Henri II, Louis XIII, Louis XIV et Louis XV entoure les bâtiments.

Les salles sont nombreuses; je citerai les principales :

La *salle des Balanciers;* la *salle des Laminoirs,* la *salle de Recuit;* la *salle des Ajusteurs;* la *salle du Blanchiment* et les *salles du Monnayage.*

La Monnaie renferme une riche et curieuse collection des coins des médailles de France et des autres pays.

On peut visiter ce monument le mardi et le vendredi, de dix heures à une heure, en demandant une permission par écrit au président de la commission des monnaies, qui réside à l'hôtel.

Hôtel de Cluny.

En 1334, Pierre de Châsles, abbé de Cluny, acheta une partie du palais des Thermes, et y établit la Maison de Cluny; les abbés de Cluny entreprirent de bâtir l'hôtel, qui ne fut terminé qu'en 1505, par Jacques Amboise, sous Henri III; ce palais servit aux représentations des comédiens, qui y attiraient beaucoup de monde. Ces représentations cessèrent en 1584, lorsque l'hôtel devint la résidence du cardinal de Lorraine.

Tout en appartenant aux abbés de Cluny, leur hôtel servit de demeure aux premières religieuses de Port-Royal ; à la révolution, il fut transformé en Observatoire, construit en 1747 par le savant astronome Messier. Le dernier propriétaire de cet hôtel fut encore un savant, M. du Sommerard, qui en avait fait un musée et en permettait la visite à tous les amateurs.

Le 29 juillet 1833 une loi décréta l'achat de l'hôtel et de la collection de M. du Sommerard. Aujourd'hui, hôtel et musée sont entourés d'un square fermé par une grille.

Quelques parties de l'édifice actuel sont remarquables par leur architecture du sixième siècle ; entr'autres, il faut citer la chapelle, la tourelle et les fenêtres.

Musée de Cluny.

Le musée des Thermes ou de l'hôtel Cluny a été fondé en 1840. Il est ouvert tous les dimanches au public, de dix heures à quatre heures. Il renferme des antiquités nationales classées avec beaucoup d'ordre.

Palais Pompéien.

Le palais Pompéien ou *villa Montaigne* est situé dans l'avenue Montaigne au n° 15.

C'est le prince Napoléon qui l'a fait bâtir sur les dessins de l'architecte Lenormand. Ce palais est une imitation moderne des maisons romaines de Pompéi.

Avant d'arriver à la grande grille qui sépare de chaque côté deux pavillons en terrasse, on traverse un petit jardin dans lequel se trouve le vivier.

Quatre pilastres droits et quatre colonnes corinthiennes supportent ce portique qui est peint de diverses couleurs. Au-dessus, dans des niches à fond rouge, on remarque des statues en bronze antique d'Achille et de Minerve.

On visite ensuite :

Le *Prothyrum* ou corridor avec cette inscription toute romaine : SALVE, CAVE CANEM.

L'*Atrium* ;

L'*Impluvium* ou toit couvert.

Le *Tablinum*, passage étroit, espèce de corridor.

Les *Triclinia* ou salles à manger.

Les *Balnea* ou bains disposés à l'orientale.

MM. Chauvin et Sébastien Cornu sont les peintres qui ont décoré et orné le palais.

L'année dernière, le prince Napoléon a vendu cette magnifique villa, qui aujourd'hui est devenue une des curiosités de la capitale que chaque étranger doit visiter pendant son séjour, tant ce palais est magnifique et curieux à tous les points de vue.

Hôtel des Ventes.

L'hôtel des ventes est situé rue Rossini et rue Drouot ; ce magnifique hôtel est la propriété de la société des Commissaires Priseurs.

On y vend tous les jours de la semaine, dans des salles séparées et spéciales, des chefs-d'œuvre d'art en même temps que les meubles les plus communs et les plus usuels.

Hôtel des Archives.

Cet hôtel appartenait autrefois aux ducs de Soubise. Lorsque l'Assemblée constituante décréta l'établissement d'un dépôt des titres et des actes de l'État, on transporta d'abord les archives nationales dans le couvent des Capucines, puis aux Tuileries, puis au Louvre, puis au palais Bourbon. Ce fut seulement en 1810 qu'elles furent transportées dans l'hôtel de Soubise, entre la rue de Paradis, la rue du Chaume et la rue des Quatre-Fils, où elles sont encore aujourd'hui.

Les archives générales de France sont donc déposées dans cet hôtel. Elles consistent en chartes manuscrites relatives aux différents règnes depuis Philippe-Auguste. Les plus précieuses sont renfermées dans l'armoire de fer. On y remarque au milieu de curiosités historiques, la cuirasse de Jeanne d'Arc, le poignard dont se servit Ravaillac pour tuer Henri IV, une serrure faite par Louis XVI, etc.

La porte de l'hôtel est ogivale : elle est flanquée de deux tourelles. La cour d'honneur est l'œuvre de Lemaire.

L'ÉCOLE DES CHARTES *a été réunie aux archives en* 1846.

Jardin des Plantes.

Louis XIII créa le jardin des Plantes en 1625. — Ce fut sur les instances d'Hérouard, son premier médecin, et de Guy de la Brosse, son médecin ordinaire, que cette création eut lieu.

En 1739 Buffon en fut nommé directeur et surintendant.

Pendant la révolution, le Jardin des Plantes devint un dépôt de plantes médicinales, et dans son laboratoire de chimie on fabriqua du salpêtre. Sous Napoléon, le Jardin des Plantes reprit sa destination première.

Pendant la Restauration, les travaux de Cuvier, de Geoffroy-Saint-Hilaire et de Jussieu vinrent jeter un nouvel éclat sur cette création toute scientifique ; l'École de botanique fut agrandie, et le jardin acquit sous Louis-Philippe une réputation européenne.

Le Jardin des Plantes comprend :

1° Un jardin botanique ;

2° Plusieurs galeries pour classer les collections qui appartiennent aux trois règnes de la nature ;

3° Une galerie d'anatomie comparée ;

4° Une ménagerie d'animaux vivants ;

5° Une bibliothèque et un amphithéâtre.

Il est ouvert tous les jours au public.

Jardin d'Acclimatation.

Le *Jardin d'acclimatation* est un jardin zoologique, qui longe le boulevard Maillot entre la porte des Sablons et la porte de Neuilly.

Ce jardin est coupé par une rivière où l'on rencontre toutes les variétés d'oiseaux d'eau.

On y remarque surtout :

Les *Serres* qui renferment les arbres les plus précieux, les fleurs les plus rares et les plantes de toutes les parties du monde.

L'*Aquarium*, ou réservoir d'environ 1 m. 80 cent. de longueur sur 1 m. de largeur, pouvant contenir 1000 litres d'eau. Dans ce réservoir sont des animaux d'eau douce et d'eau de mer. On découvre tous les mystères qui se passent sous l'eau au moyen d'une glace sans tain de Saint-Gobain qui forme une des parois du réservoir. Au fond on remarque des végétations aquatiques.

L'aquarium se compose de dix réservoirs, qui sont alimentés à l'aide d'une machine hydraulique.

Champs-Élysées.

Cette promenade a plus de 2 kilomètres, elle s'étend de la place de la Concorde à l'Arc de Triomphe de l'Étoile, et est continuée encore par l'avenue de Neuilly qui lui fait face. C'est avec les boulevards le lieu le plus animé de Paris : cette voie immense conduit au bois de Boulogne, et à certaines heures de la journée elle est sillonnée de milliers de voitures et surtout de brillants équipages.

La grande voie des Champs-Élysées est bordée de chaque côté, par des jardins anglais plantés de massifs à travers lesquels on apercoit divers établissements, tels que cafés chantants, restaurants et théâtres ; à gauche en montant vers l'Arc de Triomphe se trouve le Palais de l'Industrie dont nous avons déjà parlé. A droite :

Le *théâtre des Folies-Marigny*, rendez-vous du monde fashionnable.

Le *Cirque de l'Impératrice; Panorama*.

Le *Concert Besselièvre*, ancien concert Musard,

Dans une avenue adjacente : *Mabille*, le fameux bal.

Des boutiques, des théâtres en plein vent (*Guignol*), des kiosques, des jeux de toutes sortes bordent les deux côtés de l'avenue qui est coupée au milieu par le *Rond Point*, place ornée de six fontaines.

Le soir jusqu'à 11 heures, et le dimanche lors des courses au bois de Boulogne, les Champs-Élysées présentent un coup d'œil féerique dont on ne peut se faire une idée.

Champ de Mars.

Le Champs de Mars représente un vaste quadrilatère. Il a un kilomètre de long sur 450 mètres de large. — Il fut inauguré en 1790 par les fêtes de la Fédération.

C'est sur ce vaste emplacement que se passent les revues et les fêtes publiques. L'*École Militaire* est située à l'extrémité de ce vaste terrain.

En 1793, Bailly, maire de Paris, y fut exécuté.

Sous l'empire, Napoléon en fit un champ de manœuvres pour les troupes. En 1815, à son retour de l'île d'Elbe, l'empereur y tint le fameux *Champ de Mars*.

En 1830, Louis-Philippe y fit la distribution des drapeaux à l'armée.

En 1848, le champ de Mars servit aux ateliers na

tionaux ; en 1852, Napoléon III y fit aussi la distribution des aigles.

Aujourd'hui le *Champ de Mars* est complétement bouleversé. C'est sur son vaste emplacement que se tiendra l'exposition de 1867, et le palais de l'exposition s'élève au milieu. Il est entouré d'un parc immense et relié au *Trocadéro* par un pont qui traverse la Seine dans l'axe de l'École militaire.

Déjà, en 1798, avait eu lieu dans le champ de Mars la première exposition industrielle.

Parc Monceaux.

En 1778, ce parc, qui n'était alors qu'un vaste terrain inculte, devint la propriété de Philippe d'Orléans qui résolut d'en faire un lieu de plaisance. Carmontel fut chargé par Philippe d'Orléans de dessiner le plan du parc et du jardin.

Dès lors les fêtes s'y succédèrent jusqu'au moment où la révolution éclata. La Convention s'en empara et le parc Monceaux devint propriété nationale.

Rendu à la famille d'Orléans, puis vendu en 1852, il est aujourd'hui une des plus magnifiques promenades de Paris.

Des ruines romaines, un lac, un beau rideau de peupliers, une grotte, des arbres magnifiques ornent ce parc qui est complétement fermé par une grille d'entourage. La principale grille, qui donne sur le boulevard Malesherbes, est magnifique.

L'ancien château est démoli, il ne reste plus qu'un pavillon.

CHAPITRE II

MONUMENTS RELIGIEUX

Eglises de l'Abbaye. — Saint-Ambroise. — Saint Antoine. — Saint-Augustin. — L'Assomption. — Les Billettes. — Les Blancs-Manteaux. — Bonne-Nouvelle. — La Madeleine. — Notre-Dame. — Notre-Dame de Lorette. — Notre-Dame des-Victoires. — Sainte-Chapelle. — Sainte-Clotilde. — Sainte-Élisabeth. — Saint-Étienne du Mont. — Sainte-Eugénie. — Saint-Eustache. — Saint-François d'Assise. — Saint-François Xavier. — Saint-Germain l'Auxerrois. — Saint Germain des Prés. — Saint-Gervais. — Saint-Jacques du Haut-Pas. — Saint-Laurent. — Saint-Leu. — Saint-Louis au Marais. — Saint-Louis en l'Ile. — Sainte-Marguerite. — Saint-Martin. — Saint-Médard. — Saint-Merri *ou* Médéric. — Saint-Nicolas des Champs. — Saint-Nicolas du Chardonneret. — Saint-Paul et Saint-Louis. — Saint-Pierre du Gros-Caillou. — Saint-Philippe du Roule. — Saint-Pierre de Chaillot. — Saint-Roch. — Saint-Séverin. — Eglise de la Sorbonne. — Saint-Sulpice. — Saint-Thomas d'Aquins. — Saint-Vincent de Paul. — La Visitation. — La Trinité. Temples protestants : L'Oratoire. — L'Abbaye de Pauthemont. — Temples luthériens : Temple des Billettes. — Chaucat. — Synagogues : La Grande Synagogue. — Église des Suisses. — Chapelle Marbœuf. — Chapelle américaine. — Église russe. — Archevêché. — Séminaire de Saint-Sulpice.

Abbaye-aux-Bois (église de l').

Située à l'entrée de la rue de Sèvres, fut bâtie en l'année 1707 pour les religieuses qui habitaient le couvent, dit de l'*Abbaye-au-Bois*. Madame d'Hautpoul et madame Récamier se retirèrent dans ce couvent.

Ambroise (église de Saint-)

Bâti en 1659, sur l'emplacement d'une chapelle dédiée à saint Martin, réédifiée en 1802, comme annexe de l'église Sainte-Marguerite, ce monument va bientôt disparaître pour ajourer la nouvelle église construite le long de la rue Saint-Maur-Popincourt, et dont les tours, qui touchent presque l'ancienne église, font face au boulevard du Prince-Eugène. Cette nouvelle église est bâtie dans le style roman, et promet beaucoup comme décors d'architecture.

Antoine (église de Saint-)

Bâtie en 1781, n'est qu'une annexe de l'*hôpital des Quinze-Vingts.*

Augustin (église de Saint-)

Nouvelle église construite sur le boulevard Malesherbes par l'architecte Baltard. Cette église est couronnée par un dôme de 25 mètres de diamètre et de 50 mètres de hauteur, surmonté par une couronne à jour, au-dessus de laquelle se dresse la croix, la façade tournée vers la Seine. Les sculptures extérieures sont dues au ciseau de MM. Jouffroy, Cavelier, Bonassieux et Lequesne.

Assomption (église de l').

Située rue Saint-Honoré, annexe de la Madeleine,

construite de 1670 à 1676, par Erard, sert de chapelle de catéchisme.

Billettes (église des).

Dans la rue du même nom.

Blancs-Manteaux (église des).

Ancienne église située dans la rue du même nom, construite en 1685, réparée en 1864.

Bonne-Nouvelle (église).

Située rue de la Lune; détruite par Henri IV, pendant le siége de Paris; reconstruite sous Louis XIII et sous Louis XVIII. On y remarque une fresque d'Abel de Pujol.

Madeleine (église de la).

L'église de la Madeleine, un des plus beaux monuments peut-être que renferme la ville de Paris, s'élève vis-à-vis la place de la Concorde, faisant face au palais du Corps législatif.

Son aspect extérieur est loin de révéler sa destination, et ses vastes portiques, ses colonnes et ses chapiteaux offrent plutôt l'image d'un temple de l'antiquité que celle d'une église catholique.

Cet édifice, commencé en 1780 sur l'emplacement occupé auparavant par l'église de Sainte-Madeleine de la Ville-Lévêque, fut destiné par Bonaparte à recevoir, sur de longues tables d'or massives, les noms es militaires qui s'étaient signalés par leurs exploits.

On devait appeler ce monument le *Temple de la Gloire*. L'exécution de ce projet fut commencée en 1806, mais les travaux furent interrompus quelques années après, et les événements politiques en empêchèrent la continuation.

Par ordonnance, rendue le 19 janvier et le 14 février 1816, Louis XVIII prescrivit l'achèvement de l'église de la Madeleine pour y placer les monuments expiatoires qui devaient être érigés à Louis XVI, à la reine Marie-Antoinette, à Louis XVII et à madame Élisabeth.

Ces travaux marchèrent très-lentement, et c'est sous le règne de Louis-Philippe qu'ils furent seulement terminés.

L'église de la Madeleine fut livrée au culte en 1842. L'intérieur de la Madeleine est d'un aspect éblouissant : des peintures dues aux pinceaux de nos plus grands artistes en décorent les murs et les plafonds.

Le péristyle, de cinquante-deux colonnes corinthiennes, repose sur un stylobate de quatre mètres de hauteur. Au nord et au midi de l'édifice, sont deux vastes perrons; celui qui fait face à la place de la Concorde a trente marches et offre la principale entrée.

La Madeleine n'a pas de clocher : un espace ménagé derrière l'édifice contient la sonnerie. Le fronton, un chef-d'œuvre de sculpture, est dû au sculpteur Lemaire.

Les pendentifs ont été sculptés par Pradier et Roman.

L'intérieur de la Madeleine est voûté souterrainement, ainsi que le pourtour de l'édifice.

Basilique de Notre-Dame.

A l'extrémité orientale de l'île de la Cité, s'élève la basilique de Notre-Dame ou église cathédrale de Paris. Le pape Alexandre III en posa la première pierre en 1163, et l'archevêque Maurice de Sully bâtit de ses deniers, dans la seconde moitié du douzième siècle, la plus ancienne partie de Notre-Dame, le chœur et la moitié de la nef. La construction de l'admirable façade occidentale date des premières années du treizième siècle.

« Mais déjà, à partir du treizième siècle, dit M. A. de Rovray, on avait commencé, sous prétexte d'embellissements, à mutiler la basilique de Maurice de Sully. Depuis cette époque, un mauvais génie paraît s'attacher aux flancs de l'antique édifice, et poursuivre sans relâche et sans trêve son œuvre de barbarie et de destruction. On élargit d'abord et on allonge les fenêtres de la nef et du chœur; on enterre, par ordre du Parlement, les treize marches par lesquelles on parvenait aux trois portes de la façade occidentale, et peu à peu le parvis s'élève de manière qu'on finit par descendre dans l'église au lieu de monter. On démolit l'ancien maître-autel et les bas-reliefs à jour du rond-point, représentant les traits principaux de l'Ancien et du Nouveau Testament, et les stalles en boiseries, chefs-d'œuvre de finesse et de goût, et la châsse de saint Marcel, que ses vitraux émaillés faisaient étinceler comme un écrin. Cet acte inconcevable de vandalisme est consommé en plein dix-septième siècle à l'occasion du vœu de Louis XIII, accompli trop fidèlement par Louis XIV.

« En 1741, le chapitre fait briser les vitraux, dont les historiens de Notre-Dame parlent comme d'une merveille, et un maître vitrier de Paris eut l'insigne honneur, comme il s'en vante dans une inscription latine, de remplacer cette décoration magnifique par des verres blancs encadrés de bordures fleurdelisées.

« On ne connaît pas, dit M. Dulaure, l'époque de l'entier achèvement de cette église, mais on sait qu'au quatorzième siècle on y construisait encore des chapelles. Ainsi, on peut dire que ses travaux ont duré plus deux cents ans. »

Cet édifice est fondé sur pilotis; sa longueur, dans l'œuvre, est de 130 mètres; sa largeur, prise à la croisée entre la nef et le chœur, est de 47 mètres; sa hauteur, depuis le sol jusqu'à la partie la plus élevée de la voûte, est de plus de 35 mètres.

La façade, vaste et imposante, a 125 pieds de développement.

Du reste les dimensions de cet édifice furent mises en vers, gravés sur une table de cuivre placée contre un des piliers. Les voici :

> Si tu veux savoir comme est ample,
> De Notre-Dame le grand temple,
> Il y a, dans œuvre, pour le seur,
> Dix et sept toises de hauteur.

> Sur la largeur de vingt-quatre,
> Et soixante-cinq, sans rabattre,
> A de long; aux tours haut montées,
> Trente-quatre sont comptées.
> Le tout fondé sur pilotis,
> Aussi vrai que je te le dis.

La façade présente au rez-de-chaussée trois portiques inégaux en hauteur : ces portiques, dont la forme varie, sont chargés d'une multitude de statues et d'ornements.

Un de ces portiques, celui qui est placé au-dessous de la tour septentrionale, est remarquable par un zodiaque composé de onze signes seulement, sculptés tout autour de sa voussure ; le douzième signe, celui de la Vierge, est adossé au pilier qui sépare les deux portes de ce portique.

Les deux portiques des deux extrémités de la façade sont surmontés par deux grosses tours carrées, hautes chacune de 204 pieds depuis le sol. Ces portiques, qui occupent les deux tiers de la façade, ont des portes remarquables par leurs ornements en fonte de fer. Elles sont l'ouvrage d'un serrurier appelé Biscarnet : cet ouvrage parut alors si merveilleux, que l'on crut que le diable s'en était mêlé.

Dans la tour du Sud est la fameuse cloche dite le *Bourdon*, qu'on ne sonne que dans les grandes occasions. Son poids est de plus de trente-deux mille livres. Fondue en 1682 et refondue trois ans plus tard, elle fut baptisée solennellement par le roi Louis XIV et la reine. Elle reçut le nom d'Emmannel-Louise-

Thérèse. Le battant de cette cloche pèse neuf cent soixante-seize livres.

C'est près de ces cloches que l'on peut admirer la charpente de la toiture revêtue d'un couvercle de plomb. Cette charpente est appelée *la forêt*, à cause du grand nombre de pièces de bois de châtaignier qui la composent.

En 1859, une flèche d'une grande hardiesse a été rétablie sur le milieu de la croisée, et dépasse de beaucoup la hauteur des tours. Une sacristie a été bâtie du côté Sud.

Du sommet des deux tours, auquel on arrive par un escalier de trois cent quatre-vingt-neuf marches, on jouit d'un panorama magnifique. Pour monter sur les tours, on paye une faible rétribution au gardien qui vous y accompagne. On peut visiter aussi les souterrains et les caveaux, où sont enterrés grand nombre de personnages célèbres et sous le chœur les archevêques de Paris.

L'intérieur de l'église est vaste et imposant : il présente une nef, un chœur et un double rang de bas côtés divisés par cent vingt gros piliers qui supportent les voûtes en ogives. Tout autour de la nef et du chœur, et au-dessus des bas côtés règne une galerie ornée de cent huit petites colonnes chacune d'une seule pièce : c'est là que se placent les grands corps de l'État lors des cérémonies extraordinaires.

L'Église est éclairée par cent treize vitraux, sans y comprendre les trois grandes roses dont l'une est à la façade principale, et les deux autres aux faces latérales.

Au bas de la nef on vient de placer récemment, à droite, contre le mur, un grand crucifix en bronze se détachant sur un fond décoré d'arabesques byzantines.

Et en regard, de l'autre côté à gauche, la statue de la Vierge en marbre, tenant le divin enfant dans les bras; cette statue est ancienne et d'un beau style.

Le crucifix et la statue sont portés chacun par une colonne en marbre rosat avec chapiteaux en marbre blanc.

L'Église est tout entière pavée de carreaux blancs et noirs : le chœur, pavé en marbre, a 115 pieds de long sur 35 de large. Il offre de chaque côté, au-dessus de la corniche des stalles, quatre grands tableaux. D'un côté est *l'Assomption* de la *Vierge*, par Laurent de la Hire; la *Présentation de la Vierge au temple*, par Philippe de Champagne; *Une fuite en Égypte*, par Louis de Boulogne, et *la Présentation de Jésus-Christ au temple*, par le même.

De l'autre côté : *l'Adoration des mages*, par Lafosse; *la Naissance de la Vierge*, par Philippe de Champagne; *la Visitation*, par Jouvenet; et l'*Annonciation*, par Halle.

Les stalles qui garnissent les côtés du chœur sont ornées de sculptures magnifiques : la chaire est un chef-d'œuvre.

Le lutrin est d'une rare élégance; il fut donné en 1813 au chapitre de Notre-Dame par l'impératrice Marie-Louise.

On monte au sanctuaire par quatre degrés en marbre blanc. Le maître-autel, en marbre du Languedoc, exécuté en 1803, a une longueur de 4 mètres et une hauteur d'un mètre. Il est décoré de trois bas-reliefs.

Nous avons dit que les bas-côtés de la basilique offraient une ceinture de quarante-cinq chapelles. Toutes les chapelles latérales viennent d'être récemment restaurées, en même temps que le portail nord. Dans une de ces chapelles, à gauche du chœur, on a placé, en 1864, un magnifique mausolée. C'est celui de Mgr de Noailles. Le prélat est représenté de grandeur naturelle en habits pontificaux, agenouillé devant un prie-Dieu ; le tout en marbre blanc.

Cette statue, d'un grand style, repose sur un sarcophage de forme antique en marbre noir.

Au-dessus de la porte principale est un superbe buffet d'orgues de 15 mètres de hauteur sur 12 de largeur.

A présent que nous avons essayé de donner la description extérieure et intérieure de cette splendide basilique, voici les principaux événements dont Notre-Dame fut le théâtre :

En 1100, on y couronne Alix de Champagne.

En 1220, le comte de Toulouse va pieds nus à Notre-Dame se faire relever d'excommunication.

En 1239, Louis IX porte, vêtu d'une simple tunique et les pieds nus, la couronne d'épines achetée à Beaudoin.

En 1339, couronnement d'Isabeau de Bavière.

En 1431, Henri VI, roi d'Angleterre, est couronné roi de France.

En 1437, Charles VII, vainqueur des Anglais, grâce

à Jeanne d'Arc, se prosterne devant l'autel de la Vierge.

En 1560, couronnement de Marie Stuart, femme de notre jeune roi de France François II.

En 1592, mariage d'Henri IV avec Marguerite de Valois, mariage qui précéda la Saint-Barthélemy.

Au commencement du dix-neuvième siècle, en 1804, couronnement de Napoléon et de Joséphine par Pie VII.

En 1805, le pape accorde à l'église métropolitaine le titre de basilique mineure.

En 1811, *Te Deum* pour la naissance de Napoléon, roi de Rome.

En 1816, mariage de Charles, duc de Berri, avec Caroline, princesse des Deux-Siciles.

En 1821, baptême du duc de Bordeaux.

En 1841, baptême du comte de Paris.

En 1842, le corps du duc d'Orléans est exposé en chapelle ardente.

En 1842, service funèbre du duc d'Orléans.

En 1848, obsèques de l'archevêque Affre, mort des suites d'une blessure reçue sur les barricades de juin.

En 1853, mariage de Napoléon III et de l'impératrice Eugénie.

Depuis, l'Église Notre-Dame a vu le baptême du prince impérial, le *Te Deum* pour les victoires de Crimée et d'Italie, le mariage du prince Napoléon, les obsèques du prince Jérôme, les obsèques de l'archevêque de Paris Sibour, assassiné, les obsèques du cardinal-archevêque Morlot.

En fait de reliques, Notre-Dame possède la sainte couronne, deux des clous qui attachaient le Christ à la croix, plus un fragment de la vraie croix, envoyé en 1109 à Galon, évêque de Paris, par Anseau, chantre de l'église du Saint-Sépulcre, à Jérusalem.

La relique de la sainte Couronne était un faisceau de fragments d'un arbrisseau de Judée, armé d'épines très-longues.

Elle fut conservée à la Sainte-Chapelle avec une portion de l'éponge et de la lance de la passion jusqu'en 1793, où elle fut tirée de son reliquaire, rompue en trois parties et livrée à la commission des arts.

Enfin, en 1814, sur la demande du cardinal de Belloy, archevêque de Paris, M. Portalis, ministre des cultes, ordonna que la sainte Couronne d'épines fût déposée dans le trésor de l'église métropolitaine de Paris.

Quant aux clous, ils viennent l'un de l'abbaye de Saint-Denis, l'autre de l'abbaye Saint-Germain des Prés.

Celui de Saint-Denis fut donné, en l'an 800, à l'empereur Charlemagne par le patriarche de Jérusalem. Le roi de France Charles le Chauve le retira du trésor d'Aix-la-Chapelle pour en faire présent aux religieux de l'abbaye de Saint-Denis.

Le clou de Saint-Denis est enfermé dans un tube de cristal d'environ quatre pouces de long, en forme de clou, orné d'une tête et d'une pointe en vermeil. Le saint clou a trois pouces trois lignes de long : la tête est échancrée et la pointe un peu altérée ; il est couvert de rouille dans toute sa longueur.

Le second clou, donné avec un morceau de la vraie croix par Anne de Clèves, princesse palatine, à l'abbaye de Saint-Germain, est un fragment de treize lignes en forme de pointe. En 1827, il fut déposé dans le trésor des reliques de l'église métropolitaine.

Ajoutons encore à toutes ces richesses religieuses, un doigt de saint Jean-Baptiste et une grande partie de la tête de saint Denis, reliques dont l'authenticité a été vivement contestée par les moines de l'abbaye de ce nom.

Notre-Dame de Lorette (église de).

Cette église est située au bas de la rue des Martyrs et de la rue Notre-Dame de Lorette. Sa construction est récente ; elle fut bâtie en 1823, sur les dessins de l'architecte Hippolyte Lebas. Elle fut livrée au culte en 1837.

La longueur extérieure de l'église est de 68 mètres, sa largeur de 32. Sur le fronton qui regarde la rue Laffitte, on lit l'inscription dédicatoire suivante :

BEATÆ MARIÆ VIRGINI LAURETANÆ.

Elle est ornée de peintures murales qui en recouvrent entièrement l'intérieur. La nef de l'église est splendide : elle est formée par deux rangs de colonnes ioniques. Elle renferme dix chapelles ; ces chapelles sont, comme l'église, parfaitement décorées.

Les tableaux et les sculptures sont signés par Lemaire et Nanteuil.

Notre-Dame des Victoires (église de).

Située place des Petits-Pères ; c'est l'ancienne église du couvent des Augustins. Elle fut commencée en 1656, et terminée en 1729. Son style n'a rien de remarquable. Elle renferme le tombeau de Lulli.

Sainte-Chapelle (église de la).

La Sainte-Chapelle est enclavée dans le Palais-de-Justice. Construite sous saint Louis pour servir de dépôt aux reliques de Baudouin, roi de Jérusalem, elle renferma dans la suite des archives judiciaires. La *Sainte-Chapelle* a été complétement restaurée en 1850. Rien de plus élégant que sa flèche.

Clotilde (église de Sainte-).

Commencée en 1846, cette église doit sa construction à l'initiative de la reine Marie-Amélie, qui voulut remplacer la petite chapelle de *Sainte-Valère* par une église plus grandiose.

Les dessins sont de l'architecte Gau. L'architecture ressemble à celle du quatorzième et du quinzième siècle. La façade est flanquée de deux tours, dont les flèches ont 65 mètres de hauteur.

Les décorations intérieures, les sculptures et les peintures sont dues aux meilleurs artistes.

Élisabeth (église de Sainte-).

Située rue du Temple, vis-à-vis le marché ; Marie de Médicis en posa la première pierre.

Une belle coupe de marbre blanc, portant la date de 1654, sert de fonts baptismaux. Quelques tableaux de Paul Jourdy, des boiseries du seizième siècle, voilà ce que Sainte-Élisabeth renferme de remarquable.

La nouvelle voie, qui part de la caserne du Prince-Eugène au boulevard Sébastopol, vient de dégager complétement cette église.

Étienne du Mont (église de Saint-).

Cette église est située sur la place du Panthéon. La date de sa fondation remonte à l'an 1121. Marguerite de Valois posa la première pierre du portail.

Le jubé seul de Saint-Étienne du Mont suffirait pour placer cette église au rang des plus remarquables de Paris. Le portail est d'architecture byzantine flanquée d'une haute tour carrée.

Lesueur, Racine et Pascal ont été inhumés dans cette église.

Eugénie (église de Sainte-).

Située rue Sainte-Cécile, elle occupe l'emplacement de l'ancien garde-meuble. Elle vient d'être terminée récemment. On y remarque l'ornementation qui est out entière en fonte de fer.

Eustache (église de Saint-).

L'église de Saint-Eustache est, après Notre-Dame, la plus grande de Paris. Commencée en 1532, elle fut achevée cent dix ans plus tard.

Le vaisseau de Saint-Eustache est l'un des plus beaux de France, et les chapelles latérales, qui ont été décorées en 1855, présentent un ensemble d'une grande richesse.

L'orgue de Saint-Eustache est renommé. Il fut incendié en 1844.

Colbert a été inhumé dans cette église.

François d'Assises (église de Saint-).

De construction récente (1824 à 1828), ne possède de remarquable que quelques tableaux de Paulin Guérin, d'Ary Schœffer, et deux statues de Germain Pilon et de Pierre Sarrazin.

Saint-François d'Assises est située rue du Perche.

François-Xavier (église de Saint-).

SAINT-FRANÇOIS-XAVIER DES MISSIONS ÉTRANGÈRES, située rue du Bac.

Germain l'Auxerrois (église de Saint-).

La fondation de Saint-Germain-l'Auxerrois remonte, dit-on, au roi Chilpéric. Cette église fut construite en 606 et en 656. Saint Landry y fut enterré.

Appelée d'abord *Saint-Germain le Rond*, elle fut en partie détruite par les Normands; le roi Robert la reconstruisit. Ce fut, dit-on, la cloche de Saint-Germain l'Auxerrois qui donna le signal des massacres de la Saint-Barthélemy.

Le portail de cette église a été réparé en 1842. C'est une des plus curieuses merveilles d'architecture gothique de Paris. La tour, construite récemment, a 40 mètres d'élévation ; elle est placée entre l'église et la mairie du 1er arrondissement.

L'intérieur a cinq nefs. On entre dans l'église par trois portes parallèles chargées d'architecture. Les vitraux peints de Saint-Germain l'Auxerrois sont fort remarquables.

La cure de Saint-Germain a été, jusqu'avant la première révolution, très-riche et très-puissante ; de nombreux colléges et couvents y étaient annexés. En 1831, elle fut saccagée par le peuple.

Le château des Tuileries dépend de la paroisse de Saint-Germain l'Auxerrois.

Cette église contient un grand nombre de sépultures célèbres.

Germain des Prés (église de Saint-).

L'église Saint-Germain des Prés, placée sur la rive gauche de la Seine dans le quartier Saint-Germain, fut fondée en 543 par Childebert Ier au retour de son expédition d'Espagne, pour y déposer une sainte croix qu'il rapportait de Tolède et les reliques de saint Vincent qu'il avait recueillies à Valence où ce saint fut mis à mort. Mais le jour même où l'évêque de Paris, saint Germain, en faisait la dédicace, le

23 décembre 558, Childebert Ier expirait. Il fut inhumé le premier dans cette église.

Le couvent de Saint-Germain prit une grande importance sous les préfets du palais, et on voit un abbé de Saint-Germain envoyé en Espagne comme ambassadeur de Charles Martel. Les possessions du couvent s'étendaient vers l'année 800, sous l'abbé Irminou, jusque dans la Normandie, l'Orléanais et jusque dans certaines parties du Berry.

Mais les invasions des Normands vinrent détruire cette prospérité, et en 845, ils livrèrent l'abbaye aux flammes. Le fameux abbé Gozlin, qui s'était signalé parmi les défenseurs de Paris par son courage et son habileté, chercha à relever une partie de son abbaye, mais une nouvelle irruption des Normands la ruina de nouveau.

En l'an 1000 seulement, l'abbé Morard commença à la reconstruire, mais elle ne s'acheva entièrement qu'en 1163, époque où le pape Alexandre III en fit la dédicace et la consécration.

En 1227, l'abbé Eudes fit bâtir un nouveau cloître, et sous l'abbé Hugues d'Issy, qui le remplaça, l'habile architecte Pierre de Montereau éleva la chapelle de la Vierge. Saint-Germain vers ce temps présentait presque l'aspect d'un château fort : les murailles étaient flanquées de tours et environnées de fossés ; un canal, qui commençait à la rivière et que l'on nommait la *Petite-Seine*, coulait le long du terrain où est maintenant la rue des Petits-Augustins, tombait dans les fossés et séparait le *Grand-Pré aux Clercs du Petit.* Les démêlés de l'abbaye avec les écoliers furent très-fréquents.

En voici un des principaux épisodes raconté par dom Bouillart : l'abbé Gérard de Moret avait fait bâtir avec sa communauté quelques murailles et autres édifices aboutissant sur le chemin qui conduisait au *Pré aux Clercs.* Les écoliers, qui souvent y allaient en grand nombre, trouvèrent mauvais que l'on eût fait ces bâtiments et rendu ce chemin plus étroit. Ils en vinrent aux voies de fait et démolirent ce qui avait été construit. Les moines de l'abbaye envoyèrent aussitôt leurs officiers pour faire cesser ce désordre, mais comme ils n'étaient pas les plus forts, plusieurs habitants du faubourg se joignirent à eux. La résistance des écoliers les obligea d'en venir aux mains, de sorte que plusieurs furent blessés de part et d'autre. Deux écoliers furent tués : Gérard de Dôle et le fils de Pierre le Scelleur.

L'Université porta ses plaintes au pape. Etienne de Pontoise, religieux et prévôt de l'abbaye, fut enfermé dans le monastère de Cluny pour y faire pénitence pendant cinq ans. Quant au chemin, objet des contestations, il fut abandonné à l'Université.

Pendant un espace de quatre cents ans, l'abbaye subit de nombreuses modifications qu'il serait trop long d'énumérer ici. Enfin le 13 février 1702, l'abbaye de Saint-Germain fut supprimée pour faire place à la rue Saint-Germain des Prés, aujourd'hui rue Bonaparte.

La longueur hors d'œuvre de l'église Saint-Germain des Prés, y compris l'espace occupé par la Tour carrée qui s'élève à son entrée, est de 298 pieds. Sa largeur, sans y comprendre les chapelles qui l'entourent, est de 70 pieds.

Cette église fut pendant la révolution occupée par une fabrique de salpêtre. A l'avénement de Charles X elle fut entièrement restaurée.

Les peintures murales très-remarquables sont dues à Hippolyte Flandrin ; et tout récemment on vient d'inaugurer dans un des bas côtés le buste en marbre du célèbre artiste.

Gervais (église de Saint-).

Située derrière l'hôtel de ville. Sa dernière construction date de 1420. Son portail est fort remarquable : ce fut Louis XIII qui en posa la première pierre.

L'intérieur de cette église n'offre rien d'extraordinaire : ses voûtes sont prodigieuses d'élévation, ses vitraux sont d'une certaine célébrité, et la chapelle de la Vierge est à visiter.

Jacques du Haut-Pas (église de Saint-).

Située rue Saint-Jacques : construite vers le milieu du dix-septième siècle, renferme les tombeaux de Cassini et de l'abbé Cochin.

Jean-Baptiste de Belleville (église de Saint-).

Commencée en 1854, terminée en 1859 sur les dessins de MM. Lassus et Truchy, architectes. Son style d'architecture est celui du treizième siècle,

Son portail est magnifique; il est flanqué de deux tours surmontées de flèches élancées et mesurant près de soixante mètres de hauteur.

Laurent (église de Saint-).

Cette église est située boulevard de Strasbourg, place de la Fidélité.

Sous Philippe-Auguste, elle fut érigée en paroisse : rebâtie en 1429 et en 1595, son portail principal n'a été élevé qu'en 1622 : on vient de le réédifier complétement.

L'architecture extérieure est du style grec : l'intérieur a été décoré par Blondel, l'autel par Lepointre. Tableau remarquable : *le Martyre de saint Laurent*, par Greuze.

Leu (église de Saint-).

C'était, en 1255, une chapelle ; reconstruite en 1320, rebâtie en 1727, en 1617 seulement elle devint église paroissiale. Pendant la révolution, elle servit de magasin de salpêtre et en 1813 elle fut rendue au culte.

L'intérieur de l'église est d'un style du dix-septième siècle ; on y remarque des œuvres d'art en sculpture et en peinture. La grille en fer forgé qui entoure la nef est fort remarquable.

Louis d'Antin (église de Saint-).

Construite en 1785 pour le couvent des Capucins, sur les dessins de Bronguiart, elle ne fut livrée au culte que plus tard. Cette église ne possède qu'une seule nef et ne présente rien de remarquable.

Louis en l'Isle (église de Saint-).

Située rue Saint-Louis en l'île, possède un beau clocher à jour, bâti en pierres de taille, de trente mètres de hauteur. Commencée en 1526, terminée seulement en 1664.

Quinault y a été inhumé.

Marguerite (église de Sainte-).

Cette église date en réalité du dix-huitième siècle : elle n'a rien d'extraordinaire comme architecture. Située rue Saint-Bernard.

A l'intérieur quelques tableaux sont renommés ; l'entrée, formée de deux arcades, est surmontée de la statuette de Vaucanson, mort en 1782 et inhumé dans l'intérieur de l'église. Autrefois il y avait un cimetière autour de cette église : on dit que le corps de Louis XVII, mort dans la prison du Temple, y fut inhumé ; mais on n'en a retrouvé aucune preuve.

Martin (église de Saint-).

Située rue du Château d'Eau, ne présente rien de remarquable.

Médard (église de Saint-).

Autrefois cette église dépendait de l'abbaye de Sainte-Geneviève : elle fut célèbre par les miracles que la secte des convulsionnaires venait opérer sur la tombe du diacre janséniste Pâris, enterré dans un cimetière que l'autorité fit fermer.

On y remarque des tableaux de Caminade et de Jules Dupré.

Merry (église de Saint-).

Appelée aussi SAINT-MÉDÉRIC, située rue Saint-Martin : cette église est très-ancienne, elle date du treizième siècle. François Ier la fit reconstruire en style gothique.

Elle renferme de beaux tableaux.

Nicolas des Champs (église de Saint-).

Située rue Saint-Martin, près du *Conservatoire des Arts et Métiers*. Sa reconstruction remonte au dixième siècle. En 1374 elle devint église paroissiale. Insuffisante elle fut agrandie vers la fin du règne de François Ier.

Cette église est fort remarquable comme architecture ; les sculptures des portes surtout sont fort belles. Elle renferme les tombeaux de Guillaume Budé, Pierre Gassendi, mademoiselle de Scudéry, et Gaston de Rochechouart.

Le côté méridional de cet édifice vient d'être dégagé par le prolongement de la rue Turbigo.

Nicolas du Chardonneret (église de Saint-).

C'était en 1230 une simple chapelle. En 1656 on la reconstruisit, mais elle n'a jamais été terminée ; elle n'a pas de portail.

L'intérieur de cette église est remarquable; le chœur est tout pavé en marbre. Elle renferme des tableaux de Lebrun, Ch. Coypel, Lesueur, Dupuy et Mignard.

La mère de Lebrun a été inhumée dans l'église, son tombeau est une œuvre fort remarquable.

Saint-Nicolas du Chardonneret est située rue Saint-Victor.

Saint-Paul-Saint-Louis (église de).

Commencée en 1627 par l'architecte François Derraud, cette église servit longtemps de chapelle aux jésuites. Elle fut terminée en 1641 : son portail a été exécuté par l'architecte Marcel Ange, de la Société de Jésus : Ce fut le cardinal de Richelieu qui paya les travaux.

Les grisailles du chœur sont d'Abel de Pujol.

Rabelais, Bourdaloue, l'Homme au masque de fer, François et Hardouin Mansard, le maréchal de Biron, furent enterrés dans le cimetière de cette église, mais tous ces tombeaux ont disparu à l'exception de celui de Bourdaloue.

Saint-Paul et Saint-Louis est situé rue Saint-Antoine.

Philippe du Roule (église de Saint-).

Située dans la rue du Faubourg-Saint-Honoré, fut construite de 1769 à 1784, sur les dessins de l'architecte Chalgrin.

L'église est d'une grande simplicité. Elle a été

cependant récemment décorée de peintures à fresques par Théodore Chasseriau et Claudius Jacquand.

Pierre de Chaillot (église de Saint-).

Reconstruite en partie vers 1750 ; située rue de Chaillot.

Pierre du Gros-Caillou (église de Saint-).

Construite en 1822 par Godde. Ne présente rien de remarquable.

Pierre de Montmartre (église de Saint-).

D'abord église des Bénédictins. — C'est dans cette église qu'Ignace de Loyola prononça ses vœux, le 15 août 1534, avec les neuf premiers compagnons qui l'aidèrent à propager son ordre. Située rue Saint-Denis-Montmartre.

Roch (église de Saint-).

La première pierre de cette église fut posée par Louis XIV et Anne d'Autriche, sa mère. Ce fut le banquier Law qui donna, après sa conversion au catholicisme, les fonds nécessaires pour la terminer.
Saint-Roch est célèbre par divers événements politiques : c'est là que Bonaparte fit tirer le canon contre les insurgés de Vendémiaire ; deux fois les portes de l'église furent enfoncées pour y introduire le cercueil de la tragédienne Raucourt et celui de la

Duchesnois. Le 27 juillet 1830, une barricade formidable s'éleva devant l'église.

Saint-Roch a été bâtie d'après les dessins de Mercier et de Cotte : elle renferme les tombeaux de Corneille, du cardinal Dubois, du duc de Créqui, de Mignard, de Lesdiguières, de Maupertuis, de Le Nôtre, de madame Deshoullières et de l'abbé de l'Épée.

On y remarque la chaire qui est fort belle, et qui a été exécutée sur les dessins de Challes.

Dix-huit chapelles sont construites sur les bas côtés.

L'extérieur de l'église est très-imposant et son portail est élevé au-dessus de seize marches. Elle était sous Louis-Philippe paroisse royale. Son clocher est presque entièrement isolé du temple.

Séverin (église de Saint-).

Située rue Saint-Séverin : cette église est de fondation très-ancienne, et un oratoire érigé du temps de Childebert sur le tombeau d'un solitaire fut la première origine de cette église.

En 1794, on fit de Saint-Séverin un atelier pour la fabrication du salpêtre : elle fut rendue au culte sous le Consulat.

Le style d'architecture de cette remarquable église contient les deux types principaux du moyen âge : le roman et le gothique ; le portail septentrional a été décoré avec le porche de l'antique église de Saint-Pierre aux Bœufs : les vitraux de l'abside sont d'une grande beauté.

Sorbonne (église de la).

Ce fut Robert de Sorbon qui fonda cette église en 1253 : elle fut rebâtie en 1326 : Richelieu la fit une seconde fois reconstruire ; aussi y fut-il enterré. Son tombeau est un chef-d'œuvre ; il est dû au ciseau de Girardon.

Un magnifique dôme flanqué de quatre campanilles et de statues est d'un effet grandiose à l'extérieur. La coupole est en outre décorée à l'intérieur de peintures les meilleures peut-être de Philippe de Champagne. Cette église fait partie du *Collège de la Sorbonne* qu'on comprend sous une même dénomination.

Sulpice (église de Saint-).

La reine Anne d'Autriche commença cette église en 1646. On y travailla jusqu'en 1733. L'édifice n'est pas encore achevé. Des architectes renommés ont successivement conduit les travaux de ce superbe monument : Louis Leveau, Servandoni, Maclaurin et Chalgrin.

Ce furent ces deux derniers qui élevèrent les tours qui sont plus hautes que celles de Notre-Dame, puisqu'elles ont soixante-dix mètres au-dessus du sol.

On cite le portail de Saint-Sulpice comme une merveille. La longueur totale de l'église est de 144 mètres. A l'intérieur, Saint-Sulpice est fort remarquable : je citerai presque toutes les chapelles qui l'entourent, mais particulièrement celle de la Vierge éclairée par un jour mystérieux, le buffet d'orgues, la chaire et la méridienne tracée en 1743. — Tableaux d'Eugène Delacroix.

Thomas d'Aquin (église de Saint-).

Cette paroisse dépendait autrefois du couvent des dominicains, puis des jacobins réformés ; elle fut commencée en 1683 et achevée en 1779 sur les dessins de Pierre Bullet.

L'extérieur de Saint-Thomas d'Aquin ne présente rien de remarquable : quant à l'intérieur du chœur, la boiserie est fort renommée ; le plafond est peint à fresque par Lemoine ; une statue de la Vierge et une autre de saint Vincent de Paul ornent les chapelles. On y remarque encore un *Saint-Thomas d'Aquin apaisant la tempête*, par Ary Schæffer.

L'église est située sur la place qui porte son nom.

Vincent de Paul (église de Saint-).

Située sur la place Lafayette, cette église a été construite de 1824 à 1844. Son aspect extérieur est imposant. On arrive au parvis par deux escaliers de cinquante degrés disposés en une rampe ornée de balustrades en pierre. Ces travaux sont l'œuvre de M. Hirtoff.

La façade de l'église s'étend sur toute la largeur du monument : la porte principale est en fonte. Le fronton est décoré de la statue de saint Vincent de Paul. Deux tours carrées s'élèvent de chaque côté à

51 mètres au-dessus de la place Lafayette. Des statues de saints, d'évangélistes, de docteurs dus au ciseau de MM. Brian, Foyatier, Barre et Valois, ornent les piédestaux du parapet bordant une immense terrasse placée entre les deux tours.

Hippolyte Flandrin a peint toute la nef et l'abside, Picot, la coupole du chœur.

Saint-Vincent de Paul renferme des vitraux qui rappellent les plus belles verrières de nos antiques basiliques. Citons : la rose du grand portail, la verrière du fond de l'abside, et celle de la chapelle de la Vierge. Elles sont de MM. Maréchal et Gugnon.

N'oublions pas encore un calvaire en bronze de Rude qui décore le maître-autel, et les stalles sculptées par M. Millet.

Trinité (église de la).

Cette église est de fondation toute récente et les travaux en sont aujourd'hui à peine terminés. Elle est placée à l'extrémité de la rue de la Chaussée-d'Antin sur un vaste terrain compris entre les rues Blanche et de Clichy.

Cet édifice religieux a un développement de 90 mètres de long sur 30 de large; sur la façade principale, placée dans l'axe de la rue de la Chaussée-d'Antin, se trouvent trois grandes portes, sans préjudice des autres baies et issues dont sont pourvues les autres faces. Le ton général du monument rappelle le style de la Renaissance. Un grand porche, dominé par un étage percé d'une rosace, et un clocher de 60 mètres d'élévation composent l'ensemble de la façade. Une descente à couvert précède le porche où les voitures arrivent par des rampes très-douces.

Le grand mur pignon est surmonté d'une balustrade et de deux tourelles qui servent de cages aux escaliers destinés à desservir les tribunes et les parties hautes de l'édifice.

A l'intérieur, l'église présente une vaste nef avec de grandes galeries courant tout autour; les galeries sont disposées en forme de tribune. De chaque côté de la nef se trouve un passage pour faciliter le service des chapelles latérales. Le chœur, exhaussé de quelques marches, est en communication avec deux sacristies placées l'une à droite et l'autre à gauche.

Des chapelles souterraines sont établies sous cette dernière partie de l'édifice. On y pénètre d'abord par deux escaliers intérieurs, et ensuite par deux autres escaliers ayant directement accès à l'extérieur et destinés aux personnes qui veulent visiter les cryptes sans passer par l'église. La dépense totale s'élève à la somme de 3 millions 231,000 fr.

La chapelle de la Trinité, que cette nouvelle église remplace, fut d'abord construite rue de Calais, en 1810; mais, devenue promptement insuffisante, elle fut remplacée, en 1851, par celle qui existe aujourd'hui et qui disparaîtra bientôt à son tour.

Nous ajouterons à ces églises, celles moins importantes de Notre-Dame d'Auteuil; Notre-Dame de Bercy; Notre-Dame des Champs; Notre-Dame de Clignancourt; Notre-Dame de la Croix de Ménilmontant, en construction; Notre-Dame de Plaisance; Saint-André; Saint-Eloi; Saint-Ferdinand des Ternes; Saint-Jacques et Saint-Christophe de la Villette; Saint-Jean-Baptiste de Grenelle; Saint-Jean; Saint-François; Saint-Lambert de Vaugirard; Saint-Marcel; Saint-Marcel de la Maison-Blanche; Saint-Michel des Batignolles et Saint-Pierre du Petit-Montrouge.

TEMPLES NON CATHOLIQUES

Oratoire (temple de l').

Ce temple, situé rue Saint-Honoré, fut bâti en 1621 pour les prêtres de l'Oratoire; mais l'ordre ayant été supprimé en 1790, l'édifice servit à des réunions publiques. En 1802 il fut cédé aux protestants de la confession de Genève.

L'architecture accuse un style grec d'un imposant effet.

Ce temple est situé rue Saint-Honoré.

L'abbaye de Panthemont.

Cette abbaye, située rue de Grenelle, appartenait aux religieuses de Citeaux pour lesquelles elle avait été construite en 1755. Elle représente une croix grecque dans sa disposition. En l'an x de la République, elle servit de temple aux Calvinistes.

Temple de la rue Chauchat ouvert en 1843.

Temple anglican ou Église épiscopale anglicane ou Chapelle anglicane de l'ambassade anglaise.

Ce temple, bâti en 1833, est situé rue d'Aguesseau,

faubourg Saint-Honoré, près de l'ambassade anglaise. On y remarque un orgue magnifique qui est placé derrière l'autel : ce temple est splendidement décoré ; la galerie dite de l'Ambassade est d'une grande richesse.

Église des Suisses.

Située rue Saint-Honoré, ne présente rien de remarquable.

Église des Frères Moraves.

Située rue Miromesnil.

Chapelle Marbœuf.

Située dans l'avenue de ce nom : cette chapelle présente une architecture d'un très-beau style. Des galeries entourent le temple à l'intérieur.

Chapelle Américaine.

Située rue de Berry.

Chapelle Wesleyenne.

Située rue Royale, n'a rien de remarquable.

Église Russe.

De construction récente (1859 à 1861), bâtie sur les dessins de M. Kouzmine.

L'intérieur de l'église présente la forme d'une croix grecque : un immense dôme doré surmonte l'édifice, qui est flanqué aux quatre coins de quatre dômes moins importants.

L'intérieur de l'église est d'un style bysantin. Elle est ornée de fresques remarquables. Tous les dessins des peintures ont été empruntés à la célèbre église Sainte-Sophie de Constantinople. Une grande richesse règne dans les ornements qui sont tous rehaussés de dorures du plus magique effet.

La Grande Synagogue.

Temple juif situé rue Notre-Dame de Nazareth : bâti sur les dessins de l'architecte Thierry. L'architecture est assez remarquable. Elle rappelle le style oriental et byzantin.

Archevêché.

L'archevêché était placé encore en 1830 près de l'église Notre-Dame ; mais saccagé et démoli le 19 février 1831, on le transporta dans l'ancien hôtel Duchâtelet, au coin de la rue de Grenelle et du boulevard des Invalides où il est encore aujourd'hui.

Séminaire de Saint-Sulpice.

Situé à côté de l'église Saint-Sulpice sur la place de ce nom. Il fut construit sous le règne de Charles X. Il peut contenir 150 élèves. Ce séminaire possède une succursale à Issy près Paris.

Séminaire des Missions étrangères.

Situé rue du Bac.

CHAPITRE III

PLACES, SQUARES, COLONNES, ARCS DE TRIOMPHES TOURS ET STATUES.

Place et Colonne de la Bastille. — Place Beauvau. — Place et Colonne du Châtelet ou Colonne du Palmier — Place et Arc de triomphe du Carrousel. — Place de la Concorde. — Obélisque de Louqsor. — Place et Colonne Dauphine. — Place de l'Europe. — Place de l'Hôtel-de-Ville. — Place Lafayette. — Place Louvois. — Place Notre-Dame. — Place du Prince-Eugène. — Place Roubaix. — Place Royale. — Place et Colonne Vendôme. — Place des Victoires. — Statue de Louis XIV. — Arc de triomphe de l'Étoile. — Arc de triomphe de la Porte-Saint-Martin. — Arc de triomphe de la Porte-Saint-Denis. — Tour Saint-Jacques. — STATUES : de Henri IV, de Louis XIV, du maréchal Ney, de Bichat, de Larrey, du prince Eugène. — SQUARES : des Arts-et-Métiers, Sainte-Clotilde, de l'Europe, des Innocents, Saint-Jacques, Louvois, Montholon, de l'Hôtel de-Ville.

Place de la Bastille.

Charles V, en fortifiant les murailles d'enceinte de Paris, fit construire une forteresse nommée la Bastille-Saint-Antoine. Hugues Aubriot en posa la première pierre le 22 avril 1369.

En l'année 1418, lors de la querelle des Armagnacs et des Bourguignons, ces derniers assiégèrent la Bastille-Saint-Antoine, où les Armagnacs s'étaient retirés : les portes en furent enfoncées et vingt prisonniers furent massacrés par le peuple.

En 1649, pendant la guerre dite de *la Fronde*, sous la minorité de Louis XIV, la cour fut obligée de se retirer à Saint-Germain; les Parisiens s'étant révoltés, veillèrent à la défense de leur ville. La Bastille fut confiée à la garde de Broussel et de son fils. Le canon de cette forteresse fut tiré contre l'armée du roi, commandée par Turenne qui poursuivait les frondeurs, à la tête desquels était le prince de Condé.

On sait que cette forteresse, sous Louis XIV, sous la régence, sous Louis XV et sous Louis XVI, servit de prison d'État, et les fameuses lettres de cachet ont leur triste célébrité dans l'histoire. La révolution de 1789 commença par la prise de la Bastille que les Parisiens avaient assiégée et qui fut vigoureusement défendue par les Suisses qui y tenaient garnison.

La Bastille fut rasée et, sur son emplacement, on a élevé en 1830 la colonne dite *Colonne de Juillet* ou de la *Liberté*.

Colonne de la Bastille.

Sur l'emplacement de la Bastille, on vit longtemps un énorme éléphant en maçonnerie, qui fut abattu pour faire place au monument actuel inauguré le 28 juillet 1840 par le roi Louis-Philippe. Le piédestal est en marbre; il repose sur une voûte en ogive sous laquelle passe le canal Saint-Martin. Le sommet de la colonne représente la statue du génie de la Liberté tenant d'une main des chaînes brisées et de l'autre un flambeau. La colonne est en bronze et dans son fût est pratiqué un escalier à colimaçon de 210 marches également en bronze. Les travaux, commencés par M. Alavoine, ont été terminés par M. Louis Le Duc. Sur le piédestal de la statue on lit les inscriptions suivantes :

LOI DU 13 DÉCEMBRE 1830
ART. 15
UN MONUMENT SERA CONSACRÉ A LA MÉMOIRE DE L'ÉVÉNEMENT
DE JUILLET
LOI DU 9 MARS 1833
ART. 2
CE MONUMENT SERA ÉRIGÉ SUR LA PLACE DE LA BASTILLE
A LA GLOIRE
DES CITOYENS FRANÇAIS
QUI S'ARMÈRENT ET COMBATTIRENT
POUR LA DÉFENSE DES LIBERTÉS PUBLIQUES
DANS LES MÉMORABLES JOURNÉES
LES 27 28 ET 29 JUILLET 1830

Place Beauvau.

La place Beauvau est située en face de l'avenue Marigny. Autrefois, l'ambassade de Naples y était établie ; aujourd'hui c'est le ministère de l'intérieur, dont les bureaux sont situés rue de la Ville-l'Évêque et rue de Grenelle-Saint-Germain.

Place du Châtelet.

La place du Châtelet est située entre les deux nouveaux théâtres (Théâtre-Lyrique et du Châtelet). Au milieu de cette place s'élève :

La colonne du Palmier.

Dite aussi *colonne de la Victoire*, érigée en 1808.

Cette colonne a 19 mètres de hauteur. Sur son piédestal sont quatre statues représentant la Justice, la Force, la Prudence et la Vigilance. Le fût de la colonne est séparé en zones de bronze doré sur lesquelles sont inscrites les principales victoires de Napoléon 1er. Au sommet, soutenue par un globe, s'élève la statue de la Victoire. Une fontaine décorée de quatre sphinx baigne le pied de la colonne.

Place du Carrousel.

La place du Carrousel s'étend depuis la grille des Tuileries jusqu'aux pavillons de Rohan du côté de la rue de Rivoli, et de Lesdiguières du côté du quai. Cette place, qui autrefois s'étendait jusqu'aux bâtiments du vieux Louvre, sert à la revue des troupes.

On y remarque, faisant face au pavillon de l'Horloge, un petit arc de triomphe connu sous le nom d'

Arc de triomphe du Carrousel.

Il fut érigé en 1806 sur les dessins de Fontaine et de Perrier, en souvenir de la campagne d'Austerlitz.

Il a été fait sur le modèle de l'arc de Septime Sévère, à Rome. Il a trois arcades, quatre colonnes corinthiennes en marbre, une arcade transversale, douze bas-reliefs, huit statues et un quadrige, qui a remplacé le fameux char antique aux quatre chevaux de bronze de Saint-Marc. Il est l'œuvre du baron Bosio.

Des bas-reliefs en marbre ornent les quatre faces

de ce monument sur lesquelles on lit des inscriptions commémoratives.

Place de la Concorde.

La place de la Concorde, située entre le jardin des Tuileries et l'avenue des Champs-Elysées, fut d'abord nommée *place Louis XV*, puis *place de la Révolution*. Cette place est ornée avec un luxe merveilleux ; deux fontaines splendides s'élèvent sur chacun de ses côtés ; huit pavillons sont surmontés de statues représentant les villes de Lyon, Marseille, Bordeaux, Rouen, Nantes, Lille, Strasbourg et Brest. De larges trottoirs entourent la chaussée éclairée la nuit au gaz par des réverbères fixés sur des poteaux en fonte bronzés.

Les décorations de cette place magnifique, qui n'a pas de rivale en Europe, ont été commencées sous le règne de Louis-Philippe et complétement terminées sous celui de Napoléon III.

Obélisque de Louqsor.

Cet obélisque provient des ruines de Thèbes : il fut donné en 1819 par Mahémet-Ali au gouvernement français. On l'apporta avec beaucoup de peine et il fut dressé sur son piédestal par M. Lebas, ingénieur, le 25 octobre 1836, en présence du roi Louis-Philippe.

La hauteur totale de cette pierre, qui est d'un seul bloc, est de 22 mètres 50 centimètres : son poids est de 250,000 kilogrammes. Cette colonne est couverte d'hiéroglyphes du temps de Sésostris.

Près du moulin de Montmartre est encore un obélisque qui fut élevé en 1736, par ordre du roi, pour servir d'alignement à la méridienne de Paris, du côté du nord.

Place et colonne Dauphine.

La place Dauphine est située au milieu du Pont-Neuf, vis-à-vis la Préfecture de police. Elle est entourée de maisons particulières. Au milieu de cette place, complétement ronde, s'élève le buste du général Désaix. Une grille entoure le piédestal de la colonne.

Place de l'Europe.

Située au haut de la rue de Berlin et de la rue de Londres, près le chemin de fer de l'Ouest (gare Saint-Lazare). Il y a deux ans existait sur cette place un jardin entouré de grilles, qui portait le nom de *jardin de l'Europe*. Il a été détruit.

Place de l'Hôtel-de-Ville.

Cette place a porté longtemps le nom de *Place de Grève*. Sa création date du douzième siècle : elle servit d'abord de marché au vin, puis de marché au charbon ; on y vendit ensuite des vieux habits, enfin après la révolution de Juillet on y fit commerce d'armes de toutes sortes.

Comme *Place de Grève*, cet endroit possède une

histoire terrible, car c'était sur cette place qu'on suppliciait, et pendant cinq siècles ce fut le lieu consacré aux exécutions capitales. La cour tout entière assistait souvent à ces affreux spectacles, et Catherine de Médicis et Charles IX s'y rendirent en grande pompe le 27 octobre 1572 pour y voir pendre aux flambeaux Briquemant et Cavagnes. C'est sur la place de Grève qu'on se servit pour la première fois, le 25 avril 1792, de la guillotine sur un assassin nommé Pelletier.

La place de l'Hôtel-de-Ville est ornée de candélabres aux nombreux becs de gaz, et sa chaussée est entourée de trottoirs magnifiques.

Place Lafayette.

La place Lafayette est située au faubourg Poissonnière ; elle tient à la rue de Strasbourg et aboutit à la rue Lafayette.

Place Louvois.

La place Louvois est située dans la rue de Richelieu, vis-à-vis la Bibliothèque impériale. On avait projeté, sous la Restauration, d'établir sur cette place un monument expiatoire ; mais, en 1835, ce lieu fut planté d'arbres et une fontaine s'éleva au milieu, sur les dessins de Visconti. Elle consiste en un vaste bassin en pierre de taille, surmonté d'un piédestal également en pierre, avec bas-reliefs en bronze. Au centre sont les figures en bronze des nymphes de la Seine, de la Loire, de la Saône et de la Garonne.

Cette fontaine est entourée d'un square, nommé *Square Louvois*.

Place Notre-Dame.

Située devant la cathédrale. Elle conduit à l'Hôtel-Dieu.

Place du Prince-Eugène.

Située sur le boulevard du même nom. La mairie du onzième arrondissement, la plus monumentale de Paris, bâtie récemment par M. Gancel, s'élève sur la place, vis-à-vis la statue en bronze du prince Eugène, érigée sur un socle entouré d'une grille. Le prince est représenté à pied, en costume de général.

Place Roubaix.

La place Roubaix est située près de la rue Lafayette : elle est attenante à la rue de Dunkerque. Elle ne présente rien de remarquable.

Place Royale.

C'est au roi galant que Paris doit la place Royale.

Au mois de juillet 1605, le roi Henri IV lançait l'ordonnance suivante :

« Henry, par la grâce de Dieu, etc.

« Ayant délibéré pour la commodité et l'ornement de notre bonne ville de Paris d'y faire une grande place bastie ès quatre costez, laquelle puisse estre propre pour aider à establir la manufacture des draps de soye et loger les ouvriers que nous voullons attirer en ce royaume le plus qu'il se pourra et par même moyen puisse servir de proumenoir aux habitants de nostre ville, lesquels sont fort pressez en leurs maisons à cause de la multitude du peuple qui y afflue de tous costés, comme aussi aux jours de ses réjouissances lorsqu'il se faict de grandes assemblées et à plusieurs autres occasions qui se rencontrent auxquelles telles places sont du tout nécessaires, nous avons résolu de destiner à cet effet le lieu à présent appelé le *Marché aux Chevaulz*, anciennement le parc des Tournelles et que nous voullons estre dorénavant nommé la *Place Royalle*. »

On peut dire que la place Royale est la première qui ait été digne de Paris. Henri IV était enchanté de son idée : il était impatient d'en voir presser l'exécution. De Fontainebleau il écrivait à Sully : « Veillez, je vous prie, les maçons et gâcheurs de plastre. » Lui-même y vint souvent et s'entretint avec les ouvriers des embellissements de sa chère place. Mais il n'eut pas la joie de la voir terminée. Ce fut en 1612 seulement qu'on l'inaugura.

Lorsque la paix fut signée avec l'Espagne, Louis XIII épousa Anne d'Autriche. Les fêtes les plus splendides eurent lieu sur la nouvelle place. Bassompierre, qui l'avait organisée, nous en a laissé la description avec une sorte d'orgueil.

En 1639 la statue équestre de Louis XIII fut placée au milieu de la place. C'est Louis XIV qui eut l'idée de faire entourer ce vaste terrain d'une magnifique balustrade qui coûta 35,000 livres (100,000f.) Cette balustrade fut terminée en 1701.

Sous le règne de Louis XV, la pauvre place resta déserte, et les procureurs seuls y venaient se promener.

Les consuls de la République française de l'an VIII ayant arrêté que le premier département qui aurait versé ses contributions dans les caisses du trésor donnerait son nom à une des places de Paris, le département des Vosges eut cet honneur, et voilà pourquoi la place Royale prit le nom de place des Vosges qu'elle a conservé, après plusieurs intermittences, jusqu'en 1852, époque à laquelle elle a repris sa dénomination première.

Au milieu de cette place s'élève la statue de Louis XIII, érigée en 1639 par le cardinal de Richelieu : fondue en 1772, rétablie en 1829 en marbre blanc, elle s'élève entre quatre bassins qui décorent la place.

Place Vendôme.

Ce fut Louis XIV qui, en 1688, ordonna la démolition d'un couvent des Capucines pour faire construire cette place.

Autour de cette place on reconstruisit cependant l'ancien couvent, et la façade de son église correspondit à l'axe de la place Vendôme.

Le marquis de Louvois et la marquise de Pompadour furent enterrés dans cette église, mais le couvent fut supprimé en 1790 : les bâtiments du monastère furent dans la suite destinés à la fabrication des assignats.

Les jardins qui entouraient ces bâtiments devinrent alors une promenade publique et le séjour des jeux et des amusements : là fut établi le premier *Panorama*.

C'est sur une partie de l'emplacement de cette maison religieuse qu'en 1806 fut ouverte la belle rue dite de *Napoléon*, puis *de la Paix*, qui se trouve dans l'alignement de la rue de Castiglione et de l'axe de la place Vendôme.

Colonne de la place Vendôme.

La colonne de la place Vendôme, ou *Colonne triomphale*, est érigée à la gloire de la Grande-Armée. Elle s'élève au centre de la place, et par la vaste ouverture des belles rues de Castiglione et de la Paix, elle s'aperçoit du boulevard des Capucines et du jardin des Tuileries; elle fut érigée en 1806 et terminée en 1810, par ordre de l'empereur Napoléon Ier.

Elle surpasse en hauteur les édifices qui l'environnent ; cette hauteur est de 43 mètres, y compris le piédestal; son diamètre est de 4 mètres. Sa fondation a 10 mètres de profondeur; elle a été assise sur le pilotis établi pour la statue équestre de Louis XIV.

Le piédestal de la colonne a 7 mètres d'élévation ; il est entouré par un pavé et trois gradins en marbre blanc. Ce piédestal, le fût de la colonne, son chapiteau et son amortissement, bâtis en pierre de taille, sont extérieurement revêtus de fortes lames de bronze chargées de bas-reliefs. Ce bronze provient des douze cents pièces de canon prises sur les armées russes et autrichiennes pendant la glorieuse campagne de 1805.

Le bronze employé à revêtir cette colonne pèse 1,800,000 livres.

Les quatre faces du piédestal présentent, en bas-reliefs, des trophées d'armes composés de canons, mortiers, obusiers, boulets, carabines, timbales, drapeaux, casques et de vêtements militaires. Au-dessus du piédestal et sur une espèce d'attique, se dessinent des festons de chêne, soutenus aux quatre angles par autant d'aigles en bronze, pesant chacun 500 livres. A l'imitation de la fameuse colonne d'Automne, le fût de celle-ci est couvert d'une suite de tableaux en bas-reliefs et en bronze, disposés en spirale, et dont les sujets représentent par ordre chronologique les principaux exploits qui signalèrent la campagne de 1805 depuis le départ des troupes du camp de Boulogne, jusqu'à la conclusion de la paix, après la bataille d'Austerlitz.

Les bandes de bronze sur lesquelles sont ces tableaux en bas-reliefs et qui contournent la colonne, depuis sa base jusqu'à son chapiteau, ont 1 mètre 20 centimètres de haut, et sont séparées entre elles par un cordon sur lequel est inscrite l'action représentée dans le tableau placé au-dessus.

Dans l'intérieur de cette colonne, on a pratiqué un escalier à vis; on y parvient par une porte ouverte sur une des faces du piédestal. Par cet escalier, composé de cent soixante-seize marches, on monte à une galerie placée au-dessus du chapiteau de la colonne.

Au-dessus de ce chapiteau s'élève une forme circulaire, ou espèce de calotte. Sur la partie de cette calotte, qui fait face aux Tuileries, on lit l'inscription suivante :

Monument élevé à la mémoire de la Grande-Armée, commencé le 25 août 1806, terminé 15 août 1810, sous la direction de M. Denon, directeur général, de M. G.-B. Lepère et de M. Gondouin, architectes.

C'est sur cette calotte que fut placée la statue pédestre de Napoléon Ier. Cette statue, qui, vue du sol de la place Vendôme, paraissait frêle et exiguë, avait néanmoins 10 pieds de hauteur et pesait 5,112 livres (1).

La statue resta pendant cinq ans sur le faîte de cette colonne, mais au mois de mai 1814, les événements politiques l'en firent descendre. Elle fut remplacée par une fleur de lis à quatre faces, haute d'un mètre, portée par une flèche de 18 pieds d'élévation, à laquelle fut adapté un drapeau blanc. Après les événements de Juillet, on plaça au sommet de la colonne la statue de Napoléon Ier, coulée en bronze, dans son costume resté populaire : redingote grise et petit chapeau.

En 1864, cette statue a été remplacée par une autre, également en bronze, représentant l'Empereur en costume romain.

Place des Victoires.

Cette place date de l'année 1685 ; elle est de forme

(1) DULAURE, *Histoire de Paris*, tome IX.

circulaire, et ne possède rien de remarquable que la statue équestre de Louis XIV.

Statue de Louis XIV.

Elle fut érigée en 1686 par le duc de la Feuillade : cette première statue était en bronze doré et représentait Louis XIV avec la pourpre. Détruite en 1792, elle fut remplacée, en 1806, par une statue en bronze de Desaix : enfin, en 1823, la statue de Louis XIV, due au baron Bosio, reparut sur la place des Victoires.

On lit d'un côté :

LUDOVICO MAGNO

Et de l'autre :

LUDOVICUS XVIII ATAVO SUO.

Arc de triomphe de l'Étoile.

La première pierre de ce monument fut posée le 14 août 1806, jour anniversaire de la naissance de Napoléon. L'architecte Chalgrin fournit les dessins de cet édifice, qui fut continué, après sa mort survenue en 1811, par Goust, son élève et son adjoint.

Dès l'année 1810, quelques parties s'élevaient à peine au-dessus du sol, lorsque, racontent les chroniqueurs, Marie-Louise, la nouvelle impératrice, fit son entrée solennelle à Paris. Une charpente provisoire et des toiles peintes représentèrent alors ce monument tel qu'il est aujourd'hui. Parti du château de Saint-Cloud, le cortège traversa le bois de

Boulogne, et, prenant la route de Neuilly, il fit son entrée à Paris sous l'arc de triomphe de l'Étoile.

Les fondations de ce monument retardèrent son élévation : les couches calcaires du sol n'offraient pas de solidité. On fut obligé, après avoir creusé à 24 pieds de profondeur, de former un sol factice qui pût supporter sans danger l'énorme poids de cette construction. Ce sol factice fut composé de plusieurs assises en pierres de taille de grande dimension; chacune de ces assises était disposée de manière à ce que les joints des pierres de l'une ne correspondaient point avec ceux des assises qui lui étaient inférieures ou superposées. Les pierres de ces assises présentaient des formes irrégulières, de manière que les angles saillants des unes étaient reçus dans les angles rentrants des autres. Ce sol, dans un sens horizontal, offrait l'image des constructions antiques et verticales nommées *pélagiennes* ou *cyclopéennes*.

Sur cette base solide, s'éleva l'arc triomphal, un des plus colossaux que l'on ait entrepris.

Nous avons vu que l'architecte était mort dès l'alinéa 1811, et que Goust, son élève, avait été chargé des travaux; il les poussa, en effet, avec une activité très-grande, mais les événements de 1814 les suspendirent complètement. Les échafauds furent abattus et leur bois servit à la toiture du grenier de réserve. On établit un belvédère sur la hauteur d'un des massifs de maçonnerie. Cet état de choses dura jusqu'en 1823, époque à laquelle Goust fut chargé de terminer ce monument pour en faire hommage au duc d'Angoulême; on adjoignit à Goust les architectes Fontaine, Debret, Gisors et Labarre. En 1828, Huyot devint l'architecte principal, et fit exécuter le grand entablement et le dallage de la plateforme, la balustrade et la sculpture d'ornement de la grande voûte. L'architecte Huyot termina les travaux après la révolution de 1830, et, en 1836, le monument, rendu à sa première destination, fut solennellement inauguré le 29 juillet de cette même année.

C'est le plus grand arc de triomphe connu; il a près de 50 mètres de hauteur sur 45 mètres de largeur et 22 mètres d'épaisseur. Il surpasse le double de la hauteur des arcs anciens; il faut remarquer aussi qu'il est plus haut que large, à la différence des arcs romains dont la largeur a toujours dépassé la hauteur.

A l'intérieur de l'arc, on a gravé les noms des batailles et des villes conquises, puis aussi ceux des généraux de la révolution, au nombre de 384. Les noms soulignés sont ceux des officiers tués sur le champ de bataille.

Autour de l'attique, sont trente boucliers sur lesquels sont inscrits trente noms de batailles, savoir : Valmy, Jemmapes, Fleurus, Montenotte, Lodi, Castiglione, Arcole, Rivoli, Pyramides, Aboukir, Alkmaer, Zurich, Héliopolis, Marengo, Hohenlinden, Ulm, Austerlitz, Iéna, Friedland, Sommo-Sierra, Essling, Wagram, la Moskowa, Lutzen, Bautzen, Dresde, Hanau, Montmirail, Montereau et Ligny.

L'arc de triomphe de l'Étoile domine toute cette

voie immense, qu'on appelle les Champs-Élysées.
Autour de ce monument viennent aboutir : 1° l'avenue de la Grande-Armée ; 2° l'avenue de l'Impératrice ; 3° l'avenue d'Eylau ; 4° l'avenue du Roi de Rome ; 5° l'avenue d'Iéna ; 6° l'avenue Joséphine ; 7° l'avenue des Champs-Élysées ; 8° l'avenue Friedland ; 9° l'avenue de la Reine Hortense ; 10° l'avenue conduisant au boulevard de Courcelles, et 11° l'avenue d'Essling aboutissent à la route des Ternes.

Des bornes en fonte, reliées entre elles par des chaînes, entourent cet imposant édifice qu'on peut visiter intérieurement en s'adressant au gardien.

Porte ou Arc de triomphe de Saint-Denis.

Cet arc de triomphe élevé, en 1672, à l'orgueil du roi Louis XIV, dont les armées victorieuses faisaient de rapides conquêtes, fut payé des deniers des Parisiens ; le prévôt des marchands et celui des échevins, afin d'obtenir sans doute les faveurs du grand roi, eurent l'idée de faire construire ce monument triomphal.

L'architecte François Blondel en fournit les dessins, qui ont un grand caractère de magnificence. Michel et François Anguier en exécutèrent toutes les sculptures.

Ce monument a 24 mètres de largeur et autant d'élévation. L'ouverture de la grande arcade est de 8 mètres 33 centimètres. De chaque côté de l'arcade sont deux portes qui n'ont que 2 mètres de hauteur.

Au pied des obélisques est une figure assise, colossale, dont l'une représente les sept Provinces-Unies, sous la forme d'une femme consternée; l'autre, le fleuve du Rhin, figuré par un homme vigoureux, s'appuyant sur un gouvernail et tenant une corne d'abondance. Ces deux figures, d'une grande beauté, ont été faites sur les dessins de Lebrun.

Au-dessus de l'arcade est une table renfoncée, qui présente un bas-relief spacieux, où l'on voit Louis XIV à cheval, vêtu en guerrier grec, et que, malgré ce déguisement, on reconnaît sans peine à sa volumineuse perruque. Il est dans l'attitude du commandement, et tout auprès on voit des hommes qui s'entrégorgent. Sur la frise, on lit cette inscription dédicatoire :

LUDOVICO MAGNO.

Du côté du faubourg Saint-Denis, dit M. Dulaure, la décoration est pareille, avec cette différence que le bas-relief, placé au-dessus de l'arc, a pour sujet la prise de Maëstricht, et qu'au lieu de figures humaines, au bas des obélisques, on a placé des lions.

Ce monument est admirable par l'harmonie parfaite qui règne en toutes ses parties, par ses grandes dimensions et la belle exécution de ses détails.

L'arc de triomphe de la porte Saint-Denis vit, pendant la révolution, toutes ses inscriptions disparaître, et plusieurs parties de ce monument furent dégradées.

En 1807, Napoléon en ordonna la restauration, qui fut confiée à Cellerier. Les inscriptions reparurent, et ce bel arc de triomphe fut parfaitement réparé.

On dégage en ce moment la porte Saint-Denis des maisons qui l'entouraient du côté du boulevard, et qui l'écrasaient par leur hauteur prodigieuse.

Porte ou Arc de triomphe de Saint-Martin.

Érigé en 1674, d'après les dessins de Ballet, élève de Blondel, cet arc a beaucoup de ressemblance comme forme avec l'arc de triomphe de la porte Saint-Denis. Il a 18 mètres de largeur et autant d'élévation. Dans les espaces, sous les arcades, sont des bas-reliefs qui représentent la prise de Besançon, la triple alliance, la prise de Limbourg. L'Hercule qui est appuyé sur une massue, et dont la tête est recouverte d'une énorme perruque, personnifie Louis XIV. Au centre, sur le fronton, on aperçoit l'emblème du grand roi : *le soleil*.

Des inscriptions, placées sur l'attique, rappellent les victoires de Louis XIV.

La tour Saint-Jacques la Boucherie.

Entre la place du Châtelet et la rue de Rivoli, faisant face au boulevard Sébastopol, s'élève la tour Saint-Jacques-la-Boucherie.

Les historiens ne sont pas d'accord sur la date de la fondation de l'église Saint-Jacques, mais il est probable qu'elle fut construite avant le règne de Philippe-Auguste, vers l'année 1150.

L'église Saint-Jacques n'eut d'abord aucun surnom, celui de la Boucherie lui fut donné soit parce qu'elle était voisine de la grande boucherie de *l'apport de*

Paris, devant la forteresse du Grand-Châtelet, soit parce que la plupart des maisons qui avoisinaient cette église étaient habitées par les bouchers propriétaires de cette grande boucherie, regardée comme ayant toujours été le berceau des séditions dans ce quartier, où ils avaient, ainsi que leurs suppôts, une immense influence populaire.

Cette église avait le privilége du *droit d'asile*, c'est-à-dire que ceux qui, par suite d'une affaire criminelle, pouvaient se réfugier sous ses voûtes, y demeuraient en sûreté sans crainte d'être arrêtés. La justice cependant ne respecta pas toujours ce droit d'asile.

Nicolas Flamel, libraire et écrivain juré de l'Université, calligraphe, usurier, prêtant aux grands seigneurs et donnant aux églises, fit bâtir le portail occidental de Saint-Jacques la Boucherie. Il fut un des paroissiens les plus fidèles de cette église, sous les dalles de laquelle il eut une place après sa mort. Les sans-culottes de 1793 dispersèrent ses cendres. En l'année 1797, la vente à la criée de l'église fut annoncée par affiches. Elle fut adjugée le 2 thermidor an V, à un entrepreneur des bâtiments de Paris au prix de 411,200 fr., mais à la condition, dit l'acte de vente, que « l'horloge ne ferait point partie de la vente, et à la charge de la conservation de la tour.

Peu de temps après on rasa l'église, et des marchands vinrent s'installer sur l'endroit où elle s'était élevée : une quantité d'échoppes et de constructions en bois s'élevèrent près de la tour. Cette espèce de bazar prit le nom de *Cour du Commerce*, et fut incendié en 1823.

La tour a été intelligemment restaurée en 1852, et entourée d'un square.

La hauteur de la tour Saint-Jacques, depuis le sol de la rue jusqu'au niveau de la balustrade, est de 52 mètres.

STATUES

Statue de Henri IV.

Située sur le pont Neuf. Cette statue fut d'abord érigée en 1635. — On la fondit en 1792 pour faire des balles. Louis XVIII en ordonna l'érection d'une seconde, dont il posa la première pierre.

Le modèle de la statue est de Lemat. Henri IV est représenté à cheval et la tête nue. La plate-forme et le piédestal sont en marbre blanc.

Statue du maréchal Ney.

Élevée en 1853, à l'endroit même où il fut fusillé, le 7 décembre 1815, entre l'Observatoire et le jardin du Luxembourg. La statue est en bronze; elle a été modelée par Rudde.

Statue du prince Eugène.

Située sur la place du même nom, vis-à-vis de la mairie du onzième arrondissement.

On peut citer encore : la STATUE DE BICHAT, érigée dans la cour de l'École de médecine, œuvre de David d'Angers, ainsi que la STATUE DE LARREY, en bronze, comme la précédente, et modelée par le même maître ; celle de Louis XIII érigée place Royale (voir ce mot) et celle de Louis XIV sur la place des Victoires.

SQUARES

Square des Arts-et-Métiers.

Situé entre la rue Saint-Martin et le boulevard de Sébastopol, vis-à-vis du théâtre de la Gaité. Une colonne commémorative de nos victoires de Crimée et d'Italie vient d'être élevée au milieu de ce square.

Square du Temple.

Ce square a été établi en 1857. Il est très-grand, rempli de beaux arbres et de beaux gazons.

Square Louvois.

Situé vis-à-vis de la bibliothèque Richelieu. (Voir *Place Louvois.*)

Citons encore :

Le SQUARE DES INNOCENTS,
Le SQUARE SAINT-JACQUES,
Le SQUARE SAINTE-CLOTILDE,
Le SQUARE VINTIMILLE,
Le SQUARE DE L'EUROPE,
Le SQUARE MONTHOLON,
Le SQUARE DE L'HÔTEL-DE-VILLE.

CHAPITRE IV

PONTS, FONTAINES, CANAUX, AQUEDUCS, EGOUTS

Ponts : Pont Napoléon III. — Port de Bercy. — Pont d'Austerlitz. — Pont de Constantine. — Pont de l'Estacade. — Pont de la Tournelle. — Pont Marie. — Pont Louis-Philippe. — Pont de la Cité. — Pont de l'Archevêché. — Pont d'Arcole. — Pont au Double. — Pont Notre-Dame. — Petit Pont. — Pont au Change. — Pont Saint-Michel. — Pont Neuf. — Pont des Arts. — Pont du Carrousel ou des Saints-Pères. — Pont Royal. — Pont de Solferino. — Pont de la Concorde. — Pont des Invalides. — Pont de l'Alma. — Pont d'Iéna. — Pont de Grenelle. — Pont d'Auteuil ou du Point-du-Jour. — Fontaines : Fontaine de l'Arbre-Sec. — Fontaine de Notre-Dame. — Fontaine du Château-d'Eau. — Fontaine Cuvier. — Fontaine de la place Dauphine. — Fontaine de Grenelle. — Fontaine de Mars. — Fontaine des Innocents. — Fontaine Gaillon. — Fontaine Louvois — Fontaine Molière. — Fontaine du Palmier. — Fontaine Saint-Michel. — Fontaine Saint-Sulpice. — Fontaines des Champs-Élysées, — de la Concorde, — de la place Royale, — des Marchés, etc. — Aqueducs : Aqueduc d'Arcueil. — Aqueduc de Belleville. — Aqueduc de l'Ourcq. — Aqueduc de la Dhuys. — Canaux : Canal de l'Ourcq. — Canal Saint-Denis. — Canal Saint-Martin. — Bassin de la Villette. — Aqueduc de Ceinture. — Gare de l'Arsenal.

Pont Napoléon III.

Le pont Napoléon III est situé à l'extrémité de Bercy, près des fortifications. Il se raccorde à la ligne d'Orléans et à la ligne de Lyon. De grands escaliers établis de chaque côté du pont servent pour les piétons. Les parapets sont en fonte. Le chemin de fer de ceinture franchit la Seine sur ce pont.

Pont de Bercy.

Le pont de Bercy est établi près de l'ancienne barrière de la Gare : il communique du quai de la Rapée au quai d'Austerlitz.

Il fut bâti sous le règne de Louis-Philippe, vers la fin de l'année 1834. Il a été reconstruit entièrement en pierre l'année 1864.

Pont d'Austerlitz.

Le pont d'Austerlitz communique à son extrémité septentrionale au quai de la Rapée, et à son extrémité méridionale au quai de l'Hôpital et au boulevard de l'Hôpital.

Commencé en 1802, il fut le 1er janvier 1806 ouvert aux gens de pied, et le 5 mai 1807 aux voitures : il reçut le nom d'Austerlitz en mémoire de la célèbre bataille gagnée le 2 décembre 1805 par les Français sur les Russes et les Autrichiens.

En 1855, il fut rebâti en pierres de taille ; sa solidité est à toute épreuve.

Pont de Constantine.

Ce pont est réservé spécialement aux piétons : il conduit de l'île Saint-Louis au jardin des Plantes, à l'Entrepôt des vins et à l'extrémité du boulevard Saint-Germain.

Pont de l'Estacade.

Construit en bois, est également réservé aux piétons : il réunit la pointe orientale de l'île Saint-Louis à l'ancienne île Louviers. Il existait auprès une passerelle appelée *Pont de Damiette*; elle fut brûlée en 1848, et depuis elle n'a pas été reconstruite.

Pont de la Tournelle.

Sert de communication entre le quai de la Tournelle et l'île Saint-Louis; on le voit figurer sur le plan de Paris fait en 1620.

Pont Marie.

Ce pont fut commencé en 1614, et achevé seulement en 1635.

Ayant été entraîné en 1658, le roi en ordonna la reconstruction. En 1789, les maisons qui le couvraient furent abattues. Ce pont communique de l'île Saint-Louis au quai des Ormes.

Pont Louis-Philippe.

Bâti en fil de fer, il fut jeté, en 1834, entre la pointe orientale de la Cité et le port au Blé.

En 1862, ce pont a été remplacé par un pont en pierres, bâti en amont de l'ancien, entre le pont de la Grève et le quai Bourbon (île Saint-Louis).

Pont de la Cité.

Le pont de la Cité sert de communication entre l'île Saint-Louis et celle de la Cité : il est situé sur le bras de la Seine qui sépare ces deux îles; il remplace l'ancien pont Rouge, qui était placé à environ 25 mètres plus bas.

Jusqu'en 1862, on n'y laissa passer que des piétons,

mais aujourd'hui les voitures chargées des plus lourds fardeaux y circulent sans inconvénient.

Pont de l'Archevêché.

Construit en 1827 ; il communique du quai de l'Archevêché au quai Napoléon.

Pont d'Arcole.

En 1828 on construisit un petit pont suspendu pour les piétons, entre le quai de la Grève et le nouveau quai Napoléon. On l'appela d'abord pont de la Grève : il prit le nom de pont d'Arcole après la révolution de Juillet, en souvenir d'un jeune homme appelé Arcole, qui y fut tué en combattant pour la liberté. Ce pont a été totalement reconstruit en 1855 : construit en tôle, il ne possède qu'une seule arche de 80 mètres d'ouverture.

Pont au Double.

Contre l'Hôtel-Dieu : ne possède également qu'une seule arche ; il fut bâti en 1634 ; reconstruit en 1848.

Pont Notre-Dame.

Le pont Notre-Dame est un des plus anciens ponts de Paris. Charles IV en enfonça le premier pieu en 1413. On l'appelait alors *Planche-Mibrai*. Détruit en 1429 ; reconstruit en pierre en 1512. Débarrassé, en 1786, des maisons dont il était couvert ; il était bâti par cinq arches. Il vient encore d'être reconstruit.

Petit Pont.

Établi sur le bras gauche de la Seine, et ouvrant

communication entre la rue du Petit-Pont et la Cité, ce pont fut bâti en bois dans l'année 1409. Emporté par les eaux, on le reconstruisit en pierres; emporté de nouveau en 1659, il fut reconstruit quelques années plus tard, puis encore en 1718. Il a été enfin rebâti en 1855; il est formé d'une seule arche.

Pont au Change.

Le pont au Change est établi sur le bras droit de la Seine et communique de la place du Châtelet au boulevard du Palais. Il porta d'abord le nom de *Grand-Pont*. Sa nouvelle dénomination lui est venue de ce qu'en 1241 Louis VIII y fit placer des boutiques de changeurs de monnaies. Plusieurs fois détruit, puis reconstruit, ce pont a 123 mètres de long sur 32 de large. Il fait face au pont Saint-Michel.

Pont Saint-Michel.

Établi sur le bras gauche de la Seine, ce pont date du xiiie siècle. Il fut entraîné plusieurs fois par les eaux, et reconstruit en pierres vers 1560. Emporté de nouveau, on le reconstruisit plus solidement, et en 1808 et 1809 on abattit les trente-deux maisons qui l'embarrassaient. Il a été enfin reconstruit en 1855. Il est bordé de parapets et de trottoirs magnifiques.

Pont Neuf.

Le pont Neuf a été commencé, sous Henri III, par l'architecte Ducerceau. Le roi en posa lui-même la première pierre le 30 mai 1578. Les travaux, dirigés par Marchand, continuèrent sous Henri IV. En 1604, le pont fut achevé.

Il forme pour ainsi dire deux ponts, et au-dessous de ses arches les deux bras de la Seine viennent se réunir. Ces arches supportent une corniche sculptée. Sur l'emplacement appelé le *terre-plein* s'élève la statue de Henri IV dont nous avons parlé page 289.

Pont des Arts.

Le pont des Arts communique du palais de l'Institut à l'ancien Louvre.

Ce pont fut construit en 1802 et terminé en 1804. Il fut bâti aux frais d'une compagnie qui devait l'entretenir pendant soixante-dix ans et percevoir un péage, qui fut aboli en 1848.

Pont du Carrousel ou des Saints-Pères.

L'ingénieur Palonceau en commença les travaux en 1834. Trois arches en fonte le composent ; chaque arche présente cinq travées superposées comme des ressorts de voiture. C'est peut-être le pont le plus élégant de la capitale. On y percevait un péage qui a été aboli en 1848.

Pont Royal.

Bâti par un moine dominicain nommé Romain, sur les dessins de Mansard ; composé de cinq arches semi-circulaires. Il communique du palais des Tuileries à la rue du Bac.

Pont de Solferino.

Communique du jardin des Tuileries à la rue Belle-Chasse. Il n'a aucun débouché sur la rive droite de la Seine. Il a été bâti de 1858 à 1859. Ce pont se compose de trois arches en fonte.

Pont de la Concorde.

Commencé en 1787, achevé en 1790 sur les dessins de l'ingénieur Perronnet, les pierres qui provenaient de la démolition de la Bastille servirent à sa construction. Il s'appela d'abord le *pont Louis XV*, puis *pont de la Révolution*, puis enfin *pont de la Concorde*.

Pont des Invalides.

Bâti en 1825, sous la direction des ingénieurs Vergez et Bayard, il a été reconstruit en pierres en 1855. Il se compose de quatre arches.

Pont de l'Alma.

Il porte le nom de la grande bataille remportée en Crimée par le maréchal de Saint-Arnaud. Ce pont a été construit de 1855 à 1856; il se compose de trois arches. Il relie le quartier du Gros-Caillou et de Grenelle à celui de Chaillot.

Pont d'Iéna.

Ce pont est situé en face du Champ-de-Mars et de l'Ecole militaire. Les travaux commencèrent en 1809 et furent terminés en 1813 sous la direction des ingénieurs Lamandé et Dillou. Ce pont a 140 mètres de longueur; il est tout construit en pierres de taille.

Pont de Grenelle.

Construit à l'extrémité du port de Grenelle, il s'appuie de l'autre côté sur l'île des Cygnes. Il a six arches en bois; il est soutenu par des piles de fer.

Pont d'Auteuil ou du Point-du-Jour.

Le chemin de fer de Ceinture franchit la Seine sur ce pont, qui est construit à plusieurs étages : il possède une double superposition d'arches. Les voitures et les piétons passent en dessous et le chemin de fer au-dessus à une hauteur prodigieuse de la Seine. Sa construction rappelle celle du pont du Gard.

FONTAINES

Fontaine de l'Arbre-Sec.

Appelée aussi *Fontaine de la Croix-du-Trahoir*, est située au coin de la rue de l'Arbre-Sec et de la rue Saint-Honoré. Elle fut bâtie sous François Ier; elle ne présente de remarquable qu'une nymphe sculptée par Jean Goujon.

Fontaine de Notre-Dame.

Nommée encore *Fontaine de l'Archevêché*, présente un style d'architecture du plus beau gothique. La statue de la Vierge tenant l'enfant Jésus dans ses bras est placée au milieu du monument.

Fontaine du Château-d'Eau.

Cette fontaine, d'un style égyptien, est due à l'architecte Girard. Elle fut érigée en 1810. Elle verse une gerbe d'eau volumineuse dans des bassins superposés : elle est ornée de huit lions qui lancent des jets d'eau par la gueule. Le bassin inférieur a 4 mètres de rayon. Elle est élevée de plus de 5 mètres au-dessus du sol.

Fontaine Cuvier.

Érigée au coin de la rue Saint-Victor, près du jardin des Plantes, sur les dessins d'Alphonse Vigoureux, elle a succédé à celle qu'on y avait placée en 1761. On lit sur l'entablement ces simples mots :

A GEORGES CUVIER.

Les figures qui ornent la fontaine sont de Feuchères et de Pomaroteau.

Fontaine de la place Dauphine.

Située sur la place de ce nom ; elle est surmontée du buste de Desaix couronné par la Victoire ; cette statue est complétement abîmée. Le bassin qui l'entoure ne présente rien de remarquable.

Fontaine de Grenelle.

Cette fontaine fut érigée par la ville de Paris, en l'honneur de Louis XV, sur les dessins de Bouchardon. Elle porta longtemps le nom de *Trompeuse*, car elle était desséchée, et c'est seulement depuis l'établissement des pompes à feu qu'elle fournit de l'eau. Elle représente la Ville de Paris ayant à ses pieds la Seine et la Marne. Sur une table de marbre est gravée la dédicace à Louis XV.

Fontaine de Mars.

Ou plutôt *Fontaine du Gros-Caillou*, est un grand monument carré long orné de huit pilastres doriques.

Fontaine des Innocents.

Avant d'être transportée au milieu du square des Innocents, où se tenait le marché des Innocents, cette magnifique fontaine était placée à l'angle de la rue aux Fers. Elle fut construite là en 1551 par Pierre Lescot et décorée par Jean Goujon. Celle du marché fut construite en 1788 par les soins de Poyet. En 1860 on l'a rapprochée de la rue Saint-Denis, où elle occupe le centre d'un square.

Fontaine Gaillon.

Ce délicieux monument date de 1712 : il fut réédifié sous le règne de Charles X. Le bassin, formé d'une pierre immense, a la forme d'une coquille. L'architecture de cette fontaine est d'un beau style. Elle est située près de la rue de la Michodière.

Fontaine Louvois.

Située au milieu du square Louvois, a déjà été décrite.

Fontaine Molière.

Elle est située dans la rue Richelieu, au coin de la rue Fontaine-Molière. Elle fut élevée en 1844 à la mémoire de Molière. La statue est de Seurre : les deux Muses sont dues au ciseau de Pradier ; les dessins sont de Visconti.

Fontaine du Palmier.

Située place du Châtelet. (Voir ce mot.)

Fontaine Saint-Michel.

De construction récente, elle a été inaugurée en

1860. Cette fontaine est située au bout du pont Saint-Michel et adossée à la maison qui fait le coin du boulevard de Sébastopol et de la place Saint-André-des-Arts. Le groupe est en bronze : il représente saint Michel terrassant le Dragon.

CANAUX ET AQUEDUCS

Nous citerons encore les fontaines : SAINT-SULPICE, — des CHAMPS-ÉLYSÉES, — de la CONCORDE, — de la PLACE ROYALE, — des MARCHÉS, etc. (*Voir ces mots.*)

Les fontaines de Paris sont alimentées par l'aqueduc d'Arcueil, l'aqueduc de Belleville, l'aqueduc de l'Ourcq, l'aqueduc de la Dhuys.

Les canaux principaux sont les suivants :
CANAL DE L'OURCQ,
CANAL SAINT-DENIS,
CANAL SAINT-MARTIN,
BASSIN DE LA VILLETTE,
AQUEDUC DE CEINTURE,
GARE DE L'ARSENAL.

CHAPITRE V

CASERNES, HOPITAUX, PRISONS, CIMETIÈRES, CATACOMBES

CASERNES : Ecole militaire. — Caserne Napoléon. — Caserne du Prince-Eugène. — Caserne du quai d'Orsay. — Caserne de la Nouvelle-France. — Caserne de la Pépinière. — Casernes de Tournon, — de Babylone, — du Temple, — du Louvre. — La Manutention. — HOPITAUX : Hôtel-Dieu. — Hôpital de la Pitié. — Hôpital de Lariboisière. — Hôpital de la Charité. — Hôpital Cochin. — Hôpital Beaujon. — Hôpital Saint-Louis. — Hôpital Necker. — Hôpital de la Clinique. — Hôpital du Midi. — Hôpital de Lourcine. — Maison municipale de Santé. — Hôpital des Enfants malades. — Hospice Sainte-Eugénie. — Hôpital de la Maternité. — Hospice de la Salpêtrière. — Bicêtre. — Incurables. — Hospice des Ménages. — Hospice de la Rochefoucauld. — La Morgue. — PRISONS : Prison de Clichy. — Prison de Sainte-Pélagie. — Prison de Saint-Lazare. — Prison de la Roquette. — Prison des jeunes détenus. — Prison de Mazas. — La Conciergerie. — CIMETIÈRES : Cimetière de l'Est ou du Père-Lachaise. — Cimetière du Nord ou de Montmartre. — Cimetière de l'Ouest ou de Montparnasse. — CATACOMBES.

École militaire.

La plus importante caserne de Paris, située à l'extrémité du Champ-de-Mars ; elle peut contenir 6,000 hommes et 800 chevaux.

Caserne Napoléon.

Située derrière l'Hôtel-de-Ville ; a été construite

en 1853. Elle représente un pentagone irrégulier pouvant contenir 2,500 hommes d'infanterie. La caserne Napoléon communique à l'Hôtel-de-Ville par un passage souterrain.

Caserne du Prince-Eugène.

La caserne du Prince-Eugène, située derrière le Château-d'Eau, terminée il y a à peine quatre ans, est la plus vaste après l'Ecole militaire.

Caserne du quai d'Orsay.

Située sur le quai de ce nom, affectée à la cavalerie.

Caserne de la Nouvelle-France.

Rue du Faubourg-Poissonnière : caserne d'infanterie affectée à la garde impériale.

Caserne de la Pépinière.

Située dans la rue du même nom, occupée par la garde impériale.

Paris possède encore plusieurs autres casernes : Caserne de la rue de TOURNON, occupée par la garde de Paris; Caserne de BABYLONE, Caserne du faubourg du TEMPLE, Caserne du LOUVRE, etc. On en bâtit encore une autre vis-à-vis du Palais de Justice, sur l'emplacement occupé autrefois par les rues de la Cité et la rue aux Fèves. Elle fait face à Notre-Dame ; elle sera affectée, paraît-il, à la garde à cheval. On peut, en tout, loger à Paris 50,000 hommes de garnison.

HOPITAUX, HOSPICES

Hôtel-Dieu.

Cet hôpital est le plus ancien non-seulement de Paris, mais de l'Europe ; il fut fondé vers 600 par saint Landry, évêque de Paris, et reçut successivement d'importants accroissements dus aux libéralités du maire du palais Erchinoald, puis de Philippe-Auguste, saint Louis, Henri IV.

Il est situé dans la Cité, en face de Notre-Dame.

En 1790, on décréta divers changements qui furent exécutés.

L'ancienne entrée de l'Hôtel-Dieu, la salle du Rosaire furent démolies ; on déblaya les constructions qui l'entouraient. Bientôt cet hôpital disparaîtra pour être rebâti dans une autre partie de la Cité. On peut le visiter le dimanche et le jeudi, d'une heure à trois heures.

Hôpital de la Pitié.

La Pitié, située rue Lacépède, près de la rue Saint-Victor et du jardin des Plantes, fut primitivement un refuge de mendiants établi par Marie de Médicis en 1612. Il devint en 1800 une des succursales de l'Hôtel-Dieu, et bientôt un hôpital à part.

Hôpital de la Lariboisière.

Cet hôpital, de construction toute récente, est le mieux aménagé. Louis-Philippe le commença à la fin de son règne ; il a été terminé sous la République.

Hôpital de la Charité.

Fondé par Marie de Médicis, qui fit venir d'Italie un certain nombre de frères de la congrégation de Saint-Jean-de-Dieu. Cet hôpital est situé rue Jacob.

On peut visiter les malades le jeudi et le dimanche, d'une heure à trois.

Hôpital Cochin.

Fondé par un vénérable curé de Saint-Jacques-du-Haut-Pas. Il est situé rue du Faubourg-Saint-Jacques, à la hauteur de l'Observatoire.

Hôpital Beaujon.

Il a été fondé en 1780, par M. Beaujon, dans le faubourg Saint-Honoré. C'était d'abord un asile d'orphelins; en 1795, un décret de l'Assemblée nationale le constitua hôpital.

Hôpital Saint-Louis.

Il date du règne de Henri IV. Il fut établi à l'extrémité du faubourg du Temple. Cet hôpital est consacré spécialement aux maladies de la peau. Outre les malades qu'on y reçoit, de nombreuses personnes viennent, chaque jour, y chercher des conseils et des remèdes. Situé rue des Récollets.

Hôpital Necker.

L'hôpital Necker a pris le nom de la femme bienfaisante qui se chargea elle-même de diriger cet établissement. Il porta successivement le nom d'*Hospice* de l'Ouest, de Saint-Sulpice, du Gros-Caillou. Il est situé à l'extrémité de la rue de Sèvres, sur l'emplacement occupé auparavant par les Bénédictines, dont le couvent venait d'être supprimé.

Hôpital de la Clinique.

Cet établissement, créé seulement depuis quelques années, est situé en face de l'École de médecine et, à cause de cette proximité, est précieux pour l'enseignement.

Hôpital du Midi.

Situé dans le faubourg Saint-Jacques, tout près de la rue de Port-Royal.

Cet hôpital a été fondé en 1581.

Hôpital de Lourcine.

Cet établissement a été fondé en 1828, par M. de Belleyme, pour servir de maison de refuge; c'est un hôpital de femmes; il est desservi par les sœurs de la Compassion.

Des consultations permettent aux malades de se traiter à domicile.

Maison municipale de santé.

Cet hôpital est situé rue du Faubourg-Saint-Denis, 200. Il admet les malades payants.

Sainte-Eugénie.

L'hôpital Sainte-Eugénie a été ouvert en 1840 sous le nom d'hôpital Sainte-Marguerite. En 1854 on le destina aux enfants. Il est situé dans le faubourg Saint-Antoine, boulevard Mazas.

Maternité.

Les femmes enceintes ayant atteint le huitième mois de leur grossesse, celles qui sans l'avoir atteint sont en péril imminent d'accoucher trouvent à la Maternité, ou maison d'accouchement située rue de Port-Royal, une retraite sûre et discrète, et dont elles ne sortent qu'après leur entier rétablissement.

Vieillesse (Femmes). — SALPÊTRIÈRE.

Sous le règne de Louis XIV, on construisit un hôpital destiné aux femmes indigentes et vieilles, folles ou affectées de maladies contre lesquelles ne peut lutter aucun traitement. Il reçut d'abord le nom d'hôpital Génèse ; il est connu maintenant sous le nom de la Salpêtrière.

Bicêtre.

Cet hospice est situé sur la commune de Gentilly, à peu de distance de la barrière de Fontainebleau. Il a pour les hommes la même destination que la Salpêtrière pour les femmes.

Incurables (Hommes).

Cet hospice est situé rue Popincourt. On attribue sa fondation à saint Vincent de Paul, en 1653. En 1803 seulement, sa destination fut bien indiquée et son règlement établi. Il était alors rue du Faubourg-Saint-Martin ; il a été transféré depuis.

Incurables (Femmes).

Marguerite Bouillé, en 1632, fonda cet établissement rue de Sèvres, où il existe encore. Il a la même destination que le précédent.

Hospice des Ménages.

Cet hospice occupe l'emplacement de l'hôpital dit des Petites-Maisons. C'est en 1801 qu'il a reçu sa destination actuelle. On y admet des ménages et des personnes veuves des deux sexes. Une grande partie paye une pension assez modique. Il était situé rue de la Chaise, n° 28; il est maintenant à Issy.

Hospice de la Rochefoucauld.

Au Petit-Montrouge; destiné aux anciens employés des hôpitaux et hospices âgés de soixante ans au moins et atteints d'infirmités.

La Morgue.

L'ancienne Morgue était située au Marché-Neuf, près de l'extrémité septentrionale du pont Saint-Michel. Elle avait été bâtie en 1804.

La nouvelle Morgue s'élève maintenant à la pointe occidentale de la Cité, entre le pont Saint-Louis et celui de l'Archevêché. C'est un petit bâtiment oblong bâti en pierres de taille et dont l'aspect sévère indique assez la funèbre destination.

La nouvelle Morgue a été bâtie en 1864.

PRISONS

Prison de Clichy.

Affectée aux détenus pour dettes; elle peut contenir deux cents lits.

Prison de Sainte-Pélagie.

Sainte-Pélagie est située rue du Puits-de-l'Ermite: c'est une prison à la fois pour les détenus condamnés à un an et pour les détenus accusés de délits politiques. La prison est divisée en plusieurs cours : *Cour des Politiques, cour de la Dette;* elle peut contenir cinq cents prisonniers.

Prison de Saint-Lazare.

Affectée aux femmes. Cette prison est située rue du Faubourg-Saint-Denis.

Prison de la Roquette.

Est la plus importante prison de Paris. On y renferme les condamnés à des peines afflictives et infamantes, en attendant qu'on les dirige sur des prisons centrales ou sur les bagnes. Cette prison renferme en outre trois cellules pour les condamnés à mort dont l'exécution se fait sur la place dite *Place de la Roquette,* située près du cimetière du Père-Lachaise.

Prison des Jeunes Détenus.

Renferme les jeunes détenus âgés de moins de seize ans; fait face à la Roquette.

Prison de Mazas.

Appelée aussi *Maison d'arrêt cellulaire;* elle est située près de l'embarcadère du chemin de fer de Lyon. On y renferme tous les individus en prévention. Elle a remplacé la prison de la Force ; elle contient douze cents cellules séparées.

La Conciergerie.

Destinée aux prisonniers pendant leur procès, quelquefois aux condamnés à mort avant leur exécution ; située près du Palais de Justice.

On compte encore à Paris la PRISON MILITAIRE, située rue du Cherche-Midi ; les *Madelonnettes* et le DÉPOT de la Préfecture de police, où on retient provisoirement les personnes arrêtées, jusqu'à ce que le premier interrogatoire ait eu lieu.

CIMETIÈRES

Cimetière de l'Est.

Appelé aussi cimetière du *Père-Lachaise*, du nom du confesseur de Louis XIV auquel le roi fit présent de l'emplacement nommé alors *Champ de l'Évêque*. Ce fut seulement sous l'administration de Frochot que ce domaine fut acheté pour servir de cimetière.

Ce cimetière fut ouvert en 1801. Il couvre une superficie d'environ 13 hectares. Il est orné de tombeaux et de mausolées magnifiques. Sa chapelle, élevée par Godde, est très-belle. On y remarque les tombeaux de Dantan, d'Alfred de Musset, d'Arago, de Millevoye, de Géricault, d'Hérold, de Casimir Périer, de Lavoisier, de Méhul, de Monge, de Fourier, de Laffitte, de Sieyès, Dupuytren, Scribe, Weber, Molière, la Fontaine, Gros, Didot, David, madame Raspail, Manuel, Béranger, la reine d'Oude, Rachel, et le tombeau si connu d'Héloïse et d'Abélard.

Cimetière du Nord.

Appelé aussi *Cimetière Montmartre*. Moins étendu que le précédent, il couvre cependant une superficie de 10 hectares.

Il renferme les tombeaux du maréchal Lannes, de l'amiral Baudin, de Greuze, de Nourrit, de Charles Fourier, d'Armand Marrast; celui de la famille Cavaignac à gauche de l'entrée : Rude a dessiné la statue en bronze de Godefroy avec un rare bonheur; Paul Delaroche, Henri Mürger, Delphine Gay (Mme de Girardin), Emma Livry, etc., les sépultures de Privat d'Anglemont, d'Antonio Watripon, etc.

Cimetière de l'Ouest.

Situé boulevard de Montrouge, appelé aussi *Cimetière Montparnasse*. Ce cimetière est moins riche en monuments que les deux autres : son aspect n'a rien de pittoresque; il couvre une superficie de 10 hectares.

On y remarque les monuments d'Orfila, du peintre Girard, de Rude, les sépultures d'Hégésippe Moreau, de l'acteur Bocage, et enfin le monument élevé aux quatre sergents de la Rochelle.

C'est dans le cimetière Montparnasse que sont enterrés les cadavres des suppliciés.

Les Catacombes.

Il existe sous une partie de Paris, du côté de la rive gauche de la Seine, une ville immense cachée sous terre, qui a ses rues, ses places, ses carrefours et même ses fontaines. Ce lieu, appelé *les Catacombes*, renferme plusieurs millions de cadavres humains dont il ne reste plus que les ossements. Ces ossements, disposés les uns sur les autres, forment des murailles qui bordent les rues de cette ville souterraine.

Ces souterrains, qui occupent une surface de plus de 674,000 mètres, proviennent des carrières de pierre exploitées pendant des siècles sans surveillance et sans méthode. En 1777, après quelques éboulements arrivés l'année précédente, le gouvernement fit consolider les carrières; puis, dans une partie du souterrain, on transporta tous les ossements du Charnier des Innocents. On y transporta ensuite ceux des cimetières supprimés de Saint-Eustache et de Saint-Etienne-des-Grès, de toutes les maisons religieuses. Jusqu'en 1811 on y transporta des ossements.

L'entrée principale des Catacombes se trouve à la barrière d'Enfer. On remarque, dans le souterrain, deux chapelles appelées le *Tombeau de la Révolution*, l'autre le *Tombeau des Victimes;* la *Fontaine de la Samaritaine* et l'*Ossuaire*.

CHAPITRE VI

ACADÉMIES, FACULTÉS, CONSERVATOIRE, BIBLIOTHÈQUES.

Académies : Académie française. — Académie des Inscriptions et Belles-Lettres. — Académie des Sciences. — Académie des Beaux-Arts. — Académie des Sciences morales et politiques. — Académie de Médecine. — Académie impériale de Chirurgie. — Facultés : Faculté des Lettres. — Faculté des Sciences.— Faculté et École de Droit. — Faculté et École de Médecine. — Faculté de Théologie. — Écoles : École Polytechnique. — École Normale. — École des Chartes. — École des Ponts et Chaussées.— École des Mines. — Lycées : Lycée Louis-le-Grand. — Lycée Napoléon. — Lycée Saint-Louis. — Lycée Bonaparte. — Lycée Charlemagne. — Collège Stanislas. — Collège Rollin. — Collège Chaptal. — Institution Sainte-Barbe. — Collège de France. — Conservatoire des Arts et Métiers. — Observatoire. — Gobelins. — Imprimerie Impériale.— Timbre. — Bibliothèques : Bibliothèque Impériale. — Bibliothèque Sainte-Geneviève. — Bibliothèque Mazarine. — Bibliothèque de l'Arsenal. — — Bibliothèque de la Sorbonne.

Académie française.

Composée de quarante membres, est particulièrement chargée de la composition du Dictionnaire historique de la langue française.

Académie des Inscriptions et Belles-Lettres.

Est aussi composée de quarante membres. Les langues savantes, les antiquités et les monuments, l'histoire et toutes les sciences morales et politiques dans leur rapport avec l'histoire sont les objets de ses recherches et de ses travaux.

Académie des Sciences.

Est divisée en onze sections renfermant les *Sciences mathématiques* et les *Sciences physiques*.

Académie des Beaux-Arts.

Est divisée en sections de Peinture, Sculpture, Architecture, Gravure et Composition musicale.

Académie des Sciences morales et politiques.

Reconstituée par décret de 1842. — Elle nomme un secrétaire perpétuel, comme les autres Académies.

Académie Impériale de Médecine.

Située rue des Saints-Pères. — Cette Académie, créée par l'ordonnance du 20 décembre 1820 et organisée définitivement en 1835, est instituée spécialement pour répondre aux demandes du gouvernement sur tout ce qui intéresse la santé publique.

Faculté des Lettres.

La Faculté des lettres confère les grades de bachelier, de licencié et de docteur.

La Faculté des lettres tient ses séances à la Sorbonne.

Faculté des Sciences.

La Faculté des sciences confère les mêmes titres que la Faculté des lettres ; comme elle, elle tient ses séances à la Sorbonne.

Faculté et École de Droit.

Siégeant à l'École de droit, place du Panthéon.

L'École de droit a été achevée seulement en 1823. Son style est loin d'être remarquable. L'École de droit renferme une bibliothèque.

Faculté et École de Médecine.

La Faculté confère le grade de docteur.

L'École de médecine, située rue du même nom, forme un vaste édifice d'un style imposant. Des portiques précèdent la cour d'honneur, encadrée par les bâtiments de l'École.

La Faculté de médecine a une bibliothèque, un jardin de botanique, des salles de dissection et deux musées.

Ces musées, établis à la Faculté, se composent d'une riche collection de pièces anatomiques.

Faculté de Théologie.

A la Sorbonne : Faculté où les prêtres sont tenus de prendre leurs degrés, s'ils veulent arriver à des positions élevées dans la hiérarchie ecclésiastique.

École Polytechnique.

Installée en 1804, rue Descartes, dans les anciens colléges de Boncourt et de Navarre ; cette École a été réorganisée par décret du 1er novembre 1852.

On ne peut y être admis que par voie de concours. A cet effet, des examens publics ont lieu tous les ans. Un arrêté du ministre de la guerre, rendu public avant le 1er avril, fait connaître le programme des matières sur lesquelles doivent porter ces examens, ainsi que l'époque de leur ouverture.

École Normale.

L'École normale est située rue d'Ulm. Cet établissement est destiné à former des professeurs dans les lettres et dans les sciences pour tous les lycées.

École des Chartes.

L'École des chartes, réorganisée par ordonnance du 21 décembre 1846, est destinée à former des archivistes, des bibliothécaires.

L'Ecole impériale des chartes est située au palais des Archives de l'Empire, rue du Chaume.

École des Ponts et Chaussées.

L'École des ponts et chaussées, créée en 1747, a reçu depuis cette époque de nouveaux développements, consacrés par le décret du 13 octobre 1851.

Son but spécial est de former les ingénieurs nécessaires au recrutement du corps des ponts et chaussées. Cet établissement est situé rue des Saints-Pères.

École des Mines.

L'École des mines, située boulevard de Sébastopol, rive gauche, contre le jardin du Luxembourg, forme un vaste monument, richement orné de sculptures, qui fait face au boulevard.

LYCÉES

Lycée Louis-le-Grand.

Situé rue Saint-Jacques, a une succursale à Vanves, où sont admis les plus jeunes enfants jusqu'à la classe de sixième.

Lycée Napoléon.

Établi dans l'anciene abbaye de Sainte-Geneviève; — ancien collége Henri IV.

Lycée Saint-Louis.

Ce lycée est établi boulevard Saint-Michel, sur l'emplacement des anciens colléges d'Harcourt et de Justice. Il contient 380 pensionnaires, et reçoit 350 externes.

Lycée Bonaparte.

Ce lycée est établi dans l'ancien bâtiment des Capucins de la Chaussée-d'Antin, rue Caumartin, et a une entrée par la rue du Havre. Il ne reçoit que des externes. — Nombre des élèves, 1,150.

Lycée Charlemagne.

Ce lycée est établi dans la maison des Grands-Jésuites, rue Saint-Antoine. — Il ne reçoit que des externes libres ou surveillés. — Nombre des élèves, 825.

Collége Stanislas.

Rue Notre-Dame-des-Champs. Collége particulier.

Collége Rollin.

Rue des Postes. Il n'admet pas d'externes.

Collége Chaptal.

Rue Blanche; spécialement consacré aux jeunes gens qui se destinent à l'industrie, à l'agriculture, au commerce et aux arts. Fondé par la ville de Paris.

Institution Sainte-Barbe.

Place du Panthéon. — Ses élèves suivent les cours du lycée Louis-le-Grand. Succursale à Fontenay-aux-Roses. C'est une institution très-renommée.

Nous citerons, enfin, l'ÉCOLE MUNICIPALE TURGOT, et le collége des Irlandais et des Anglais, situé rue des Postes.

Collége de France.

Ce fut François Ier qui institua ce collége en 1530. — Louis XIII en construisit les bâtiments, puis Louis XVI les fit rebâtir d'après les dessins de Chalgrin. L'enseignement compte vingt-neuf professeurs qui font des cours gratuits et publics. Les professeurs sont nommés par l'Empereur.

Le Collége de France est situé place Cambrai.

Conservatoire des Arts et Métiers.

Fondé en 1794, par la Convention, on le plaça dans l'église Saint-Martin-des-Champs, rue Saint-Martin. Napoléon encouragea cette institution.

Le Conservatoire renferme la collection la plus complète de tous les instruments relatifs aux arts et à l'industrie. Quatorze salles en sont remplies. Des cours gratuits y sont faits pour les ouvriers.

Le Conservatoire renferme, en outre, une magnifique bibliothèque.

Observatoire (Palais de l').

Claude Perrault fut chargé par Colbert de construire un monument destiné à l'étude des astres. Ce bâtiment fut achevé en 1672. Il est situé à l'extrémité de la grande avenue du Luxembourg.

Les deux coupoles du monument sont construites en cuivre sur la plate-forme, élevée de 27 mètres au-dessus du sol.

A l'Observatoire est réuni le *Bureau des longitudes*.

Gobelins (Manufacture des).

En 1450 un teinturier de Reims, nommé Jean Gobelin, venait établir une manufacture sur les bords de la Bièvre. Colbert en fit faire l'acquisition à Louis XIV, qui la décréta établissement public. Elle prit le nom de *Manufacture royale des meubles de la Couronne*. Les bâtiments ne présentent rien d'architectural.

La tapisserie des Gobelins possède une réputation universelle. On peut visiter cette manufacture les mercredis et samedis, d'une heure à quatre heures, sur billets du directeur. Les Gobelins sont situés rue Mouffetard.

Imprimerie Impériale.

Située rue Vieille-du-Temple. Elle fut créée en 1640 et occupe les bâtiments de l'ancien hôtel Rohan. On y imprime tous les actes du gouvernement et du Corps législatif. Cet établissement est visible le jeudi, de deux à quatre heures, sur billets.

320 ACADÉMIES, FACULTÉS, CONSERVATOIRE, ETC.

Timbre (Hôtel du).

Situé rue de la Banque; commencé par Paul Le Long et achevé par M. Baltard; sert à la fois à la direction du Timbre, à l'Enregistrement et aux Domaines.

Bibliothèque Impériale.

Située rue Richelieu. Elle fut fondée en 1360 sous le règne du roi Jean. Elle se composait alors de 900 volumes. Elle contient aujourd'hui plus de 1,400,000 volumes, 100,000 manuscrits, 400,000 médailles, 1,040,000 gravures et 300,000 cartes et plans. Les bâtiments qui composent la bibliothèque faisaient partie autrefois de l'hôtel Mazarin.

Ils ont été dégagés et remis à neuf du côté de la rue Vivienne et de la rue Richelieu.

Ouverte aux curieux dans toutes ses parties, le mardi et le vendredi, de dix heures à quatre heures.

Bibliothèque Sainte-Geneviève.

La bibliothèque Sainte-Geneviève a été fondée en 1624, par le cardinal François de la Rochefoucauld, abbé de Sainte-Geneviève. Cet établissement renferme 150,000 imprimés et 3,000 manuscrits.

La bibliothèque est ouverte au public tous les jours, les fêtes et dimanches exceptés, depuis dix heures du matin jusqu'à trois heures de relevée, et le soir de six à dix heures.

La nouvelle bibliothèque, complétement reconstruite, a été inaugurée en 1850. La salle de lecture, la plus belle de Paris, contient 420 places.

Bibliothèque Mazarine.

Cette bibliothèque, formée en 1648 par le cardinal Mazarin, dans le local occupé maintenant par la Bibliothèque impériale, a été, dès cette époque, rendue publique et transportée quarante ans après au collége Mazarin, dont elle a fait partie jusqu'en 1792. A son origine, elle se composait de 60,000 volumes ; elle en compte aujourd'hui plus de 160,000, non compris 3,000 manuscrits et une grande quantité de livres imprimés au quinzième siècle.

Bibliothèque de l'Arsenal.

Placée à l'Arsenal, renferme plus de 200,000 volumes. Elle est ouverte tous les jours de la semaine, de dix heures à trois heures. (Vacances du 1er août au 15 septembre.)

Bibliothèque de la Sorbonne.

A la Sorbonne ; contient 50,000 volumes.

Nous citerons, en outre : les *Bibliothèque des Arts et Métiers, Bibliothèque du Muséum d'histoire naturelle, Bibliothèque de la Chambre de commerce, Bibliothèque de la Ville de Paris, Bibliothèque du Louvre, de l'Institut, du Corps législatif, du Sénat, des Invalides, de la Marine, de la Cour de cassation, de l'Ecole polytechnique, du Ministère des affaires étrangères, des Ponts et Chaussées, du Conseil d'Etat*, etc., etc.

CHAPITRE VII

THÉATRES, BALS, CONCERTS, CIRQUES, CAFÉS CHANTANTS.

THÉATRES : Théâtre de l'Opéra. — Théâtre de l'Opéra-Comique. — Théâtre-Lyrique. — Théâtre des Italiens. — Théâtre-Français. — — Théâtre de l'Odéon. — Théâtre du Gymnase. — Théâtre de la Porte Saint-Martin. — — Théâtre de l'Ambigu-Comique. — Théâtre de la Gaîté. — Théâtre des Variétés. — Théâtre du Vaudeville. — Théâtre du Châtelet. — Théâtre du Palais-Royal. — Théâtre Déjazet. — Théâtre des Bouffes-Parisiens. — Théâtre Beaumarchais. — Théâtre des Folies-Dramatiques. — Théâtre des Délassements-Comiques. — Théâtre des Fantaisies-Parisiennes. — Théâtre des Folies-Marigny. — Théâtre du Luxembourg. — Théâtre des Folies-Saint-Germain. — Théâtre des Nouveautés. — Théâtre des Menus-Plaisirs. — Cirque Napoléon. — Cirque de l'Impératrice. — Théâtre du Prince-Impérial. — Hippodrome. — Diorama historique. — Panorama national. — Salle Robert-Houdin. — Salle Robin. — Marionnettes lyriques italiennes. — Guignol lyonnais — Concerts de l'Eldorado. — Alcazar d'hiver. — Alcazar d'été. — Concert des Folies-Dauphine. — Concert du Vert-Galant. — Concert du Cheval-Blanc. — Casino Cadet. — Closerie des Lilas. — Valentino. — Jardin Mabille. — Château-Rouge.

Académie impériale de Musique ou Grand Opéra.

Le grand Opéra date de 1645.

A la mort de Mazarin, le théâtre de l'Opéra, dont il avait été le protecteur, fut quelques années sans faire de progrès. Enfin l'abbé Perrin parvint à obtenir, en juin 1669, le privilége d'établir des opéras à Paris et dans les autres villes du royaume.

Après la mort de Molière, arrivée le 17 février 1673, le roi donna le théâtre du Palais-Royal, qu'occupait la troupe de ce célèbre comique, à l'*Académie royale de musique;* elle y est restée longtemps. La salle de ce spectacle, brûlée le 6 avril 1763, fut reconstruite et ouverte au public le 26 janvier 1770. Brûlée une seconde fois le 8 juin 1781, elle fut reconstruite ailleurs.

En 1794, le gouvernement fit bâtir à l'Opéra une nouvelle salle située rue Richelieu, en face de la Bibliothèque impériale. L'Opéra y était encore en 1820, lorsque l'assassinat du duc de Berri par Louvel le fit fermer par ordre du roi. La salle fut même démolie et on résolut d'élever à sa place un monument expiatoire. Mais la révolution de 1830 empêcha l'érection de ce monument. Dès l'année 1820, une nouvelle salle de l'Opéra se construisait rue Le Peletier, sur les plans de l'architecte Debret.

L'Opéra dépend de l'administration du ministre d'Etat et de la maison de l'Empereur. M. Perrin en est actuellement directeur. Secrétaire général, M. du Lock.

Un décret de 1860 a décidé l'érection d'une nouvelle salle monumentale qui coûtera plus de vingt millions, et qui sera la plus belle de l'univers.

Le Nouvel Opéra.

Ce nouveau théâtre, qui succédera à celui de la rue

Le Peletier, s'élève près du boulevard des Capucines.

Les travaux gigantesques que nécessite sa construction sont déjà fort avancés et font tous les jours de sensibles progrès.

Opéra-Comique.

Ancienne salle Favart, située près du boulevard des Italiens. Son architecture est simple. On remarque son portique formé de dix colonnes ioniques. Ce théâtre contient 1,800 places. Directeur : M. de Leuven. Secrétaire général, M. Achille Denis.

Théâtre-Lyrique Impérial.

Situé il y a cinq ans au boulevard du Temple, dans l'ancienne salle du *Théâtre Historique*, aujourd'hui bâti sur la place du Châtelet. Ouvert en 1862.

Directeur, M. Carvalho. Secrétaire général, M. Jules Ruelle.

Théâtre Italien.

L'opéra italien a été longtemps chanté dans la salle Favart. Il s'établit ensuite pendant quelque temps à la salle Ventadour, puis à l'Odéon, et revint s'établir de nouveau salle Ventadour. On y chante en italien. La salle est splendidement décorée.

Directeur, M. Bagier. Secrétaire gén., M. Ronzi.

Théâtre-Français.

D'abord appelé *Théâtre du Petit-Bourbon*; il fut cédé par le roi Louis XIV, en 1658, à la troupe de Molière. Il fut transporté ensuite au Palais-Royal. Après la mort de Molière, le Théâtre-Français s'établit rue

Guénégaud, puis rue des Fossés-Saint-Germain, puis enfin aux Tuileries. En 1782, l'Odéon ayant été bâti, la troupe des comédiens français y joua pendant quelques années; enfin le théâtre actuel de la Comédie française leur fut cédé. Ce théâtre porta en 1790 le nom de *Théâtre de la Nation*. Le Théâtre-Français vient d'être restauré et ses abords ont été dégagés par une place spacieuse qui continue celle du Palais-Royal. On ne joue à ce théâtre que la tragédie, le drame et la comédie. Le Théâtre-Français reçoit de l'Etat une subvention annuelle de deux cent mille francs. Directeur, M. Ed. Thierry. Secrétaire général, M. Verteuil.

Odéon (Théâtre de l').

Ce théâtre est bâti sur l'emplacement de l'ancien hôtel Condé. Commencé en 1779, il fut achevé en 1782; brûlé en 1789, reconstruit en 1807; brûlé de nouveau en 1818, reconstruit la même année, il est complétement isolé et forme monument : la façade est ornée de huit colonnes d'ordre dorique formant péristyle.

La salle contient 1,600 places. Elle a été restaurée l'année dernière. Directeur, M. Chilly. Secrétaire général, M. Salvador.

Gymnase Dramatique (Théâtre du).

Situé boulevard Bonne-Nouvelle. Comédies, vaudevilles, pièces en vers.

Porte-Saint-Martin (Théâtre de la).

Près de la porte et sur le boulevard de ce nom : construit en 1781. Drames, mélodrames, féeries.

Ambigu-Comique (Théâtre de l').

Situé boulevard Saint-Martin; bâti en 1828. 1,900 places. Drames, mélodrames, féeries.

Gaîté (Théâtre de la).

Fondé par Nicolet, en 1762, jadis sur le boulevard du Temple, situé aujourd'hui vis-à-vis du square des Arts et Métiers; de construction récente. On y remarque un magnifique rideau peint par Duvau.

Variétés (Théâtre des).

Situé sur le boulevard Montmartre, près du passage des Panoramas, a été bâti en 1807. Vaudevilles, folies-vaudevilles, revues.

Vaudeville (Théâtre du).

Deux poëtes-chansonniers, le chevalier de Plis et Barré, fondèrent ce théâtre en 1792. Il était situé alors rue de Chartres; mais ayant été incendié en 1838, il fut transporté place de la Bourse, dans une salle construite en 1827. Drames, comédies.

Châtelet (Théâtre impérial du).

Ce théâtre est situé place du Châtelet, vis-à-vis du Théâtre-Lyrique. Il est bâti sur la même place que ce dernier, mais il est beaucoup plus grand. Féeries, drames, pièces militaires.

Palais-Royal (Théâtre du).

Situé à l'extrémité nord-ouest du Palais-Royal, ce théâtre contient 900 spectateurs. Vaudeville, farces, folies-vaudevilles, pochades.

Déjazet (Théâtre de).

D'abord appelé *Folies-Nouvelles*, situé près du passage Vendôme, au boulevard du Temple. Vaudevilles, opérettes, revues.

Bouffes-Parisiens.

Situé dans le passage Choiseul, anciennement *Théâtre Comte*. Opérettes bouffes.

Beaumarchais (Théâtre de).

Sur le boulevard du même nom, non loin de la place de la Bastille, a été restauré en 1865. Drames, vaudevilles.

Folies-Dramatiques (Théâtre des).

Rue de Bondy, n° 40, sur le boulevard Saint-Martin depuis 1862. Vaudevilles, revues.

Délassements Comiques (Théâtre des).

Situé sur le boulevard Richard-Lenoir. Salle ouverte en 1866. Revues, vaudevilles.

Fantaisies-Parisiennes (Théâtre des).

Egalement ouvert en 1866. Situé boulevard des Italiens. Opérettes, bouffes, pantomimes.

Folies-Marigny (Théâtre des).

Auparavant *Théâtre des Champs-Elysées*, situé près du Cirque de l'Impératrice, ancienne salle d'été des Bouffes-Parisiens. Opérettes, vaudevilles, comédies, revues.

Luxembourg (Théâtre du).

Surnommé *Bobino*, situé rue de Fleurus, près de la

grille ouest du jardin du Luxembourg. Drames, vaudevilles, revues. Ce théâtre va bientôt être démoli.

Folies-Saint-Germain.

Ancien *Théâtre Saint-Germain ;* situé sur le boulevard de ce nom, près de la grille du square de Cluny. La salle vient d'être restaurée. Drames, vaudevilles, revues.

Nouveautés (Théâtre des).

Situé rue du Faubourg Saint-Martin, n° 60, ancienne *Salle Raphaël.* La nouvelle salle est charmante. Mélodrames, vaudevilles, revues, opérettes.

Menus-Plaisirs (Théâtre des).

Boulevard de Strasbourg, sous la direction de M. Gaspari. Opérettes, comédies, vaudevilles, ballets, revues.

Nous citerons encore le THÉATRE DES JEUNES ARTISTES ou de la TOUR-D'AUVERGNE, dans la rue de ce nom, le THÉATRE MOLIÈRE (passage du Saumon), les THÉATRES des BATIGNOLLES, de BELLEVILLE, de GRENELLE, de MONTMARTRE, de MONTPARNASSE, de SAINT-MARCEL et le THÉATRE DES FOLIES SAINT-ANTOINE.

Cirque Napoléon.

Situé sur le boulevard des Filles-du-Calvaire, n'est ouvert que pendant l'hiver.

Cirque de l'Impératrice.

Situé aux Champs-Elysées ; pendant l'été, la troupe du Cirque Napoléon vient y donner des représentations.

Théâtre du Prince-Impérial.

Fondé par Bastien Franconi, près de la rue de Malte; la salle, qui vient à peine d'être terminée, est immense et bien décorée. Pièces militaires, voltiges, gymnastique, exercices équestres. Secrétaire général : M. Alph. Baralle.

Hippodrome.

Situé rue de la Pompe, derrière l'Arc de triomphe de l'Etoile, ouvert seulement pendant la belle saison. Exercices équestres, grandes pantomimes militaires.

Salle Robert-Houdin.

Boulevard des Italiens. Prestidigitation et magie.

Marionnettes lyriques italiennes.

Boulevard de Strasbourg.

Concert de l'Eldorado.

Situé boulevard de Strasbourg.

Alcazar d'hiver.

Situé rue du Faubourg-Poissonnière.

Alcazar d'été.

Aux Champs-Elysées.

Casino Cadet.

Rue Cadet, n° 16. Bal les lundis, mercredis, vendredis; concert les autres jours.

Closerie des Lilas.

Carrefour de l'Observatoire, à l'extrémité du

Luxembourg. On l'appelle encore *Jardin Bullier* et le *Prado*. Bal les dimanches, lundis et jeudis.

Valentino.

Rue Saint-Honoré, 314. Bal les dimanches, mardis, jeudis et samedis.

Jardin Mabille.

Situé avenue Montaigne, réuni au Château-des-Fleurs.

Château-Rouge.

A Montmartre.

Citons encore : l'ÉLYSÉE-MONTMARTRE, le BAL DE LA REINE-BLANCHE, le BAL DU GRAND-TURC; le BAL FAVIÉ, à Belleville; le BAL CONSTANT, à Montparnasse; le BAL DU PROGRÈS, boulevard de l'Hôpital; le BAL BOURDON, etc., etc., et nous aurons donné la liste de tous les amusements de la capitale.

FIN

TABLE DES MATIÈRES

Exposition universelle.

Le Palais de l'Exposition.	1
Le Parc.	3
Extrait du règlement général.	5
Système de classification.	16

Histoire de Paris.

Origine de Paris	23
Paris sous la seconde race.	30
État moral de Paris sous la seconde race.	36
Paris sous Hugues Capet.	38
Paris sous Philippe-Auguste.	42
— sous Louis IX.	48
— sous Louis X.	57
— sous Philippe V.	58
— sous Charles IV.	59
— sous Philippe VI.	60
— sous Jean le Bon.	61
— sous Charles V.	72
— sous Charles VI.	77
— sous Charles VII.	80
— sous Louis XI.	81
— sous Charles VIII.	83
— sous Louis XII.	84
— sous François Ier.	96
— sous Henri II.	98
— sous François II.	100
— sous Charles IX.	101
— sous Henri III.	105
État physique, civil et moral de Paris (Louis IX à Henri IV). 46, 63, 87.	107
Paris sous Henri IV.	121
— sous Louis XIII.	128
— sous Louis XIV.	139
— sous Louis XV.	147
— sous Louis XVI et sous la République.	149
Paris sous la Convention et le Directoire.	156
Paris sous Napoléon Ier.	158
— Louis XVIII et Charles X.	161
Paris sous Louis-Philippe Ier.	166
— sous la République et le second Empire.	167

Chapitre I. — Palais, Musées et Jardins publics.

Palais des Beaux-Arts.	169
— de la Bourse.	171
— du Corps législatif.	173
— de l'Élysée.	176
— de l'Industrie.	177
— de l'Institut.	178
— de Justice.	193
— de la Légion d'honneur.	195
— du Louvre.	196
— du Luxembourg.	211
Palais du Tribunal de commerce.	218
— du quai d'Orsay.	219
— des Tuileries.	219
— Royal.	221
— Pompéien.	229
— Hôtel-de-Ville.	225
— des Invalides.	179
— des Monnaies.	227
— Cluny.	228
— des Archives.	231
Musées du Louvre.	199
— Luxembourg.	215
— de Cluny.	229
Jardin des Tuileries.	233
— du Luxembourg.	213
— de l'Élysée.	177
— du Palais-Royal.	222
— des Plantes.	231
— d'Acclimatation.	232
Champs-Élysées.	233
Champ-de-Mars.	234
Parc de Monceaux.	235

Chapitre II. — Monuments religieux.

Église de l'Abbaye-au-Bois.	236
— de Saint-Antoine.	237
— de Saint-Augustin.	237
— de l'Assomption.	237
— des Blancs-Manteaux.	238
— de Bonne-Nouvelle.	238
— de la Madeleine.	238
— de Notre-Dame.	240
— de Notre-Dame-de-Lorette.	248
— de Notre-Dame-des-Victoires.	249
— de la Sainte-Chapelle.	249
— de Sainte-Clotilde.	249
— de Sainte-Élisabeth.	250
— de St-Étienne-du-Mont.	250
— de Sainte-Eugénie.	250
— de Saint-Eustache.	251
— de St-François-d'Assise.	251
— de St-François-Xavier.	251
— de St-Germain-l'Auxerrois.	251
— de St-Germain-des-Prés	252
— de Saint-Gervais.	255
— de St-Jacques-du-Haut-Pas.	255
— de Saint-Laurent.	256
— de Saint-Leu.	256
— de St-Louis-d'Antin.	256
— de Saint-Louis-en-l'Île.	257
— de Sainte-Marguerite.	257
— de Saint-Martin.	257
— de Saint-Médard.	257
— de Saint-Merri.	258

Église de Saint-Nicolas-des-Champs. 258
— de Saint-Nicolas-du-Chardonneret. 258
— de St-Paul-Saint-Louis. 259
— de St-Philippe-du-Roule. 259
— de St-Pierre-de-Chaillot. 260
— du Gros-Caillou. 260
— de St-Pierre-Montmartre 260
— de Saint-Roch. 260
— de Saint-Séverin. 261
— de la Sorbonne. 262
— de Saint-Sulpice. 262
— de St-Thomas-d'Aquin. 263
— de St-Vincent-de-Paul. 263
— de la Trinité. 264
Temple de l'Oratoire. 266
L'abbaye de Panthemont. 266
Temple anglican. 266
Église des Suisses. 267
— des Frères Moraves. 267
Chapelle Marbeuf. 267
— américaine. 267
Église russe. 267
La grande Synagogue. 268
Archevêché. 268
Séminaire de Saint-Sulpice. 268

CHAPITRE III. — *Places, Colonnes, Arcs de triomphe.*

Place de la Bastille. 269
— Beauvau. 271
— du Châtelet. 271
— du Carrousel. 272
— de la Concorde. 273
— Dauphine. 274
— de l'Europe. 274
— de l'Hôtel-de-Ville. 274
— Lafayette. 275
— Louvois. 275
— Notre-Dame. 276
— du Prince-Eugène. 276
— Royale. 276
— Vendôme. 278
— des Victoires. 281
Colonne de la Bastille. 270
— du Palmier. 271
— Dauphine. 274
— Vendôme. 279
— de la Victoire. 289
Arc de triomphe du Carrousel. 272
— de la porte Saint-Denis. 285
— de la porte Saint-Martin. 287
— de l'Étoile. 282
Statues. 289
Squares. 290

CHAPITRE IV. — *Ponts, Fontaines, Aqueducs.*

Pont Napoléon III. 291
Pont de Bercy. 293
— d'Austerlitz. 292
— de Constantine. 292
— de l'Estacade. 293
— de la Tournelle. 293
— Marie. 293
— Louis-Philippe. 293
— de la Cité. 293
— de l'Archevêché. 294
— d'Arcole. 294
— Au Double. 294
— Notre-Dame. 294
— Petit Pont. 294
— au Change. 295
— St-Michel. 295
— Neuf. 295
— des Arts. 296
— des Sts-Pères. 296
— Royal. 296
— de Solferino. 296
— de la Concorde. 297
— des Invalides. 297
— de l'Alma. 297
— d'Iéna. 297
— de Grenelle. 297
— du Point-du-Jour. 298
Fontaine du Château-d'Eau. 298
— des Innocents. 300
— Gaillon. 300
— Louvois. 300
— Molière. 300
— du Palmier. 300
— St-Michel. 300
Canaux et aqueducs. 301

CHAPITRE V. — *Casernes, Hôpitaux, Prisons, Cimetières.*

Casernes. 302
Hôpitaux. de 304 à 308
Prisons. 309
Cimetière du Père Lachaise. 310
— Montmartre. 311
— Montparnasse. 311
Catacombes. 312

CHAPITRE VI. — *Académies, Facultés, Conservatoires, Bibliothèques.*

Académies. 313
Facultés. 314
Écoles. 315
Lycées. 317
Gobelins. 319
Imprimerie impériale. 319
Bibliothèques. 320

CHAPITRE VII. — *Théâtres, Bals, Concerts.*

Théâtres. 324
Cirques. 328
Hippodrome. 329
Bals et Concerts. 329, 330

MERVEILLES-DE LA CAPITALE.

ALBUM

DES

MONUMENTS DE PARIS

ÉGLISE DE NOTRE-DAME.

LA SAMARITAINE.

LE VIEUX LOUVRE.

LA TOUR DE NESLE.

LE PALAIS DE LA BOURSE.

PALAIS DU CORPS LÉGISLATIF.

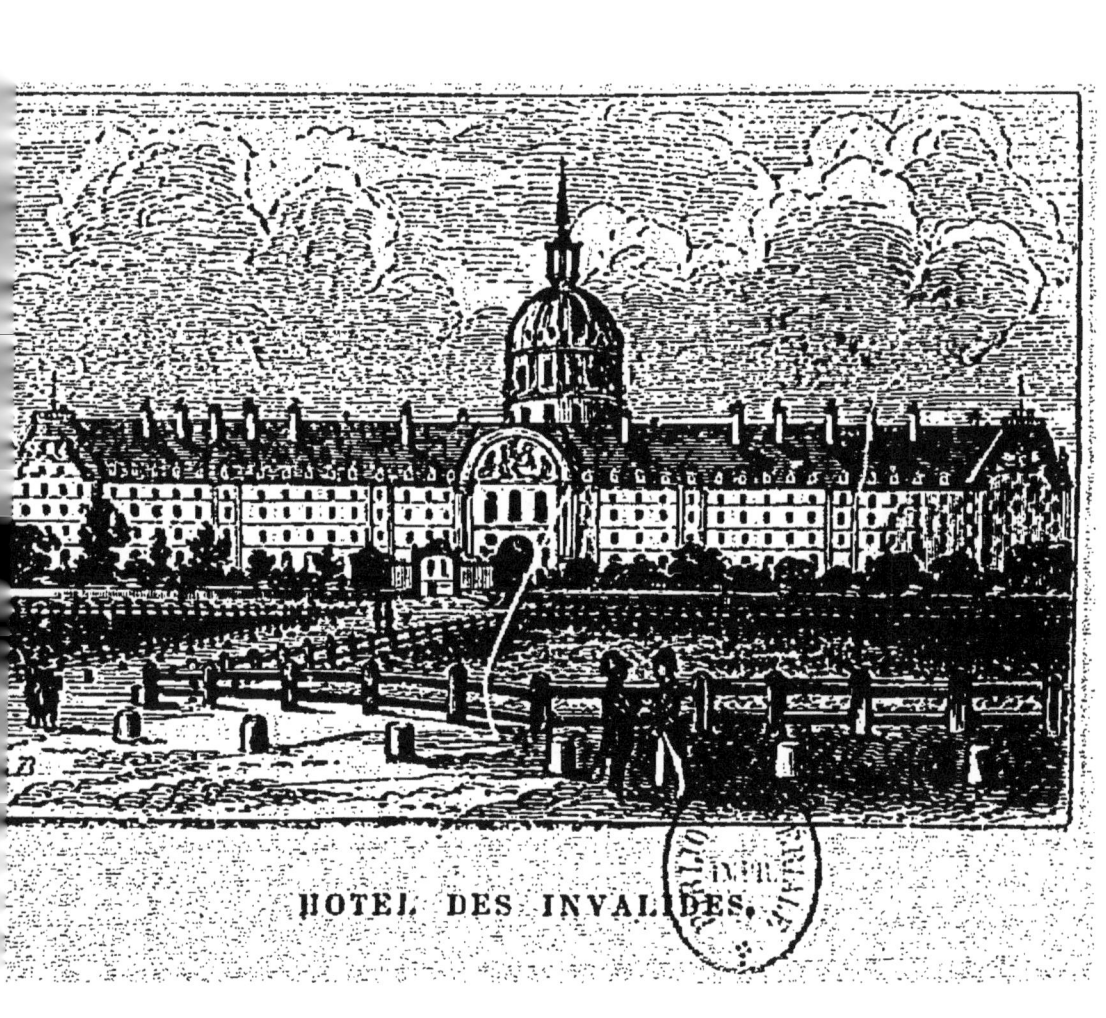

HOTEL DES INVALIDES.

PALAIS DE JUSTICE.

LA COUR DES COMPTES.

PALAIS DU LUXEMBOURG.

HOTEL DE VILLE.

LA MADELEINE.

PALAIS DES ARTS ET MÉTIERS.

LE PANTHÉON.

LA SORBONNE.

ARC DE TRIOMPHE DE L'ÉTOILE.

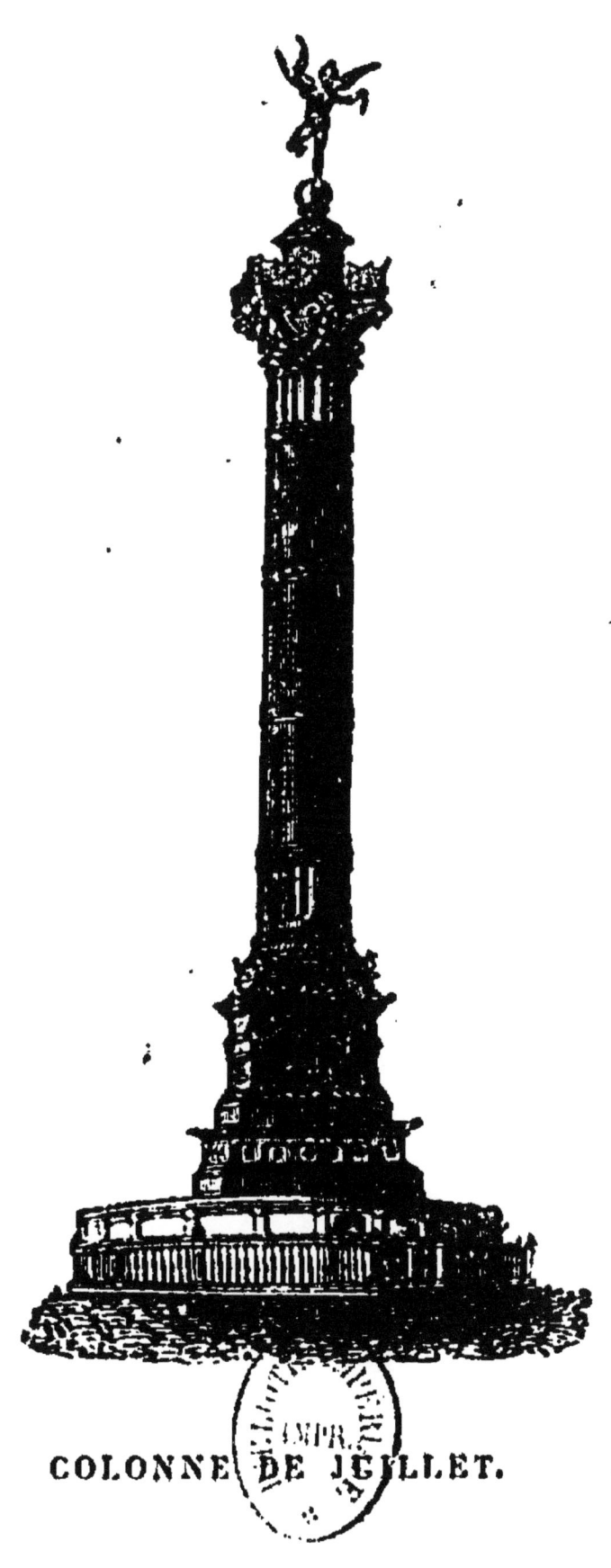

COLONNE DE JUILLET.

COLONNE DE LA VICTOIRE (SQUARE DES ARTS ET MÉTIERS.)

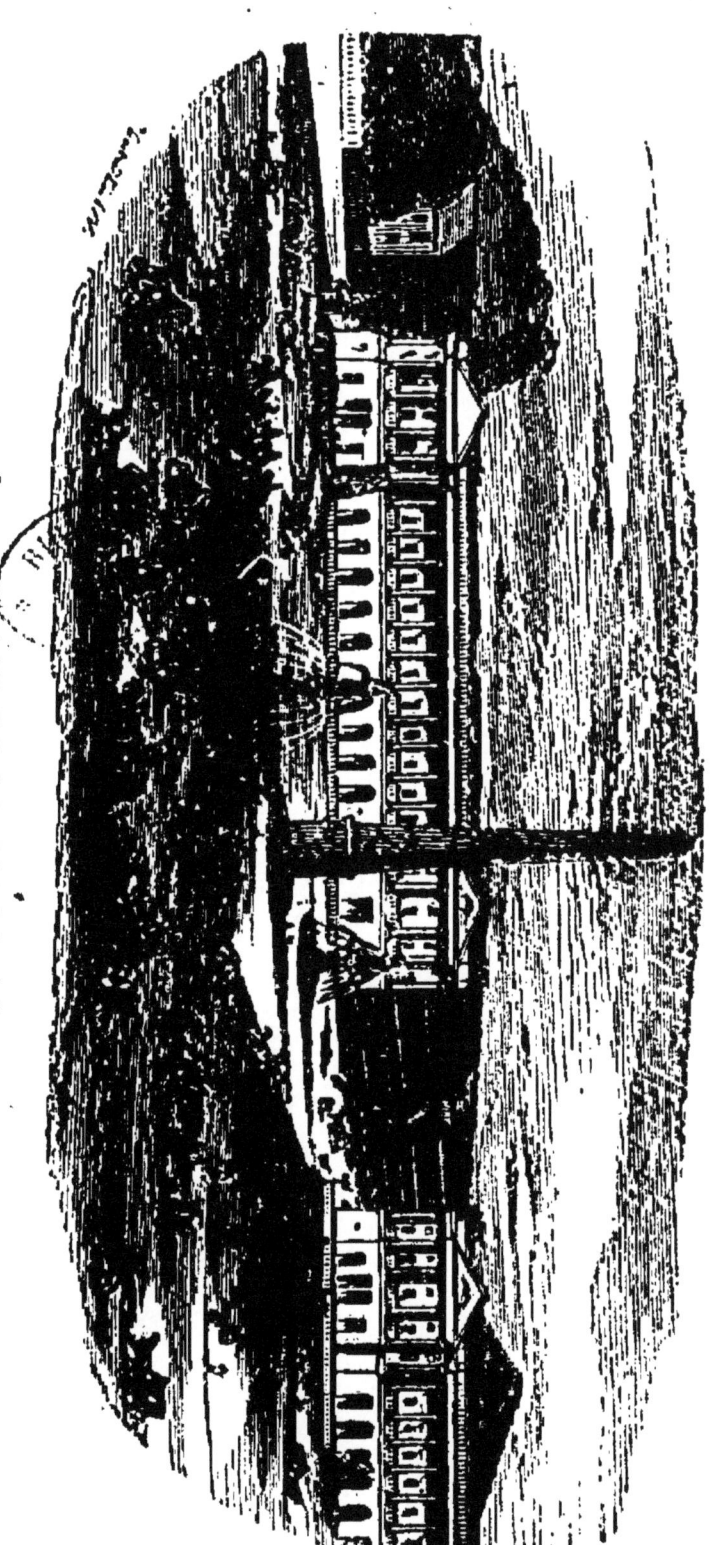

PLACE DE LA CONCORDE.

LE PAYS DE MONCEAU.

PANORAMA DE PARIS.

LE PRÉSENT CATALOGUE ANNULE LES PRÉCÉDENTS.

CATALOGUE
DE LA
LIBRAIRIE DES COMMUNES

E. ROME, Éditeur

PARIS
20, RUE MAZARINE, 20

1866

LE
MARTYR DE SAINTE-HÉLÈNE

Par M. ADOLPHE HUARD
Auteur de l'*Histoire du Consulat et de l'Empire*.

Ouvrage honoré de la Souscription de S. M. l'Empereur Napoléon III
et de S. M. l'Impératrice

Magnifique volume in-8
renfermant plus de 400 pages, sur papier de luxe et avec
caractère entièrement neuf.

Prix : 2 fr. 50 c., *franco.*

Les souffrances morales et physiques du prisonnier de l'Angleterre ; les tortures affreuses que lui fit endurer son infâme geolier, Sir Hudson Lowe ; sa vie intime pendant ses cinq années de captivité racontée jour par jour, heure par heure ; les conversations historiques du grand homme ; ses appréciations sur les événements et sur les hommes illustres qui l'avaient entouré ; ses pensées recueillies religieusement par les généraux et les quelques amis dévoués qui l'avait suivi en exil ; les phases de sa maladie mortelle qui devaient éteindre cet immense génie, loin de ce peuple français dont il avait fait la gloire et « qu'il avait tant aimé ! » son agonie, ses dernières volontés, ses dernières paroles, et enfin, la mort du martyr sur ce rocher désert, au milieu de l'Océan ; tels sont les tableaux émouvants tracés dans cette œuvre toute nationale, écrite avec une chaleur et une conviction vraiment remarquables.

Le Martyr de Sainte-Hélène, édité avec luxe par l'administration de la Librairie des communes, est donc un livre qui jette une lumière nouvelle sur la fin légendaire de ce grand génie des temps modernes, qui s'appela Napoléon.

SIÈCLE ILLUSTRÉ

Collection splendide de 6 volumes in-4°, contenant plus de 400 pages chaque volume, illustrés d'une quantité très-considérable de splendides gravures.

Prix de l'ouvrage complet : 20 fr. rendu franco.

L'INDICATEUR
DU COMMERCE, DE LA PROPRIÉTÉ ET DE L'INDUSTRIE
Par J.-B. DUCHÊNE

Volume de 140 pages, accompagné d'un magnifique tableau calculateur.

Prix : 1 fr. 50, rendu franco.

SOUS PRESSE :

L'HYGIÈNE DES ÉTRANGERS A PARIS
PENDANT
L'EXPOSITION UNIVERSELLE
DE 1867.

Par une Société médicale, sous la direction
DE M. EDGAR MONTRÉAL.

Volume de plus de 100 pages.

Prix : 1 franc 50, rendu franco.

HISTOIRE ROMAINE
Par E. BOURSIN

Un magnifique volume grand in-8°.

Prix broché : **8 francs.**

LE MÉDECIN DE LA MAISON
TRAITÉ DE VULGARISATION MÉDICALE
A L'USAGE DES GENS DU MONDE.

COMPRENANT

L'étude des principales maladies chez l'homme, l'appréciation raisonnée de leurs différents symptômes et la divulgation de moyens très-simples de guérison, aussi efficaces que prompts et inoffensifs,

Par M. le D' GILLON
De la Faculté de Paris

Volume in-12 de 235 pages.
Prix 1 fr. 50, rendu franco.

LA FRANCE SOUS NAPOLÉON III
OU
RENSEIGNEMENTS INSTRUCTIFS ET CURIEUX
SUR LES
DÉVELOPPEMENTS COMMERCIAUX ET INDUSTRIELS
DES 89 DÉPARTEMENTS DE LA FRANCE ET DE SES COLONIES

Par Ernest DUVAL

volume de 240 pages. Prix : 1 fr. 50.

HISTOIRE DE LA RÉVOLUTION POLONAISE
DEPUIS SON ORIGINE JUSQU'A NOS JOURS
(de 1772 à 1865)

Par le comte **STANISLAS ARAMINSKI**

OUVRAGE ILLUSTRÉ D'UNE GRAVURE SUR ACIER.

On sait combien est palpitante d'intérêt l'histoire de la malheureuse Pologne, qui a tant souffert sous le joug des puissances avec lesquelles elle a soutenu si souvent des luttes terribles et sanglantes.

Il ne nous est pas nécessaire de donner plus de détails sur l'ouvrage que nous offrons au public, son titre seul peut persuader tous Français de son mérite.

L'histoire de la révolution polonaise, éditée avec luxe, orme un joli volume grand in-8°, contenant 471 pages.

Prix : 3 fr. 50, rendu franco.

HISTOIRE
de la
FAMILLE BONAPARTE
(de l'an 1080 à l'an 1848)

Par C. LEYNODIER,

Auteur de l'histoire de Napoléon Ier, de l'histoire des Peuples et des Révolutions de l'Europe, de l'histoire de l'Algérie, etc. Membre de l'Institut historique de France, etc.

Précédée d'une *Étude historique sur l'Empire*.

Par M. VIENNET, de l'Académie française

Cet ouvrage est terminé jusqu'en 1866 par
DE LA BRUYÈRE.

Beau volume in-8°, contenant 365 pages.

Prix : 5 fr. rendu franco.

LE
DROIT POUR TOUS
MIS A LA PORTÉE DE TOUTES LES CLASSES

Cet ouvrage est divisé en 6 parties bien distinctes, contenant : 1° le Code Napoléon ; 2° le Code de Commerce ; 3° le Code pénal ; 4° le Code rural ; 5° les lois diverses et nouvelles ; 6° un vocabulaire de tous les termes du droit.

Un beau volume relié de 400 pages.

Prix : 4 francs, franco.

LA
MAISON RUSTIQUE FRANÇAISE
ENCYCLOPÉDIE DES CAMPAGNES

A l'usage de la petite, de la moyenne et de la grande propriété

Par HENRI DE DOMBALE,
(Meurthe.)

AVEC PLANCHES GRAVÉES.

Cet ouvrage est en 2 volumes reliés. Ensemble contenant 678 pages.

Prix : 6 francs, rendu franco.

LE
MONITEUR DES FRANÇAIS
Mis à la portée de toutes les classes,

Contenant une explication claire et sans aucun renvoi des CODES NAPOLÉON, COMMERCIAL, PÉNAL, RURAL ET ADMINISTRATIF, contenant en outre le TARIF GÉNÉRAL des prix qui sont dus aux Avoués, Notaires, Greffiers, Huissiers, Experts, Témoins, etc., ainsi qu'un FORMULAIRE général et complet d'Actes, sous signature privée et de pétitions, avec la taxe de timbre et d'enregistrement dont chaque acte est passible; — suivi de l'EXPLICATION DES LOIS DIVERSES sur le Timbre, l'Enregistrement, le Crédit foncier, les Patentes, les Chemins vicinaux, la Chasse, la Pêche, les Contributions directes et indirectes, les Vices rédhibitoires, etc.; — terminé par un DICTIONNAIRE des mots les plus usités dans le langage du droit français,

Par E. BOURSIN, jurisconsulte,

et LOUIS GOSSELIN,

Avocat à la Cour impériale de Paris.

Cet ouvrage forme un magnifique volume, contenant 866 pages, richement relié et damasquiné.

Ouvrage agréé par Sa Majesté l'Empereur Napoléon III, et par son Excellence le Ministre de l'Intérieur.

Prix 6 francs, franco.

HISTOIRE DES JÉSUITES
DEPUIS LES TEMPS LES PLUS RECULÉS JUSQU'A NOS JOURS

Par PIERRE ZACCONE.

Volume in-4° à 2 colonnes, renfermant 150 pages

Prix : 2 fr. 25, franco.

HISTOIRE DE GIL BLAS
Par LE SAGE
Nouvelle édition illustrée

Beau volume in-4° de 383 pages.

Prix : 5 fr. 50, rendu franco.

LE NOUVEAU
CALCULATEUR POUR TOUS
RENFERMANT
LES QUATRE RÈGLES DE L'ARITHMÉTIQUE
ET TERMINÉ PAR
UN GRAND TABLEAU

à l'aide duquel on obtient la solution immédiate de tous les problèmes qui ont rapport aux règles d'Intérêt, d'Escompte, de Société; au Cubage, à l'Arpentage; en un mot de tous les problèmes qui peuvent se présenter dans les transactions ordinaires de la vie;

Par M. S.-T. RÉGNIER.

PRIX : **1 fr. 25**, *franco* par la poste.

NOUVEAU
DICTIONNAIRE DE LA LANGUE FRANÇAISE
d'après

l'orthographe de l'Académie et les meilleurs lexicographes français,

Édition revue et soigneusement corrigée

Par SAUGER-PRENEUF

Membre de l'Université, associé correspondant de l'Académie des sciences, Belles-Lettres et Arts de Bordeaux

et DETOURNEL

MEMBRE DE PLUSIEURS SOCIÉTÉS SAVANTES.

Magnifique volume contenant 444 pages et solidement relié.

Prix : 2 fr. 50, rendu franco.

LE
MANUEL D'AGRICULTURE PRATIQUE
Par EMILE CARDON

Ouvrage indispensable à tous les agriculteurs. Beau volume in-8° de 224 pages.

Prix : 2 francs 50, rendu franco.

LE NOUVEAU
DICTIONNAIRE D'ANECDOTES
OU RECUEIL DE FACÉTIES

D'anecdotes divertissantes, bons mots, naïvetés, entremêlés de chansonnettes les plus gaies et les plus spirituelles. Le tout propre à égayer les desserts et à récréer les soirées.

Par un petit-cousin de **Roger-Bontemps**

Ce charmant volume, de 420 pages, est très-bien cartonné.

Prix : 2 francs, rendu franco.

PARIS EN 1867
ET GUIDE DE L'EXPOSITION UNIVERSELLE
Par POL DE GUY.

MAGNIFIQUE VOLUME IN-12

Renfermant plus de 330 pages sur papier de luxe et avec caractères entièrement neufs, suivi d'un splendide album tiré à part, représentant, par 23 magnifiques gravures, les merveilles de la Capitale.

L'Exposition universelle de 1867 est un événement grandiose qui sera inscrit en caractères d'or sur le livre des peuples.

Cette solennité fera rejaillir sur la France une gloire immense, car pour la seconde fois depuis douze ans, Paris aura convié les nations à ce grand tournoi industriel.

On se rappelle les splendeurs de l'Exposition de 1855. Eh bien, celle de 1867 lui sera de beaucoup supérieure, et le visiteur émerveillé, en parcourant les galeries des palais gigantesques, passera d'enchantements en enchantements. Sous les galeries, en effet, de ce magnifique caravansérail s'étaleront les richesses du monde entier, les produits de toutes les nations, les tissus les plus précieux, les bijoux les plus resplendissants, les instruments les plus perfectionnés, les inventions les plus extraordinaires : les trésors enfin de toute la terre ; l'agriculture, les arts et l'industrie auront leurs comices où l'intelligence règnera en souveraine, et les noms des vainqueurs, dans cette lutte impartiale, seront proclamés à la face de l'univers.

Prix : 2 fr. 50, rendu franco.

LA GUERRE D'AMÉRIQUE
1860—1865
ABOLITION DE L'ESCLAVAGE
PAR ABRAHAM LINCOLN

AVEC UN APPENDICE CONTENANT LA BIOGRAPHIE DE

J. WILKES BOOTH
assassin du President

Par JONATHAN DICKSON

Un vol. in-12 de 240 pages. Prix : 1 fr. 25, *franco*

LE LIVRE DES FEMMES
AU XIX° SIÈCLE
Par E. BOURSIN

Un magnifique volume in-8°, de plus de 400 pages, sur papier de luxe et avec caractères entièrement neufs.

Prix : 8 francs, *franco.*

L'auteur, dans cette œuvre, à la fois morale et intéressante, a étudié la femme sous toutes les faces qui les caractérisent à notre époque.

La première partie tout entière du *Livre des femmes au XIX° siècle* renferme la psychologie de la femme.

L'auteur y parle de *l'amour, de la jeune fille, de l'éducation à donner aux femmes, de l'instruction des femmes,* — Ce que doit être *la religion pour les femmes,* — des *mariages, de l'épouse, de la femme mère.* Il nous esquisse, avec un rare talent, le portrait de la *grande dame,* de la bourgeoise et de l'ouvrière : il parle *de la ménagère et de la maîtresse de maison*, il parle de la toilette des femmes, qu'il fait suivre de quelques chapitres remplis d'esprit et d'humour sur les accessoires des costumes féminins. Le *bouquet*, l'*éventail*, les *bottines*, la *voilette*, les *gants*, etc.

Enfin l'hygiène et la médecine de la femme y sont traitées d'une façon fort remarquable.

Le *Livre des femmes au XIX° siècle*, est écrit avec un style simple et brillant tout à la fois : un succès immense l'a accueilli à son apparition, et on peut dire que l'auteur a eu raison de l'intituler le *Livre des femmes*, car il est bientôt entre les mains de toutes.

NOUVELLE
CARTE ROUTIÈRE DE FRANCE.

Cette carte, éditée il y a un mois à peine, est sans contredit la plus complète qui ait paru jusqu'à nos jours.

Elle donne la division de chaque département, sa population, la distance d'un pays à un autre, pointée en kilomètres, les chemins de fer, les canaux et rivières navigables.

Rien de plus facile pour y trouver un pays quelconque, même le plus petit qu'il puisse être, un simple coup d'œil suffit pour s'y reconnaître.

Une carte particulière, illustrée de chacune de nos colonies, l'entoure gracieusement.

Toutes ces petites cartes particulières, donnent en outre la vue de nos principales possessions : Saint-Louis, établissements de Gabon, Alger, Saint-Denis, Cayenne, la Guadeloupe, Port-de-France, etc., etc.

Cette magnifique carte est à teinte plate, a 1 mètre 40 millimètres de largeur et 77 centimètres de hauteur.

Prix : 2 fr., rendue franco.

CARTES GÉOGRAPHIQUES
LE GRAND PLANISPHÈRE

Géographique, historique, industriel et commercial, présentant la description entière de tous les pays du monde, la grandeur figurée, la population exacte, les mœurs, coutumes et usages, ainsi que les productions végétales, minérales et animales de chaque puissance.

La dimension est de 1 m. 40 centim. de largeur sur 77 centim. de hauteur.

Cette carte est sur beau papier et parfaitement coloriée.

Prix : 2 francs, rendue franco à domicile.

NOUVELLE
CARTE ROUTIÈRE D'EUROPE

Illustrée et coloriée à teintes plates. — Largeur 1 mètre 40 millimètres, hauteur 77 centimètres.

Prix : 2 francs, rendue franco.

LA CARTE ROUTIÈRE DE LA BRETAGNE

Comprenant les départements du Finistère, des Côtes-du-Nord, d'Ille-et-Vilaine, du Morbihan et de la Loire-Inférieure, avec partie de ceux environnants.

Donnant les routes de poste avec les distances en kilomètres, les routes impériales, départementales et stratégiques. — Les chemins de fer en exploitation et en exécution, les chemins de grande communication et les canaux.

Cette carte est illustrée de seize magnifiques gravures sur acier, représentant avec un art infini tous les principaux monuments de la Bretagne. — Même dimension que les cartes précédentes.

Prix : 3 francs, rendu franco.

LE NOUVEAU PLAN DE PARIS

Avec une brochure explicative, d'une exactitude rigoureuse, divisé par arrondissements, avec une nouvelle combinaison qui permet de trouver instantanément n'importe quelle rue.

Largeur, 1 mètre 40 millimètres, hauteur, 77 centimètres.

Prix : 2 francs, rendu franco.

LA CARTE DE FRANCE
SPÉCIALE
POUR LES CHEMINS DE FER

Avec l'indication de toutes les stations desservies et leurs distances kilométriques, les bureaux du réseau télégraphique, le service des paquebots à vapeur, les fleuves, rivières navigables et les canaux.

Cette carte est à teintes plates et chaque exploitation de chemin de fer y est figurée par une couleur particulière.

Elle est illustrée de gravures représentant les principaux inventeurs, avec notice sur chacun.

Prix : 2 francs, rendu franco.

L'ARBRE HISTORIQUE ET GÉNÉALOGIQUE
DE LA FRANCE

Permettant d'apprendre notre histoire en quelques leçons et avec la plus grande facilité.

Même dimension que les précédents.

Prix : 2 francs, rendu franco.

CARTES PARTICULIÈRES
DE CHAQUE DÉPARTEMENT DE LA FRANCE

Contenant la situation, la limite, la superficie, l'hydrographie, les voies de communication, les chemins de fer en projet. — La statistique, le chiffre de la population de chaque commune, la division du département, son administration.

Agriculture, commerce, industrie.

Prix : 2 francs, rendus franco.

SOUS PRESSE :

HISTOIRE DU COMMERCE
ET DE L'INDUSTRIE
CHEZ LES PEUPLES ANCIENS ET MODERNES
Par E. BOURSIN.

Ce livre est indispensable à tout commerçant, par sa partie pratique, qui y est développée d'une façon intéressante et facile tout à la fois.

Prix du volume broché, contenant plus de 500 p., **5 fr.**
Relié à l'anglaise, **6 fr.**

Impr. Rouge frères, Dunon et Fresné, r. du Four St-Germ., 43.